3

イントロダクションシリーズ

Introduction to Social Welfare

高齢者に対する支援と介護保険制度

成清美治・峯本佳世子 編著

学文社

執筆者

＊成清　美治	神戸親和女子大学	（第1章，第6章）
古川　隆司	追手門学院大学	（第2章）
澤田　有希子	大阪人間科学大学	（第3章）
奥西　栄介	福井県立大学	（第4章）
＊峯本　佳世子	甲子園短期大学	（第5章）
井元　真澄	梅花女子大学	（第6章）
久保田トミ子	新見公立短期大学	（第7章−1,3,4）
溝田　順子	宇部フロンティア大学	（第7章−2）
岡本　宣雄	川崎医療福祉大学	（第8章）
成清　敦子	関西福祉科学大学	（第9章）
伊藤　幸子	奈良佐保短期大学	（第10章）
杉原　百合子	東大阪大学短期大学部	（第11章）
安岡　文子	福井市医師会看護専門学校	（第12章）
真鍋　顕久	名古屋女子大学	（第13章）
大野　まどか	大阪人間科学大学	（第14章）

（執筆順：＊は編者）

はじめに

　「社会福祉士法及び介護福祉士法」(2007) の改正に伴い、「社会福祉士養成課程における教育内容等の見直しについて」がなされた。これに伴って、社会福祉士の国家試験受験科目名とその教育内容も大幅に見直されることとなった。見直しの背景には、近年の介護・福祉ニーズの多様化・高度化に対するすぐれた人材養成が急務であることがある。

　今回の改正によって、「老人福祉論」と「介護概論」と二つに分かれていた老人福祉、介護福祉の領域が「高齢者に対する支援と介護保険制度」に統合されることとなった。

　この「高齢者に対する支援と介護保険制度」の狙いは、①高齢者の生活実態とこれを取り巻く社会情勢、福祉・介護需要（高齢者虐待や地域移行も就労の実態を含む）について理解する、②介護の概念や対象及びその理念等について理解する、③介護過程における介護の技法や介護予防の基本的考え方について理解する、④終末期ケアの在り方（人間観や倫理を含む）について理解する、⑤介護保険制度について理解する、⑥高齢者の福祉・介護に係る他の法制度の概要について理解する等となっている。

　さて、高齢者にとって最も身近な関心は健康・介護問題である。すなわち、医療問題であり、介護問題である。前者に関しては、2008年4月に後期高齢者医療制度が多くの問題を山積してスタートした。また、後者の介護に関する問題は、2005年6月の介護保険法の改正（「介護保険法等一部を改正する法律」）によって、①介護予防重視型システムへの転換、②利用者負担の見直し、③新たなサービス体系の確立、④サービスの質の確保・向上、⑤制度運営・保険料の見直し、⑥「痴呆」から「認知症」への用語の見直し等が行われた。

　このテキストは、こうした状況を踏まえたうえで、その内容も既述したように社会福祉士養成のシラバスに準じたものとなっている。

　そのため執筆陣は、大学で教鞭を取る研究実績あるいは実践経験の豊富なベテラン・中堅から新進気鋭の若手研究者まで加わっていただいた。

　このテキストの特徴は単に社会福祉士国家試験受験の学生のためだけのものではなく、広く社会福祉を学ぶ学生や向学心に燃える人びとのため、できるだけわかりやすく理解できるように図表を多く用いることを心がけた。また、各章末には、前回同類書として好評であった『新版 高齢者福祉』の「喫茶室」（本書では「プロムナード」に変更）、「学びを深めるために」、「福祉の仕事に関する案内書」を引き続き掲載することによって、読者の学習の一助になるように努めた。

　なお、今回の出版に関して、ご支援いただいた学文社表田中千津子氏に心より感謝する次第である。

2009年4月10日

執筆者を代表して
成清美治・峯本佳世子

目　次

第1章　高齢者の生活実態と社会情勢 ——————————————————— 1
1　少子・高齢社会と高齢者問題 ………………………………………………………… 2
2　高齢者の実態 …………………………………………………………………………… 7
3　高齢者と地域社会 ……………………………………………………………………… 10
4　高齢社会施策の実施と状況 …………………………………………………………… 13

第2章　高齢者の福祉需要 ——————————————————————— 17
1　高齢者虐待の実態 ……………………………………………………………………… 18
　　（1）高齢者の人権問題　18 ／（2）高齢者虐待とは　19
2　高齢者虐待防止法と人権問題への取り組み ………………………………………… 20
　　（1）法制化までの動向と防止法の概要　20 ／（2）高齢者虐待防止法と虐待防止の実施状況，課題　20 ／（3）その他の高齢者の人権に対する動向と課題　21
3　高齢者の地域移行 ……………………………………………………………………… 22
　　（1）地域移行とは　22 ／（2）地域移行の現状　23 ／（3）高齢者の居住と近隣関係　23
4　高齢者の就労の実態 …………………………………………………………………… 24
　　（1）高齢者雇用の現状　24 ／（2）高齢者雇用の労働問題と支援　24
5　まとめ …………………………………………………………………………………… 25

第3章　高齢者の介護需要 ——————————————————————— 27
1　要介護高齢者の実態 …………………………………………………………………… 28
　　（1）要介護高齢者の増加　28 ／（2）主な原因と介護期間　29 ／（3）主な介護者と介護状況　30 ／（4）家族形態の変化と介護の社会化　31
2　認知症高齢者の実態 …………………………………………………………………… 32
　　（1）認知症高齢者の増加　32 ／（2）認知症とまちがいやすい症状　33 ／（3）認知症高齢者の支援対策　33
3　施設介護需要 …………………………………………………………………………… 35
　　（1）増加する介護需要と高齢者保健福祉施策の変遷　35 ／（2）施設サービスの利用状況　37
4　在宅介護需要 …………………………………………………………………………… 38
　　（1）介護状況と在宅介護サービス　38 ／（2）居宅サービスの利用状況　39 ／（3）男性介護者と家族介護者の支援について　41

第4章　高齢者福祉政策の発展と経緯 ————————————————— 45
1　明治時代から第2次世界大戦終結までの高齢者福祉 ……………………………… 46
2　戦後から老人福祉法の制定を経て1970年代までの高齢者福祉 …………………… 48
3　1980年代から2005年までの高齢者福祉政策 ………………………………………… 50
　　（1）第Ⅰ期「費用抑制と制度再編期」（1981～1989年）　51 ／（2）第Ⅱ期「制度変革期」（1990～1999年）　54 ／（3）第Ⅲ期「新制度開始期」（2000～2005年）　57
4　これからの高齢者福祉政策の検討課題 ……………………………………………… 61
　　（1）社会福祉基礎構造改革における市場システムの導入と高齢者の生活保障　61 ／（2）介護予防施策に関する検討と地域ケアシステムの構築　63

第5章　介護の概念と対象 —— 67

- 1　ケアの本質 …… 68
- 2　介護の概念と範囲 …… 69
  - (1) 介護の概念　69 ／ (2) 介護の範囲　72
- 3　介護の理念と対象 …… 73
  - (1) 介護の理念　73 ／ (2) 介護の対象　75
- 4　介護の社会問題 …… 76
  - (1) 人材の問題　76 ／ (2) 高齢者の尊厳を支える介護　77

第6章　介護予防 —— 81

- 1　介護予防の基本的考え方 …… 82
- 2　介護保険制度の改正と介護予防 …… 82
- 3　介護予防の必要性 …… 87
  - (1) 介護保険制度と介護予防　87 ／ (2) 高齢者一人ひとりのために　87
- 4　介護予防対策の経緯 …… 88
- 5　今後の介護予防対策 …… 90

第7章　介護過程 —— 95

- 1　介護過程の概要 …… 96
- 2　介護の技法 …… 96
  - (1) 身体介護技法　97 ／ (2) 生活援助技法　108
- 3　介護過程の展開 …… 110
- 4　ケアマネジメントと介護過程の関係 …… 116
- 5　医療と介護の機能分担，連携強化 …… 117

第8章　認知症ケア・ターミナルケア —— 121

- 1　認知症ケアの基本的考え方 …… 122
  - (1) 認知症とは何か　122 ／ (2) 認知症の原因　122 ／ (3) 認知症の診断と判定　124 ／ (4) 認知症の症状　124.
- 2　認知症ケアの実際 …… 126
  - (1) 認知症ケアの考え方　126 ／ (2) 認知症ケアの取り組み(心理療法)　126 ／ (3) 認知症の高齢者を支援する介護サービス　127 ／ (4) 認知症高齢者の権利擁護(虐待の防止)　128
- 3　ターミナルケアの基本的考え方 …… 128
  - (1) ターミナルケアとは　128 ／ (2) 緩和ケア：痛みのコントロール　129 ／ (3) 介護施設でのターミナルケア　129 ／ (4) 在宅でのターミナルケア　130 ／ (5) チームケアによる支援　131 ／ (6) 患者・利用者・家族・遺族への死の受容への援助　131
- 4　ターミナルケアにおける人間観と倫理 …… 132
  - (1) 人間観：全人的理解から　132 ／ (2) 死をめぐる倫理的課題　133

第9章　高齢者と居住環境 —— 135

- 1　高齢者にとっての居住環境 …… 136
- 2　在宅における居住環境——"宅なし"福祉の見直し—— …… 136
- 3　施設における居住環境——居住形態の見直し—— …… 138

4　高齢者居住に関する課題と展望―居住の確保に向けて―・・・・・・・・・・・・・・・・・・・・・・・・・・・・・・・・・139
　　　(1) 新しい「住まい」の概念　139／(2) 住宅セーフティネットの確立　141／
　　　(3) 居住環境の整備　143

第10章　介護保険制度―――――――――――――――――――――――147

　1　介護保険制度の目的と概要・・148
　　　(1) 介護保険制度成立の背景　148／(2) 介護保険法改正の背景と概要　149
　2　介護保険制度における保険者と被保険者・・150
　　　(1) 介護保険制度の概要　150／(2) 介護保険制度の保険者　151／(3) 介護保険制度の被保険者　151
　3　要介護認定の仕組みとプロセス・・152
　　　(1) 要介護認定の考え方　152／(2) 要介護認定の仕組み　152／(3) 要介護認定とサービス利用までの流れ　153
　4　在宅サービス・施設サービスの種類・・・154
　　　(1) 改正後のサービス体系　154／(2) 居宅サービス　154／(3) 地域密着型サービス　156／(4) 施設サービス　157
　5　介護報酬の概要・・・157
　　　(1) 介護報酬　157／(2) 介護報酬の改定　157

第11章　介護保険法における組織および団体の役割と実際―――――159

　1　市町村の役割・・・160
　　　(1) 保険者　160／(2) 市町村の役割の強化　160／(3) 市町村が行う事務の概要　161／(4) 複数市町村による広域的な取組み　168／(5) 市町村への支援　168
　2　都道府県の役割・・169
　　　(1) 都道府県の責務　169／(2) 都道府県の役割の強化　169／(3) 都道府県が行う事務の概要　169
　3　国の役割・・170
　　　(1) 国の責務　170／(2) 国が行う事務の概要　170
　4　指定事業者の役割・・・171
　　　(1) 指定事業者の種類　171／(2) 指定事業者の責務　171／(3) 事業者および指定制度の概要　171
　5．国保連（国民健康保険団体連合会）の役割・・・・・・・・・・・・・・・・・・・・・・・・・・・・・・・・・・・176
　　　(1) 国保連とは　176／(2) 国保連が行う事務の概要　176

第12章　地域包括支援センターの役割と実際―――――――――――181

　1　地域包括支援センター・・182
　2　介護予防ケアマネジメント・・・182
　3　総合相談支援事業・・・184
　　　(1) 高齢者の実態把握　184／(2) 総合相談　185／(3) 地域におけるネットワーク構築　186
　4　権利擁護事業・・・189
　　　(1) 成年後見制度の活用促進　190／(2) 老人福祉施設などへの措置の支援　191／(3) 高齢者虐待への対応　191／(4) 困難事例への対応　192／(5) 消費者被害の防止　194
　5　包括的・継続的ケアマネジメント・・194
　　　(1) 包括的・継続的ケアマネジメントの体制構築　195／(2) 介護支援専門員に対する個別支援　196

第13章　老人福祉法 ─────────────────── 199

1　老人福祉法の理念と意義 ··· 200
　　（1）老人福祉法制定の背景　200／（2）老人福祉法の理念と意義　200／（3）老人の日及び老人週間　201／（4）老人の定義　201
2　国および地方公共団体の責務 ·· 202
　　（1）国の任務　202／（2）都道府県または都道府県知事の任務　202／（3）市町村の任務　203
3　老人福祉法の措置制度 ·· 203
　　（1）措置から契約へ　203／（2）老人福祉法による措置　205
4　在宅福祉対策 ·· 206
　　（1）老人福祉法による在宅福祉サービス　206／（2）老人居宅生活支援事業　206／（3）日常生活用具の給付・貸与に関する措置　207
5　施設福祉対策 ·· 208
6　老人福祉法と有料老人ホーム ·· 209
　　（1）有料老人ホームとは　209／（2）有料老人ホームの類型　211／（3）有料老人ホーム協会　212

第14章　高齢者・家族に対する相談援助技術 ─────────── 215

1　高齢者の特性と社会福祉援助技術 ·· 216
　　（1）高齢者の心身の特性　216／（2）社会福祉援助技術の基本原理と理論的枠組み　217／（3）社会福祉援助技術の展開過程　219
2　個別援助技術の基本的視点とその方法 ·· 223
　　（1）個別援助技術の基本的視点　223／（2）個別援助技術の方法　223
3　集団援助技術の基本的視点とその方法 ·· 224
　　（1）集団援助技術の基本的視点　224／（2）高齢者への集団援助技術の方法　225
4　地域福祉援助技術の基本的視点とその方法 ·· 227
　　（1）地域福祉援助技術の基本的視点　227／（2）地域福祉援助技術の方法と今後の課題　227

索　引 ──────────────────────────── 231

第1章 高齢者の生活実態と社会情勢

1 少子・高齢社会と高齢者問題

わが国の2007年の平均寿命は、女性が85.99歳（世界第1位）、男性が79.19歳（世界第3位）となっており、男女とも世界有数の長寿国の1つである。

しかしながら、2006（平成18）年の出生数は109万2,674人で、合計特殊出生率（女性が一生涯に出産する子どもの平均の人数）は1.32となっており、世界でもっとも低い数値となっている。この合計特殊出生率の推移は、2001（平成11）年以降、連続して減少している（ただし、2006年は、合計特殊出生率と出生数ともに前年を上回った）。諸外国における年齢別人口の割合を見てみると、日本は0～14歳の年少人口の割合は世界でもっとも少なく、13.5％となっている。わが国と同様な傾向にあるのが、イタリア、スペイン、ドイツで、それぞれ14.0％、14.4％、14.4％となっている。また逆にもっとも割合が高い国は、南アフリカ共和国、インドで、32.1％、33.0％となっている（図表1－1参照）。

このように、わが国は世界でもっとも合計特殊出生率が低く、しかも、65歳以上の高齢者人口の割合（21.5％）がもっとも高い少子・高齢社会である。そこで、少子化と高齢化の要因について明らかにするとともに、少子・高齢社

図表1－1 諸外国における年齢（3区分）別人口の割合

国　名	0～14歳	15～64歳	65歳
世界	28.3	64.4	7.3
日本	13.5	65.0	21.5
イタリア	14.0	66.3	19.7
スペイン	14.4	68.8	16.8
ドイツ	14.4	66.9	18.8
ロシア	15.1	71.1	13.8
ポーランド	16.3	70.4	13.3
スウェーデン	17.4	65.4	17.2
カナダ	17.6	69.2	13.1
イギリス	18.0	66.0	16.1
フランス	18.4	65.3	16.3
韓国	18.6	71.9	9.4
シンガポール	19.5	72.0	8.5
アメリカ合衆国	20.8	66.9	12.3
中国	21.6	70.7	7.7
アルゼンチン	26.4	63.4	10.2
南アフリカ共和国	32.1	63.6	4.2
インド	33.0	62.0	5.0

資料）United Nations "World Population Prospects 2006 Revision"
注）ただし、諸外国は、2005年時点の数値、日本は総務省「人口推計（平成19年10月1日現在推計人口）」による。
出所）『少子化社会白書（平成20年版）』内閣府、p.4

会によって生み出される諸問題について考えてみる。

　まず，少子化（出生率の低下）の主たる要因をあげると次のようになる。① 晩婚化・未婚化，② 子どもの教育費の高騰化，③ 育児と就労の両立支援の未整備，④ 育児に対する男女の意識の相違，⑤ 子どもの養育に対する公的支援の不足，⑥ 女性の社会進出，⑦ 経済的問題等となる。

　なかでも，① の問題は少子化に大きな影響を与えているが，その背景には，結婚・家庭に対する価値観の変化があると思われる。内閣府大臣官房政府広報室『男女共同社会に関する世論調査』（平成19年8月実施，調査対象は20歳以上の者）による調査項目3，「家庭生活等に関する意識について」のうち，1）「結婚観，家庭観等に関する意識」の質問項目「ア．結婚は個人の自由であるから，結婚してもしなくてもどちらでもよい」に対して，「賛成・どちらかといえば賛成」という回答が42.8％を占めている。また，「イ．夫は外で働き，妻は家庭を守るべきである」に対して，「どちらかといえば反対・反対」の回答が，60％を占めている。この項目は調査の回を重ねるごとに，その割合が増加している。次に「ウ．結婚しても必ずしも子どもを持つ必要はない」に対する回答は，「どちらかといえば反対・反対」が約60％を占めている。最後に「エ．結婚しても相手に満足できないときは離婚すればよい」に対する回答は，「賛成・どちらかといえば賛成」が46.5％を占めている。これに対して「どちらかといえば反対・反対」の割合は，47.5％と伯仲している。

　以上から，結婚・家庭・出産・離婚等に対する回答傾向を総括すると，結婚に対しては本人の自由（意思）を最大限尊重，男女の性別役割分業に対しては，「どちらかといえば反対」・「反対」が過半数を占めている。そして，最近の傾向として女性の自立，社会進出を肯定・推奨する傾向が顕著である。また，子どもに関しては，「持ちたい」が多くなっている。そして，離婚に対しては，近年増加傾向にあるとはいえ，やや慎重な態度が窺える。このような状況の中で社会的支援（たとえば，児童手当の拡充，子育て支援として保育施設の充実，企業の支援体制の確立，減税等）が必要となる。以上，少子化の主要因の1つである「結婚観・家庭等についての考え方」について調査結果をもとに分析し，その実態を明らかにした。

　次に，高齢化（死亡率の低下）の主たる要因をあげると，① 公的医療保険制度の充実，② 医療技術の進歩，③ 医療供給体制の整備，④ 国民の食生活の向上，⑤ 生活環境の改善，⑥ 乳児死亡率の低下，等となる。

　最後に，少子・高齢社会が与える影響について述べると，① 社会保障・社会福祉（ア）年金，（イ）医療，（ウ）介護に対する現役世代の負担増，② 労働力の減少，③ 経済成長率の鈍化，④ 地域社会の崩壊，⑤ 世帯形態の変化，⑥ 要支援者・要介護者の増加等をあげることができる。この中で高齢者の生活と直接関わるのが，① の社会保障，社会福祉との関係である。

少子化（decrease in childbirth）

　少子化という用語自体の本来の意味は出生数の減少やそれにともなう出生率の低下により子どもが減り続ける状況をさす。社会全体の近代化と平行して人口構造は「多産多死」から「少産少死」へと転換していく。日本の場合，少子化が一般的に注目されだしたのは1989（平成元）年の合計特殊出生率が1966（昭和41）年の丙午の年をも下回る1.57にまで減少した時であった。第2次ベビーブーム以降，合計特殊出生率は低下を続け，ついには人口置換水準（2.08）を遙かに超えたまま現在に至っている。少子化の原因として女性の高学歴化により晩婚化・晩産化・非婚化や産育環境の問題などがあげられ，政府として1990年代に入り本格的な少子化対策を講じるようになった。

まず，(ア) 年金問題であるが，共済・厚生・国民の各年金ともに65歳以上の給付対象者が年々増加しているのが現状である。老齢基礎年金受給者に対する被保険者の比率が，2005（平成17）年の2.9人に1人が，2010（平成22）年には2.4人に1人となるので年金の財源負担が深刻となってくる。現在，国民年金（基礎年金）の給付費用は，保険料，国庫負担と積立金の運用資金収入によってまかなわれ，厚生年金は保険料と積立金の運用資金収入でまかなわれている。共済組合（公務員・私学教職員・農林漁業団体職員等）もほぼ同様である。ただし，国民年金の加入率が年々減少しており，その財源不足の補填を厚生年金等でまかなっているのが現状である。高齢者にとって公的年金・恩給等は所得の約70％を占めており，年金財政の確保が急務となっている（図表1-2参照）。そのため，現在，国民年金の基礎年金部分の財源を「保険料」（社会保険方式）とするか「税」（税方式）とするかについて論議されている。

つづいて，(イ) 医療に関しては，2008（平成20）年4月より，後期高齢者医療制度（通称，長寿医療制度）がスタートした。この制度創設の背景には，高齢者医療費の高騰化の抑制がある。この制度は「高齢者の医療の確保に関する法律」（2006年改正）に基づいて行われている。その特徴は，① 対象は，75歳以上の後期高齢者で独立した医療制度となっている，② 65歳から74歳の前期高齢者に対しては，退職者が国民健康保険に加入するので，保険者間で医療費の負担を調整し新たなる制度を創設する（各保険の支援制度），③ 財源の確保は，保険料（1割）と現役世代からの支援（約4割）と公費（約5割）にてまかなう，④ 退職者医療制度は経過措置として存続する等，となっている（図表1-3参照）。ただし，この制度は以下のような問題点を露呈した。① 低所得者にとって，保険料の負担問題が生じたこと，② 高齢者を医療保険制度において前期高齢者と後期高齢者に分離したこと，③ 高齢者を家族で扶養するとい

図表1-2 高齢者世帯の所得

区 分	平均所得金額			世帯人員一人当たり(平均世帯人員)
	一世帯当たり			
高齢者世帯	総所得	301.9万円		189.0万円(1.60人)
	稼働所得	54.5万円	(18.0%)	
	公的年金・恩給	211.9万円	(70.2%)	
	財産所得	15.7万円	(5.2%)	
	年金以外の社会保障給付金	2.5万円	(0.8%)	
	仕送り・その他の所得	17.2万円	(5.7%)	
全世帯	総所得	563.8万円		205.9万円(2.74人)

資料）厚生労働省「国民生活基礎調査」(平成18年)（同調査における平成17年1年間の所得）
注1）高齢者世帯とは，65歳以上の者のみで構成するか，又はこれに18歳未満の未婚の者が加わった世帯をいう。
注2）財産所得とは以下のものをいう。
　ア　家賃・地代の所得
　　　世帯員の所有する土地・家屋を貸すことによって生じた収入（現物給付を含む。）から必要経費を差し引いた金額
　イ　利子・配当金
　　　世帯員の所有する預貯金，公社債，株式などによって生じた利子・配当金から必要経費を差し引いた金額（源泉分離課税分を含む。）
出所）『高齢社会白書（平成20年版）』内閣府，p.26

1．少子・高齢社会と高齢者問題

図表1－3　後期高齢者医療制度の運営の仕組み（平成20年度）

＜対象者数＞　75歳以上の後期高齢者　約1,300万人
＜後期高齢者医療費＞　11.4兆円
　給付費　10.3兆円　患者負担1.1兆円

【全市町村が加入する広域連合】

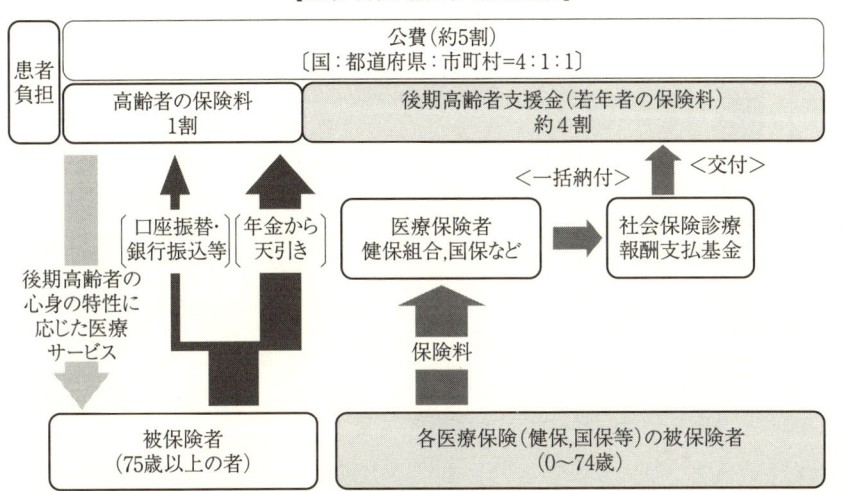

- 公費（約5割）〔国：都道府県：市町村＝4：1：1〕
- 高齢者の保険料　1割
- 後期高齢者支援金（若年者の保険料）約4割
- ＜一括納付＞　＜交付＞
- 口座振替・銀行振込等／年金から天引き
- 医療保険者　健保組合, 国保など
- 社会保険診療報酬支払基金
- 後期高齢者の心身の特性に応じた医療サービス
- 被保険者（75歳以上の者）
- 各医療保険（健保, 国保等）の被保険者（0～74歳）
- 保険料

注1）現役並み所得者については，老人保健法と同様に公費負担（50％）はないため，実質的な公費負担率は46％，後期高齢者支援金の負担率は44％となる。
注2）国保及び政管健保の後期高齢者支援金について，各々50％，16.4％の公費負担があり，また，低所得者等の保険料軽減について公費負担があり，これらを含めた公費負担率は58％となる。
出所）厚生労働省

う意識を希薄にしたこと，④年金から一律に保険料を徴収したこと，等をあげることができる。これらの問題に対して，厚生労働省は対策として，①保険料の軽減措置として低所得者対策を行う，②年金保険料徴収については申し出により，普通徴収に切り替えることができる，等を行うことにした。

　ところで，高齢者の日常生活における健康状態をみると，その多くは何らかの自覚症状を訴えているのが現状である。図表1－4は，65歳以上の高齢者の有訴率および日常生活に影響のある者の率である。有訴率に関しては，65歳以上の男・女を比較した場合，84歳までは男性より女性の方が高くなっている。また，日常生活に影響のある者の率も同様に男性より女性の方が多くなっている。この原因として，一貫した日常生活における家事労働・育児，壮年期・老齢期における家族介護者としての介護労働等による肉体的疲弊が影響していると考えられる。

　少子・高齢社会によって高齢者が影響を受ける最後の分野は，（ウ）介護についてである。現在，介護サービスは介護保険制度のもとで実施されている。同制度は，2000年にスタートしたが，要支援，要介護者の増加を鑑みて，2005年に，従来の介護に予防概念を導入した新たな介護保険制度が創設された（詳しくは第6章，第10章参照）。

　社会的介護を進めるにあたっては，主に在宅介護を軽減することを目的として介護保険制度が登場したが，介護休業（「育児休業，介護休業等育児又は家

第1章 高齢者の生活実態と社会情勢

図表1-4　65歳以上の高齢者の有訴率および日常生活に影響のある者の率（人口千対）

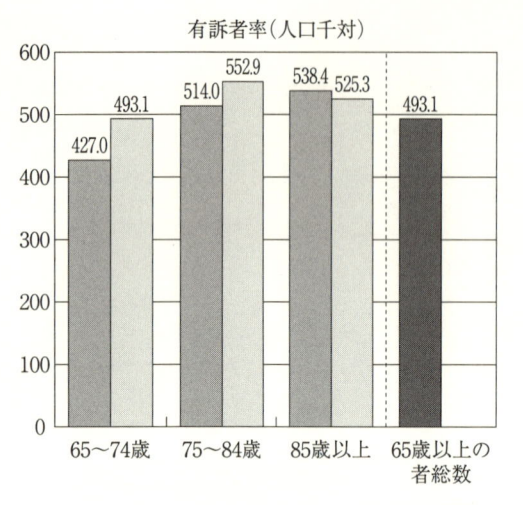

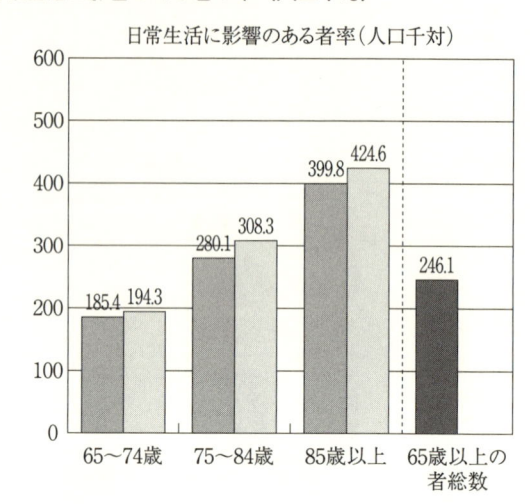

有訴者率（人口千対）

年齢	男	女
65～74歳	427.0	493.1
75～84歳	514.0	552.9
85歳以上	538.4	525.3
65歳以上の者総数		493.1

日常生活に影響のある者率（人口千対）

年齢	男	女
65～74歳	185.4	194.3
75～84歳	280.1	308.3
85歳以上	399.8	424.6
65歳以上の者総数		246.1

■男　□女　■65歳以上の者総数

資料）厚生労働省「国民生活基礎調査」（平成16年）
出所）『高齢社会白書（平成20年版）』内閣府，p.30

図表1-5　家族の中ではだれに介護を望むか

■配偶者　▨息子　▤娘　■婿　▨嫁　□孫　▨その他の親族　■わからない

	配偶者	息子	娘	婿	嫁	孫	その他の親族	わからない
平成7年9月調査	52.0	5.1	19.2		8.9	0.2	2.2	12.3
							0.2	
平成15年7月調査	57.8	5.6	19.3	0.1	5.2	0.2	2.4	9.4
男性	78.3		4.4	-	4.9	0.2	2.5/2.0	7.6
女性	41.5	6.5	30.7	0.2	7.4	0.2	2.7	10.8

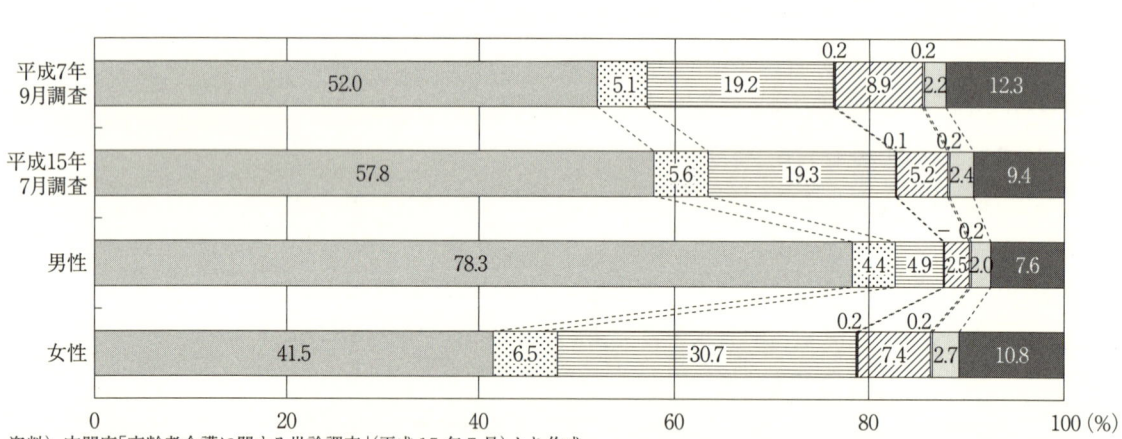

資料）内閣府「高齢者介護に関する世論調査」（平成15年7月）より作成
注1）「自宅で介護されるとしたら，どのような形の介護をされたいか」という質問に，「家族だけに介護されたい」，「家族の介護を中心とし，ホームヘルパーなど外部の者も利用したい」，「ホームヘルパーなど外部の者の介護を中心とし，あわせて家族による介護を受けたい」と答えた者を対象として，「その場合，家族の中では，誰に身の回りの世話を頼むか」について更に質問した結果を再集計している。
注2）「-」は回答者がいないことを示す。
出所）『高齢社会白書（平成20年版）』内閣府，p.36

族介護を行う労働者の福祉に関する法律」）を利用するのは，男性より女性就労者の方が多く，在宅介護の担い手としての女性（配偶者・娘・嫁）の介護労働は，介護保険制度の導入により以前より減少傾向にあるが，一向に，介護のキーパーソンであることには変わりないのが現状である。図表1-5は「家族の中ではだれに介護を望むか」であるが，その多くは女性となっている。

2 高齢者の実態

　2006（平成18）年現在，わが国の全人口に占める65歳以上の高齢者人口の割合は，20.8％となっている。かつて，人口ピラミッドが富士山型をしていた1950（昭和25）年の同割合4.9％と比較するとその割合は，実に4倍以上となっている。その間，家族形態においては，ひとり暮らし・夫婦のみ高齢者世帯（＝核家族化）が増加し，疾病も急性・慢性感染症対策・公害病対策から環境対策・生活習慣病対策・難治性疾患対策へと移行した。なお，高齢者の割合は2025（平成37）年には，30.5％になると推計されている（図表1－6参照）。また，このような高齢者の増加は，就業問題，介護問題（前節で既述），生活習慣病等の対策を新たに必要とするようになった。

　ここで，高齢者の実態を知るために，(1) 経済状況，(2) 健康問題，(3) 就業状況，(4) 生活環境についてみることにする。

　まず，(1) 経済状況であるが，内閣府「高齢者の経済生活に関する意識調査」（平成18年度）によると，「経済的に心配がある」（「家計にゆとりがなく，多少心配である」「家計が苦しく，非常に心配である」）と回答した者は4割弱（37.8％），他方，「経済的に心配がない者」（「家計にゆとりがあり，まったく心配なく暮らしている」者と「家計にあまりゆとりはないが，それほど心配なく暮らしている」）は6割強（60.7％）となっている（図表1－7参照）。

　この図表から，「経済的に心配がある」が前回の調査時（平成13年度）に比

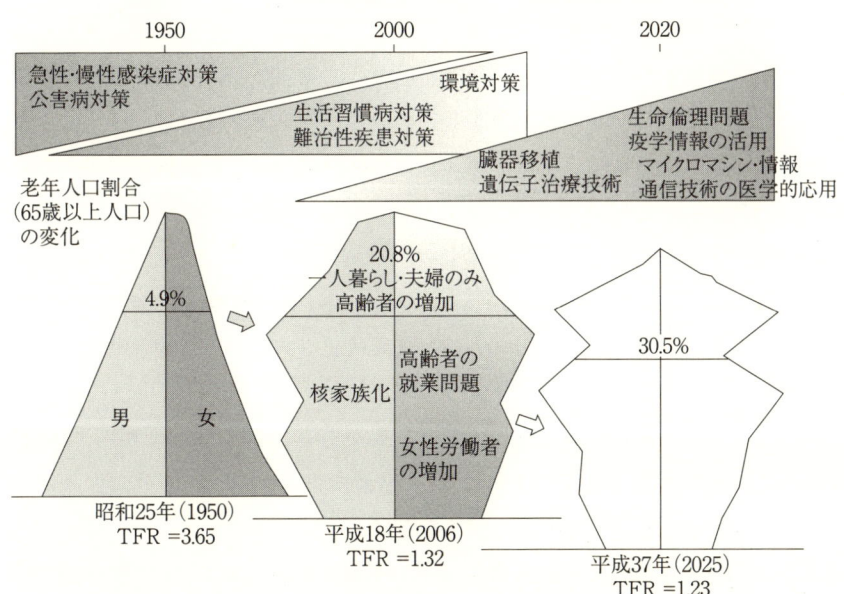

図表1－6　人口構成の変化に導かれ，政策課題が大きく変化

資料）厚生労働白書，国立社会保障・人口問題研究所「日本の将来推計人口（平成18年12月推計）」
注）％の値は，65歳以上人口の割合である。また，TFRは合計特殊出生率である。
出所）『図説・国民衛生の動向(2007)』厚生統計協会，p.18

図表1-7 高齢者の経済的な暮らし向き

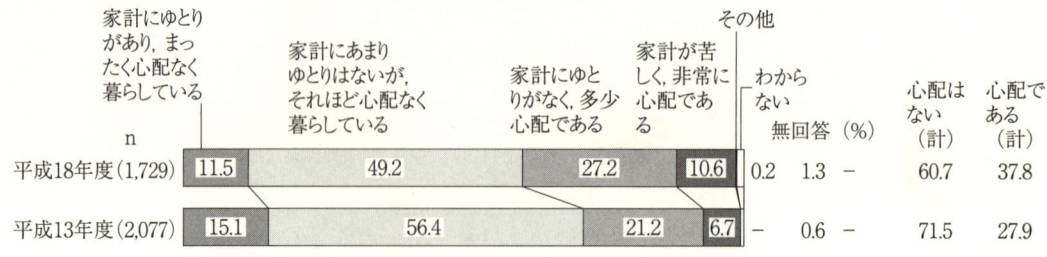

	n	家計にゆとりがあり、まったく心配なく暮らしている	家計にあまりゆとりはないが、それほど心配なく暮らしている	家計にゆとりがなく、多少心配である	家計が苦しく、非常に心配である	その他	わからない	無回答 (%)	心配はない(計)	心配である(計)
平成18年度	(1,729)	11.5	49.2	27.2	10.6	0.2	1.3	-	60.7	37.8
平成13年度	(2,077)	15.1	56.4	21.2	6.7	-	0.6	-	71.5	27.9

出所）内閣府「高齢者の経済生活に関する意識調査」2007年

べて，約1割増加していることがわかる。これに対して「経済的に心配ない」は，10.8％減少している。この背景には，高齢者世帯1人当たりの収入減がある。すなわち，2002（平成14）年の高齢者世帯人員1人当たりの所得は196.1万円であったが，2005（平成17）年の同所得は189.0万円と，わずかであるが減少している（厚生労働省「国民生活基礎調査（2003，2006年）」）。また，同調査によると「仕事はしていない」が，前回調査時と比較して69.9％から67.9％にやや減少している。この理由として，経済的変動による景気の後退並びに就業場面の減少が考えられる。なお，高齢者の就業の理由は，年金収入だけでは不十分な生活費をまかなうために就労する場合が多くなっている。

次に，(2)健康問題である。わが国の疾病対策は，かつての急性・慢性感染対策・公害病対策等の衛生行政から人口の高齢化にともなって，現在は生活習慣病の予防に重点が置かれている。これらによる疾病は，加齢・衰退を迎える高齢期に発症する場合が多いのである。高齢期は，社会的，精神的・肉体的に諸機能が低下する時期である。この期において社会的には定年を迎え，自己の存在意義と社会的役割が低下することによって自身の社会的存在が希薄となる。そのため，他者との関係が疎遠になり自己中心的発想並びに行動に陥りやすくなる。このことが，行動範囲を自ずと狭め他者との交流を疎遠にさせる。そして結果的に，運動量も減少するため，身体の諸機能が低下し病気に罹患する確率が高くなる。

高齢期の健康を維持していくためには，家庭内外において一定の役割（「生きがい」）を担うことが重要となる。そのためには近隣関係の維持，地域社会での活動の場が必要となる。また，(3)就業状況であるが，高齢者世帯所得の平均をみると，年金収入が全体の収入の70％であるので，日常生活を維持していくためには不足分を他の収入で補う必要がある（図表1-2参照）。他の収入として，稼働所得（収入のある仕事），財産所得，年金以外の社会保障給付金，仕送り・その他の所得があるが，なかでも稼働所得が大きなウェイトを占めることになる。収入のある仕事をしている理由としては，「生活費をまかなうため」（53.9％）の割合がもっとも高くなっているが，仕事をすることが「健康によいから」（37.8％），「生きがいが得られるから」（34.4％）という理由で働

> **生活習慣病**
> 厚生労働省の定義（1996年）によると，生活習慣病とは食習慣，運動習慣，休養，喫煙，飲酒などの生活習慣が，その発症・進行に関与する疾患群のことをいう。主な生活習慣病として糖尿病，悪性腫瘍，動脈硬化，高血圧，肺気腫，骨の退行性変化等がある。

いている高齢者も多い（内閣府「高齢者の経済生活に関する意識調査」(2007)）。ただし，前回（2001年度）調査時と今回（2007年）調査時とを比較すると「生活費をまかなうため」が増加し，「健康によいから」が減少している。

　高齢者の就業状況をさらに詳しくみることにする。全般的に高齢者の雇用は厳しい状況にある。その理由として，①知識の吸収力の低下，②職場に対する適応性，順応性の低下，③体力・健康面における不安，④高齢者に適した職場，仕事の減少，⑤能力開発・自己啓発の不足，等をあげることができる。一方で，①我が国の労働力不足，②技術・知識の継承，③経験知の重要性，④社会的要請，⑤平均寿命の伸び等を考慮すると，今後，高齢者の雇用の開発・促進が必要となる。そこで，高齢者の就業対策として，①高齢者自身の能力開発・自己啓発，②高齢者の経験・技術の活用，③勤務日数の短縮，④高齢者の継続雇用，⑤定年年齢の延長，⑥高齢者の再教育，等をあげることができる。

　わが国の経済はここ数年来，経営の効率化の名のもとで市場原理のもとで，競争原理の導入が進められてきた。その結果，非正規雇用者（パート，フリーター，アルバイト，派遣社員）の割合が年々増加し，雇用全体の不安定化につながっている。この中に高齢者も含まれているのであるが，彼等の就労が，たんに労働力を補填するだけでなく，高齢者が長年培ってきた技術・知識による製品の品質向上の維持，技術の継承や，健全な労働による健康維持並びに年金・医療における被保険者として財政の安定化に貢献しているという視点を軽視してはならないのである。

　最後に(4)生活環境の問題についてみることにする。高齢者の生活環境として，①住環境，②公共設備に区分することができる。

　まず，①住環境であるが，現在，高齢者が優良な住宅を確保し，安心して生活できるよう，「高齢者の居住の安定確保に関する法律」(2001年)によって住宅環境を整備している。全国の60歳以上の男女を対象とした総理府の「高齢者の住宅と生活環境に関する意識調査」(2006年)によると，高齢者の居住歴は「31年以上」同じ住宅に住み続けている者が59.0％とほぼ60％を占めており，「5年以内」の居住歴はわずか6.5％となっている。このことから，同じ住宅に住み続けている人が多いことがわかる。身体機能の低下にともなう安全な居住環境の確保のため，耐震補強やバリアフリー化の促進が必要となる。次に，②公共設備についてであるが，これは，交通手段・道路・公共の建物等の生活環境をいう。障害者や高齢者の移動手段となる公共交通（電車・バス・タクシー等）や道路の整備が問題となる。残念ながらわが国の道路は，欧米福祉先進諸国に比較して，段差やひずみの問題，そして，公共交通のバリアフリー化が遅れているため，障害者や高齢者が単独で歩行，あるいは車イスで移動することが困難となっている。この原因は，①わが国がモータリゼーショ

高齢者居住法
　この法律は高齢社会のもとでの住宅政策と福祉の連携を図る目的で2001（平成13）年3月30日に成立した。概要は，①登録住宅制度，②高齢者向け優良賃貸住宅制度，③終身建物賃貸制度，④高齢者向け返済特例制度等となっている。高齢者が安心して生活を送ることができる居住環境を整備することを目的としている。

ン優先社会であること，②国民の間における福祉思想—ノーマライゼーション—の理解不足，等がある。これら以外にも，独居老人あるいは高齢者世帯に対する犯罪（オレオレ詐欺，恐喝等）が多発している。この要因として地域社会の崩壊をあげることができるが，次節で高齢者と地域社会の関係について述べることにする。

3 高齢者と地域社会

　この節では，高齢者と地域社会（community）との関係について述べることにする。

　まず，地域社会の概念であるが「同地域において，行政組織，生活環境等が整備された社会構造の上に成り立つ生活共同体」となる。最近では，ソーシャル・キャピタル（social capital：社会資本）という新しい概念が社会学や経済学等に用いられるようになった。この概念は人びとの協調関係の発達により社会が効率化するというもので，「交流」「信頼」「社会参加」の程度を基準にソーシャル・キャピタル指数を計算する。また，この指数は地域力を測定する指標にもなっている。内閣府は2003年に「ソーシャル・キャピタル：豊かな人間関係と市民活動の好循環を求めて」においてこの指数と国民生活の関係性について分析している。そして，この指数が豊かな地域ほど「地域力」（＝地域の住みやすさ）が高くなっている。今後この指数がますます地域社会のあり方に影響を与えるであろう。

　古来，この地球上に生活する多くの高齢者は人生に輝きをもっていた。なぜならば，高齢者自らが生活の中で培ってきた経験や体験に基づく「価値」は崇められ必要とされてきたからである。しかしながら，現代社会において，伝統・慣習・技能といった高齢者から若者に伝承され高齢者の社会的役割を認めてきた「価値」は，あまり重要視されなくなり，若者はむしろ高齢者が伝達できない新しい「価値」を求めている。

　かつて，わが国の地域社会（＝農村社会）では，地縁・血縁・宗教等による相互扶助（mutual aid）のもとで，隣保相扶が行われてきた。その形態として，田植え等の農繁期に互いに労働力を提供し合う「結」（ゆい）や，同グループの出資者同士の間でお金を相互に融通し合う「頼子講」（たのもしこう）等がある。また，中世ヨーロッパでは同業種組合であるギルドが相互扶助組織として有名である。このような同地域あるいは同業種内の結びつきが，地域社会での人びとの結束と生活の安定，並びに相互信頼を堅固にしてきた。しかし，今日の地域社会においては，同地域住民間の相互扶助意識が低下し，近隣同士の関係も希薄化している。とくに，都市部においてその傾向がいちじるしい。

　高齢者はエイジング（aging：老化，加齢）にともなって（1）経済的問題と

(2) 身体的・精神的問題が顕著となる。(1) の問題に関しては第2節で述べたとおりである。(2) に関しては，① 身体的問題，② 精神的問題に区分することができる。

① 身体的問題は，(ア) 外見的，形態的衰退と，(イ) 機能的衰退に分かれる。エイジングにともなって，外見的，形態的には頭髪が薄くなったり，禿げたりあるいは白髪となったりする。また，皮膚の皺（しわ）が増えるとともに体重・身長が減少し，眼疾患（白内障，緑内障等）に罹患する機会が多くなり，歯牙が脱落する。一方，高齢者の機能的衰退として，臓器の機能低下——呼吸量，肺活量，基礎代謝率の低下等——は運動機能の低下を招く。また，② 精神的問題として，社会（会社）からのリタイアは，役割機能の低下を招き自らの行動範囲を狭めると同時に，役割喪失によって対社会的関係が希薄となる。このことが，地域社会との関係性を脆弱にし，自己中心的思考展開に陥りやすくなり，あげくには「閉じこもり」となり，全く社会との接触を絶ち切り，日々居室内にこもって暮らすという最悪の事態に至ることとなる。

このように，高齢者が長年暮らしてきた居住環境を地域社会で維持していくためには，近隣住民の助け合いがなければ困難となる。

高齢者が，長年住み慣れた生活環境のもとで安心できる生活を希求する理由としては，① 近隣における人間関係による安心感，② 生活習慣の継続性，③ 地域活動の参加の利便性，④ 地域における高齢者サービスのネットワーク化等をあげることができる。こうした高齢者の生活の持続・継続性を確保するためには，地域社会における高齢者福祉サービスの充実が重要となる。

ここで，①～④ について具体的に考察することにする。まず，① であるが，一般に高齢者は地域の近隣関係の中でコミュニケーションの機会を得たり，見守り・助け合いを行っていることが多い。たとえば，「隣近所と行き来をする人は精神的安らぎを得ている」（内閣府「国民生活選好度調査（2007年）」）という結果がでている。この調査は全年齢を対象としているが，日頃から隣近所との関係を密にしておけば精神的に安定（安心）することを同調査は証明している。なお，安らぎを感じる確率が高くなる要素として，「隣近所と行き来していること」「配偶者がいること」「平日に自由な時間が3時間以上あること」「休日に自由な時間が3時間以上あること」「持ち家（一戸建て）であること」等があげられている。また，逆に安らぎを感じなくなる要素として，「週60時間以上働いていること」があがっている。このことから，同地域に長く居住することは，それだけ，隣人関係が親密となり，相互扶助関係の構築が容易となるといえる。

つづいて，② であるが，同地域で生活を継続することは，高齢者の生活スタイルが一定化，定型化することとなり，地域社会の冠婚葬祭や地理的環境を会得し，健康な生活を享受することにつながり，日々の生活が安定する。たと

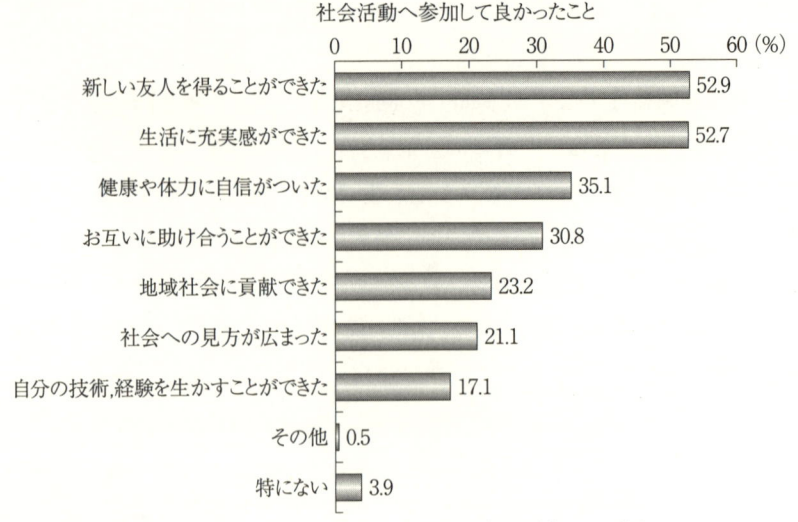

第1章 高齢者の生活実態と社会情勢

図表1－8 地域活動に参加して新しい友人や充実感を得る高齢者が多い

社会活動へ参加して良かったこと

項目	(%)
新しい友人を得ることができた	52.9
生活に充実感ができた	52.7
健康や体力に自信がついた	35.1
お互いに助け合うことができた	30.8
地域社会に貢献できた	23.2
社会への見方が広まった	21.1
自分の技術,経験を生かすことができた	17.1
その他	0.5
特にない	3.9

備考）1. 内閣府「高齢者の地域社会への参加に関する意識調査」(2003年)により作成。
2.「あなたは，この1年間に，個人または友人と，あるいはグループや団体で自主的に行われている次のような活動に参加したことがありますか。いくつでもお答えください。」という問に対して，何らかの活動に参加したことがあると答えた人に，「あなた自身にとって，そのような活動全体を通じて，参加して良かったと思うのはどのようなことですか。この中からいくつでも選んでください。」と尋ね，回答した人の割合。
3. 回答者は，60歳以上の男女1,566人。
出所）『国民生活白書(平成19年版)』内閣府，p.98

えば，疾病に罹患したとき，同地域の「かかりつけ医」あるいは「馴染みの医療機関」の存在は，高齢者自身の生活に安心感・安定感を与え，生活の継続性・持続性を容易にする。

そして，③地域活動の参加の利便性であるが，ボランティア等の社会参加をうながす諸要素は，（ア）興味・親しみ，（イ）体力・身体，（ウ）気持ち・気力，（エ）地理的条件等である。これらの要素が揃っていることが参加の前提となる。地理的把握ができ，時間的に無理や無駄がなく，顔見知りと出会う楽しみ等が参加したいという気持ちにつながる。メイヤロフ（Mayeroff, M.）が主著『ケアの本質―生きることの意味』の中で「他の人々をケアすることをとおして，他の人々に役立つことによって，その人は自身の生の真の意味を生きているのである」[1]と述べているように，高齢者はボランティア活動を通じて，他者に対する援助行為が他者へのケアのみならず，自らの健康維持や生きがいに多大なる影響を及ぼすということを学ぶのである。図表1－8「地域活動に参加して新しい友人や充実感を得る高齢者が多い」（内閣府「高齢者の地域社会への参加に関する意識調査（2003年）」）からわかるように，地域活動への参加によって「新しい友人を得ることができた」「生活に充実感ができた」がそれぞれ，52.9％，52.7％を占め，いかに社会参加が生きがいにつながっているかがわかる。また，健康・体力に関しては，「健康や体力に自信がついた」が35.1％を占めている。そして，相互扶助に関する項目である「お互いに助け

メイヤロフ（Mayeroff, M.）1925－

イギリス人でニューヨーク州コートランドの州立大学の哲学教授。彼は主著『ケアの本質』のなかで，ケアすることの意味について哲学的に考察している。メイヤロフによれば，ケアとは「もっとも深い意味で，その人が成長すること，自己実現することをたすけることで」ある。彼のいうケアの概念は，福祉・医療・心理臨床・宗教など，あらゆる領域の援助関係や治療関係の本質的な性格を明らかにするものであるといえる。

合うことができた」が30.8％となっている。これらの結果から，地域活動が，高齢者の生活全般に大変有意義であることがわかる。

最後に，④であるが，地域における高齢者福祉サービスのネットワーク網の整備は，高齢者にとってもっとも期待すべきものである。周知のとおり，2000年4月より，介護サービスが原則介護保険制度のもとで行われることとなった。この制度の当初のキャッチフレーズは「いつでも，どこでも，誰でもが」であった。しかし，施行後には要支援，要介護1の給付が急増した。そのため，厚生労働省は，2005年6月に「介護保険法等の一部を改正する法律」（通称「介護保険法の改正」）を実施し，従来の「介護」中心から「予防介護」へ政策転換した。

その背景には，介護保険財政の逼迫化，地域（在宅）介護の重要性，対象となる利用者の見直し等がある。こうした状況下で，各地域を中心とした介護サービスが実施されている。高齢者にとって，医療の確保並びに介護サービスの充実は，同地域での継続居住条件のうちもっとも大切な条件である。現在，わが国の高齢者の保健・医療・福祉において，社会福祉分野では，社会福祉法，老人福祉法，介護保険法，保健・医療分野では後期高齢者医療保険制度，所得分野では生活保護法，就業・雇用分野では高齢者等の雇用の安定確保等に関する法律（2004），また住宅分野では，バリアフリー新法（「高齢者，障害者等の移動等の円滑化に関する法律」）等の施策が講じられている。なかでも介護保険制度は，今後，高齢者なかでも要介護状態に陥りやすい後期高齢者の増加にともないより一層重要性が高まると予想される。現在，改正された介護保険法によって，施設，在宅サービスが実施されているが，要支援，要介護高齢者は年々増加傾向にある。今回の改正によって，介護予防重視型システムの導入が図られ，地域支援事業の創設により従来の介護サービスから介護予防サービスへ，介護サービスのあり方を転換することとなった。そのことは，地域社会における介護サービスの充実を促すこととなり，予防給付は地域を中心に展開されている。高齢者にとって不安の一つは，健康を害して四肢機能のいずれかに支障をきたすことである。同地域で生活を継続させるためには，「地域福祉力」が大きな意味をもってくる。高齢者福祉ネットワークの程度いかんによって，生活の継続かあるいは断念かが左右されてくるのである。ただし，その前提条件として，高齢者福祉施策が影響することは，明々白々である。

> **バリアフリー新法**
> 2005年7月に国土交通省が策定した「ユニバーサルデザイン政策大綱」を踏まえ，「高齢者，身体障害者等が円滑に利用できる特定建築物の建築の促進に関する法律（ハートビル法）」と「高齢者，身体障害者等の公共交通機関を利用した移動の円滑化の促進に関する法律（交通バリアフリー法）」を統合・拡充した法律で，2006（平成18）年6月に成立した。知的・精神障害者も対象にし，関係者の責務を定め，公共交通機関にタクシー事業者を新たに加えた。

4　高齢社会施策の実施と状況

老人福祉法制定（1963年）以降，少子・高齢化の進行と1970年代後半からの日本経済の長期低落傾向のもとで，1990年代になって，社会保障・社会福祉基礎構造改革がはじまった。その背景として，①国家財政の逼迫化，②社

会福祉の対象の拡大化，③人権意識の高揚，④ニーズの多様化・多質化等をあげることができる。そして，厚生大臣の座談会である高齢者福祉ビジョン懇談会が「21世紀福祉ビジョン」（1994年）を報告した。同報告書では，①公正・公平・効率的社会保障制度の確立，②介護・子育て等福祉対策の充実，③自助・共助・公助による地域保健医療福祉システムの確立等が掲げられた。高齢者福祉に関しては，「新・高齢者保健福祉推進10か年戦略」（新ゴールドプラン）が出された。同プランは，1989年に策定された「高齢者保健福祉推進10か年戦略」（ゴールドプラン）を継続・発展させたものであり，1944（平成6）年に厚生・大蔵・自治省（当時）の合意のもとで発表されたのである。その基本理念は，①利用者本位・自立支援，②普遍主義，③総合的サービスの提供，④地域主義等となっている。また，同年12月に高齢者介護・自立支援システム研究会より，「新たな高齢者介護システムの構築を目指して」が報告された。この報告書の中で，同研究会は，新介護システムの創設を提言した。1996（平成8）年9月には，社会保障関係審議会会長会議が「社会保障構造改革の方向（中間まとめ）（案）骨子」を提出し，社会保障構造改革を具体的に提示した。

　そして，中央社会福祉審議会社会福祉構造改革分科会は「社会福祉基礎構造改革について（中間まとめ）」（1998年）を報告した。この報告書は，前年の1997年11月に，社会福祉事業等の在り方に関する検討会の「社会福祉基礎構造改革（主要な要点）」の報告に基づき，社会福祉の改革を具体的に示した内容となっている。その基本方向は，①サービスの利用者と提供者の対等な関係の確立，②個人の多様な需要への地域での総合的な支援，③幅広い需要に応える多様な主体の参入促進，④信頼と納得が得られるサービスの質と効率性の向上，⑤情報公開等による事業運営の透明性の確保，⑥増大する費用の公平かつ公正な負担，⑦住民の積極的な参加による福祉文化の創造等となっている。

　そして，何度か検討・論議した結果，前年の1997（平成9）年12月に，ドイツの介護保険法を参考にした社会保険方式による「介護保険法」が成立し，2000年4月より同法が施行され，同年4月より，在宅・施設サービスが実施された（第10章参照）。

　2000年6月には，「社会福祉の増進のための社会福祉事業法等の一部を改正する等の法律」が成立し，法律名が「社会福祉法」となった。改正等の対象となる法律は，社会事業法，身体障害者福祉法，知的障害者福祉法，児童福祉法，民生委員法，社会福祉施設職員等退職手当共済法，生活保護法（一部），公益質屋法（廃止）等の8本である。また，本法律の改正の内容は以下のとおりである。①利用者の立場に立った社会福祉制度の構築（（ア）福祉サービス利用者制度化，（イ）利用者保護のための制度の創設），②サービスの質の向上

((ア）事業者によるサービスの質の自己評価などによる質の向上，（イ）事業運営の透明性の確保，サービス利用者の選択に資するため），③社会福祉事業の充実・活性化（（ア）社会福祉事業の範囲の拡充，（イ）社会福祉法人の設立要件の緩和，（ウ）社会福祉法人の運営の弾力化），④地域福祉の推進（（ア）市町村地域福祉計画及び都道府県地域福祉支援計画，（イ）知的障害者福祉等に関する事務の市町村への委譲，（ウ）社会福祉協議会，共同募金，民生委員・児童委員の活性化）等である。こうした一連の社会福祉基礎構造改革以降，高齢者福祉サービスは，利用者制度・契約制度のもとで，介護保険制度を中心に展開している。

　同制度開始と同時に，日常生活自立支援事業（旧地域福祉権利擁護事業），成年後見制度が実施され高齢者の権利が保護されている（ただし，同制度の認知度の低さ，あるいは費用負担の問題もあって，利用率が低いことが問題である）。また，政府は高齢者の人権擁護のため高齢者虐待防止法（「高齢者虐待の防止，高齢者の養護者に対する支援等に関する法律」）（2005年）や，高齢者の住宅政策と福祉の連携を図るための「高齢者の居住の安定確保に関する法律」（2001年），そして，高齢者の雇用確保に関する「高齢者等の雇用の安定確保等に関する法律」（2004年），高齢者等の移動の保障等を目的とした「高齢者，障害者等の移動等の円滑化に関する法律（バリアフリー新法）」（2005年）等，高齢者の人権・雇用・居住等を保障・確保する法律を次々に制定している。今後，これらの法律が高齢者の生活を保障できるよう，いかに有効的・効果的に運用あるいは利用するかが課題となるであろう。

高齢者虐待防止法
　高齢者の虐待は児童虐待に比較して，被虐待者が自ら声をあげて虐待の実態を他者に訴える機会が乏しく，また，社会もこれまで余り関心を示さなかった。しかし，高齢者の尊厳を保持するうえにおいて虐待はあってはならないことである。有識者・専門家の努力，調査報告の結果，あるいは国民の関心の向上もあって，ようやく2005年11月1日に同法が成立した。そこでは「高齢者虐待」とは，養護者による高齢者虐待及び養介護施設従事者等による高齢者虐待であると定義されている。

注）
1）メイヤロフ，M.著／田村　真・向野宣之訳『ケアの本質』ゆみる出版，1993年，p.15

参考文献
　成清美治，峯本佳世子編著『新版　高齢者福祉』学文社，2006年

> **プロムナード**
>
> 　厚生労働省の発表によると，2007年の日本人の平均寿命は，女性が85.99歳（世界1位），男性が79.19歳（世界3位）となっています。そして，男女ともに前年より，寿命が延びています。この事実は，戦後一貫して，保健・医療に力を注いできたわが国として世界に誇れる財産のひとつです。
>
> 　しかしながら，最近の高齢者を取り囲む年金・医療・福祉（介護）の状況は一段と厳しくなってきています。たとえば，年金においては，受給者数と被保険者数のバランスが崩れてきています。また，医療においても同様の社会環境のもとで，75歳以上を被保険者とした後期高齢者医療制度が2008年4月1日よりスタートし，さまざまな問題を提起しました。そして，福祉（介護）においても介護保険制度が改正され，介護予防に力が注がれることとなりましたが，介護サービスの面（量・質）において，多くの課題を抱えています。
>
> 　「長寿」とは，単に長生・長命だけではなく，幸せな老後でなければ意味がありません。少子・高齢社会のもとで，高齢者が安心・安定した幸福な老後を過ごすことのできる福祉社会を構築することができるかどうかが，今後のわが国の課題といえます。

学びを深めるために

外山　義『クリッパンの老人たち—スウェーデンの高齢者ケア』ドメス出版，1990年
　本書は，スウェーデン南部のクリッパンという小さな町で，後期高齢者の生活自立度調査のため老人ホームの一室を借りて過ごした著者と同町の老人たちとの感動的な交流を描いた書である。そこでの老人たちの生活自立度を調査しながらさまざまな人々との出会いや，当時のスウェーデンの高齢者福祉サービスの状況を建築家の立場から克明に描いている好著である。著者はすでに故人となられたが，帰国後，日本の高齢者福祉施設の建築様式に大変影響を与えた1人である。

高齢社会の背景と高齢者自身の生活の変化をあわせて考えてみましょう。

福祉の仕事に関する案内書

上野千鶴子・大熊由紀子・大沢真理・神野直彦・副田義也編『①ケアという思想』岩波書店，2008年
――『②ケアすること』岩波書店，2008年

第2章 高齢者の福祉需要

1 高齢者虐待の実態

(1) 高齢者の人権問題

今日, 社会保障をはじめ高齢者を対象としたさまざまな制度が整備されているが, 高齢者の生活に対する社会的支援が必要な状況は依然として多い。これは, 今後の人口動態の変化や社会システムの変化によって, ①従来の人口構造を前提に設計された社会保障を含む今日の社会システムでは対応困難となること, ②認知症など要介護状態に陥る健康上のリスクを予防し尽くすことは難しく, また複雑化する諸制度を自力で利用することが難しくなっていること, すなわち「生きられる条件」の困難化, および③尊厳をもち生活していく権利を保障されない実態, など人権に関する諸課題の顕在化に他ならない。

これら高齢者の生活上の諸課題は, いずれも個人の側の自己責任や権利性, 社会の側の公共的義務が問われるが, 要介護状態を念頭に高齢者の支援を考えていくとき, WHOのICF(国際生活機能分類)の枠組を用いれば, 個人と社会をとり結ぶ接点としての「制度」「権利」の実体化が問われているといえよう。

社会福祉の対象となってきた児童・障害者・女性については, 国際的にもその人権問題が重要な課題であると確認され, 権利宣言・権利条約が起草, 批准されてきた。しかし高齢者の人権問題は, 国際的に課題とされつつも, 主にかれらが生活してきた国や地域の文化・経済の中でとらえられている。国連では, 人口高齢化が世界規模の課題であるとの認識にたって問題提起し, 高齢者問題に取り組む各国政府・NGOの参加を促してきた。

1982(昭和57)年ウィーンで第1回高齢化問題世界会議を開催, 「高齢化に関する国際行動計画」を採択した。また1991(平成3)年には国連総会で「高齢者のための国連原則」を採択した。原則の中で, 高齢者の権利は①独立, ②参加, ③ケア, ④自己表現, ⑤尊厳にわたるなど18の原則が示され, 世界各国での取り組みの方向性が打ち出された。これらの取り組みは「社会の高齢化は人類の勝利」「高齢者は社会の重荷ではなく資産」との考えを基調にしており, 世界各国・地域での取り組みを促している。

社会福祉が人権の尊重を基盤とする以上, 高齢者の福祉に対する需要, すなわち福祉ニーズがあるとすれば, それは高齢者の人権問題の中に見出される。人間らしく生きる生存の権利は基本的人権である自由や平等だけでなく, 「サービスを利用する権利」を通して保障されるものだけでもない。むしろ各種社会保障や福祉制度が十分でない部分や社会的に排除された状態, すなわちエイジズムや, 経済的搾取・心身の自由が剥奪されるような状況におかれた高齢者の人権問題を考えねばならない。

ICF(国際生活機能分類)
WHO(世界保健機構)が1999年に策定, 採択した障害に関する理解の枠組。1981年に策定されたICIDH(国際障害分類試案)以後, 改訂が進められていた。障害を中立的にとらえ, 主に個人と環境の要因から説明する。

エイジズム (ageism, agism)
明確な定義はないが, 社会活動や経済・就労・文化等における高齢者に対する, あるいは年齢に対する差別のこと。

(2) 高齢者虐待とは
1) 高齢者虐待が社会的に注目されるようになったきっかけ

　1980年代以降，社会的入院の解消を掲げて高齢者医療の制度整備が進められたが，入所施設数・病床数が財政的事情で抑制され，介護に従事する職員の雇用条件は改善されなかった。この結果，家族による介護負担は一層高まり，また職員の都合に応じた施設介護による「寝かせきり」といえる状態を生み出した。これら老人ホームや病院における身体拘束が寝たきりを生み，高齢者の能力や意欲を喪失させることにつながることが明らかとなったのは，上川病院における実践からであった[1]。この成果は全国に影響を与え，1999（平成11）年「福岡宣言」が提唱された。また介護保険制度発足にあたり，国も身体拘束を原則禁止する通知を出した。

　一方，家庭における介護についても，1989（平成元）年にゴールドプランが策定され，特別養護老人ホームをはじめ施設と各種在宅サービスの整備が進められたことにより介護の社会化が進められた。しかし，在宅介護を担う介護家族の負担，すなわち高齢化し小規模化した家族全体の支援の必要性や，介護者のストレス，経済的困窮・社会的孤立などの実態が明らかとなってきたことも事実である。中でも，単独世帯や夫婦のみまたは親と子だけの世帯など高齢者世帯における，いわゆる「老老介護」の負担と深刻化が懸念されるようになった。

　このような背景の中，1995（平成7）年に田中ら高齢者処遇研究会が実施した「老人虐待」の調査結果は関心を集めた（「高齢者の福祉施設における人間関係の調整に係わる総合的研究」1995年）。その後，介護放棄や老夫婦心中など，家族介護の破綻が事件となって表面化し，さらに施設内での死亡事故や介護殺人などから高齢者虐待が注目されるようになった。相次ぐ事件に対して地方自治体で実態調査と対策が始まり，厚生労働省もようやく実態把握に動き出し，2003（平成15）年に在宅介護における高齢者虐待の実態調査を実施した。

2) 高齢者虐待の類型

　高齢者虐待が1980年代から社会問題化していた欧米の研究や，児童虐待の取り組みを踏まえ，2006（平成18）年施行の「高齢者虐待の防止―高齢者の養護者に対する支援等に関する法律」（以下，「高齢者虐待防止法」）では，高齢者虐待を5つに分類，定義している（図表2-1）。

　なお研究者や実務家からは，高齢者本人の意欲を奪うような人的環境を鑑み，セルフネグレクト（自虐）の類型が問題提起され，自治体での実態調査等に反映されるようになりつつある。

介護の社会化

　家族が担ってきた介護労働を，施設やホームヘルプサービスなどの利用を通して外部の介護サービス提供主体にゆだねること。介護保険制度が介護サービスを市場化し，介護サービスの外部化，社会化を促進した。

セルフネグレクト（self neglect）

　高齢者虐待を被っている本人が，自由を奪われた状況下で自らの主体性を放棄してしまい拘禁反応に似た症状が現れている状況を指す。虐待の一種として，自己疎外あるいは自虐と訳される。

図表2-1 高齢者虐待の類型

養護者・親族による虐待	身体的虐待	高齢者の身体に外傷を生じさせること，又は生じさせるおそれのある暴行を行うこと。
	介護・世話の放棄	高齢者を衰弱させるような食事の提供拒否や長時間の放置，養護を著しく怠ること。
	心理的虐待	高齢者への著しい暴言や拒絶的態度，心理的外傷を与える言動を行うこと。
	性的虐待	高齢者にわいせつな行為をすること，わいせつな行為をさせること。
養護者・親族による不当行為	経済的搾取	高齢者の財産を不当に処分すること，高齢者の財産から不当に利益を得ること。

出所）「高齢者虐待防止・養護者支援法」第4条より筆者作成

2 高齢者虐待防止法と人権問題への取り組み

（1）法制化までの動向と防止法の概要

　高齢者虐待に取り組んできた実務家・研究者らは2003（平成15）年日本高齢者虐待防止学会を設立，これまでの調査・研究成果に裏付けられた虐待防止についての法制化の活動を開始していった。2005（平成17）年議員立法として国会へ提出された同法案は，全会一致で可決制定され，2006（平成18）年4月より施行された。

　高齢者虐待防止法では，養護者を家族介護者と特別養護老人ホームなど施設職員（養介護施設従事者）とし，在宅介護と施設介護におけるそれぞれでの虐待防止の対策を規定した。

　まず在宅介護では，虐待の発見について市町村担当や地域包括支援センターはじめ関係機関への相談や通報を行うこと，また発見後の対応として在宅介護支援センターや市町村福祉事務所による迅速な事実確認，被虐待者の保護，立ち入り調査の実施が定められた。また養護者に対しては，面会の制限，介護の負担軽減と，必要な相談と支援の実施が定められた。さらに市町村に対し，虐待への対応体制を整備すること，必要に応じ警察署への協力要請も定められた。

　次に施設介護では，不適切な介護を発見した場合の通報，老人福祉法，介護保険法に基づくサービス提供等運営の改善の義務化などが盛り込まれた。また研修による職員の訓練，苦情解決などを講じることが定められた。

（2）高齢者虐待防止法と虐待防止の実施状況，課題

　高齢者虐待防止法では都道府県ごとに対応状況をとりまとめ公表することとなっており，2006（平成18）年度の結果が公表されている[2]。これによると施設に対する相談・通報は，全国の市町村で273件，相談・通報した者は親族が24.5％・施設職員23.1％，施設の元職員10.6％であった。このうち虐待の事実が認められた59件が等都道府県へ報告され，そのうち「報告徴収，質問，立

入検査，指導」48件，「改善勧告」4件，改善命令や指定停止各1件の対応がなされた。

　また家庭における養介護者による虐待等については，市町村へ18,390件の通報・相談があり，相談・通報を行った者は介護支援専門員やサービス提供事業所が41.1％，家族・親族が13.4％，本人12.1％の順であった。このうち虐待と市町村が判断したものは12,569件，身体虐待や心理的虐待がもっとも多く，ついで介護等放棄・経済的虐待であった。また，うち被虐待者の8割以上が虐待を行っている介護家族と同居の者であった。対応として養護者から分離し保護を行った事例が35.6％にのぼったという。

　また，市町村における体制整備の報告によると，対応窓口の設置や住民への広報はほとんどの市町村で行われている。具体的内容は，成年後見制度の市町村申立ての強化，事業者への周知等であり，関係機関の研修は約半数で実施された。しかし，具体的な対応マニュアルの作成や関係機関との調整，地域でのネットワーク構築などが3割程度にとどまり，ばらつきがみられる。

　なお，警察庁における対応状況をみると，対応件数は2006（平成18）年度には1,213件，2007（平成19）年度は1,853件と増加している。通報・相談者は高齢者本人が両年度とも55％以上（男22％・女78％），市町村からの援助依頼は全体の4％程度，通報の被害状況は7割が身体的虐待であった。講じられた措置は，市町村への通報が60％，検挙件数は2006年度は8.2％，2007年度は6.9％であった[3]。

　これらの状況に対し，実務家らによれば高齢者虐待の防止や通報が行き届いておらず，対応が遅れていることが指摘されている。また養護者への支援が十分でなく，虐待を受けた高齢者を緊急避難的に保護した後の対応について，模索が続いているのが実状である。とくに経済的な搾取では，加害側の養護者が高齢者の財産や年金をあてに生計を維持している事例も多く，その後の法的な支援との連携を含む継続的な対応が求められている。

　このため，法制度の充実を求める動き，民間組織などを含め地域でのネットワーク形成を進める動きなどがある。また市町村ごとの取り組みの差も大きいため，関係者による取り組みの促進が図られている。

(3) その他の高齢者の人権に対する動向と課題
1）振り込め詐欺・リフォーム詐欺など，高齢者の消費者被害

　介護保険サービスとして住宅改修が行われるようになった2000（平成12）年以後，住宅改修やバリアフリー化を勧めるリフォームを口実にした詐欺事件がひろく社会問題化した。また高齢者世帯への電話・葉書などによる「振り込め詐欺」も広がり，深刻な被害が相次いでいる。

　これに対して，社会福祉関係者や司法書士・弁護士などが見守り等ネット

> **見守り等ネットワーク**
> 従来組織されていた在宅介護支援のための相談支援員のほか，高齢者虐待防止や「孤立死」防止のため等，主に地域社会での孤立防止を目的としたネットワーク活動。

ワークを行って成果をあげている自治体もある。消費者相談における対応と社会福祉の相談機関の連携が求められている。

2）年金記録の改ざん

　近年，老齢年金・国民年金の給付の根拠となる加入記録が改ざんされたり，正しく記録されていないことが明らかとなった。また，社会保険庁による不適切な事務処理によって給付が影響を受けている問題が表面化した。また厚生年金については，事業者による標準報酬月額の減額などの改ざんも明らかとなり，年金制度の信頼性を損なう事態に発展している。これは，高齢者の経済的保障に対する深刻な問題である。加入記録については，社会保険事務所における第三者委員会などへ申し立て，裁定の上救済する対応を国が行っているが，高齢者には記録などがなく証明が困難であること，また認知症などにより申し立て自体が困難であること等，全面的な解決にはほど遠く課題が山積している。

3）交通事故の加害・被害

　交通事故に遭う高齢者の被害件数は増加しつづけている。道路における車両・二輪車との事故だけでなく，歩道・商店街などでの自転車との事故も増加し，死亡事故も増加している。また，運転免許を保持する高齢者が増加したことにより，高齢者の起こす交通事故も多発傾向にある。とくに認知症運転手によると考えられる事故も増え，深刻な課題を提起している。これは車両運転だけでなく道路の往来などの事故も含んでおり，社会参加自体に関わる基盤的な環境の課題といえる。

　道路交通法の相次ぐ改正により，高齢ドライバーに対する車両への標識義務化や免許の返納制度・高齢ドライバー向け講習の充実が図られている。また，高齢者の社会参加を促す環境整備をめざしてバリアフリーの法制度が整備されたものの，いまだ社会環境全般への見直しにつながっていないともいえる。

3 高齢者の地域移行

（1）地域移行とは

　2005（平成17）年の介護保険法改正で，入所施設である介護老人福祉施設（特別養護老人ホーム），介護老人保健施設には「在宅復帰支援機能」が追加された。これにより，長期にわたる入所サービスから，入所する高齢者への自立支援を通して地域社会での生活に移行できるよう支援することが，施設介護サービスの目標に盛り込まれたのであった。これは介護予防と同様，要介護状態の改善により高齢者が地域社会の一員に戻れるようにしていくことであった。

　介護サービスを活用しながら生活する入所施設のあり方を意識させる契機と

して、同じく2005（平成17）年改正により居室利用を「ホテルコスト」として自己負担・徴収することとなった。実質的に家賃といえるこの自己負担は、入所施設を要介護高齢者向けの住宅へ近づけることとなった。

　また、同年の改正による地域密着型サービスの創設から認知症高齢者グループホームの位置づけが代わり、地域社会での生活に近づけられるよう図られることとなった。さらに地域密着型入所施設も創設された。

（2）地域移行の現状

　要介護認定を受けて介護サービスを利用している高齢者の多くは、将来施設サービスの利用を希望しており、いわゆる施設入居の待機者となっている。このため、ほぼすべての施設で2年以上の入所待機期間が生まれている。とくに介護保険施行後、施設入所の申し込みが個別契約になったため、希望者が殺到した。このため厚生労働省は、都道府県に指導を行うよう通知、都道府県ごとに入所の優先度を判断する指標が作成され、都道府県の介護保険事業計画圏域ごとで調整が行われるようになった。

　実際には、いったん施設に入所した者が自宅に戻って生活できるように支援することは極めて困難であり、すでに身寄りがない、子世代からの介護・世話に期待できない、あるいは経済的に困難な状況にある場合が多い。また、実際に入所施設を退所して地域生活に移行するケースはほとんどなく、退所理由の多くが医療機関への入院あるいは死亡である。

　高齢者の地域移行は、むしろ地域密着型サービスの充実により、自宅で介護サービスを利用した後に入所施設へ即入所するのではなく、居宅サービスの延長線から地域生活に近い生活を可能な限り過ごすという方向にあるのが現状である。

（3）高齢者の居住と近隣関係

　地域移行への支援において高齢者が安心して生活してゆく基盤となる住居と、そこで営まれる生活のあり方すなわち居住がどのように保障されるかが課題となる。また、経済的な基盤が確保され住居があっても、周囲との人間関係と社会的役割、高齢者本人の生きがいがともなわなければ、孤立死に至ることもある。阪神・淡路大震災（1996（平成7）年）や新潟中越地震（2002（平成14）年）で、被災した高齢者の孤立死が相次いだことがそのことを裏付けている。

　高齢者の孤立は、もともとひとり暮らしであったことや配偶者との死別・離別など高齢期のライフサイクルによる場合などに加え、近隣との日常的な関係の程度にもよる。また都市部ではプライバシー優先の孤立しがちな住宅状況、地方では過疎・人口減少にともなって生じている。とくに過疎地域では、市町村合併により民生委員の減数が生じる等以前の見守りネットワークが機能しな

> **地域密着型サービス**
> 　2007（平成19）年改正施行の介護保険法により追加されたサービス類型。原則市町村ごとで実施され、在宅介護サービスを通して地域生活の継続性が保てることを目的としている。小規模多機能居宅介護、認知症対応型共同生活介護、認知症対応型通所介護、夜間対応型訪問介護、地域密着型特定施設入居者生活介護、地域密着型介護老人福祉施設入所者生活介護がある。

くなった事例，路線バスなど公共交通手段が廃止されて移動が困難になり孤立に至った事例などもある。

　これらは，高齢者のみの世帯・高齢者を介護する世帯における孤立死防止等に対する対策へと展開している。また厚生労働省では有識者による研究会を行い，2008（平成20）年3月に「高齢者等が一人でも安心して暮らせるコミュニティづくり推進会議（「孤立死」ゼロを目指して）報告書」を発表，地域社会における見守りなどネットワークづくりを提言している。

4　高齢者の就労の実態

（1）高齢者雇用の現状

　高齢者には，勤務していた就業先で継続雇用されることや，高齢者雇用安定法に基づくシルバー人材センターの斡旋による就業などがある。

　厚生労働省の高年齢者就業実態調査（2004年）によると，65〜69歳以上で就業しているのは男性で49.5％，女性で28.5％あり，また就業希望も男性21％，女性18.3％，回答には「収入の必要」「健康の維持」などの動機があがっている。また就業している65〜69歳以上の勤務形態は，男性では52.1％が普通勤務，47.9％が短時間勤務，女性では38.7％が普通勤務，61.3％が短時間勤務となっており，非正規雇用が多いことがわかる。

　雇用側の高齢者雇用について同調査によると，60歳以上の雇用を増やす予定が10.9％，増やさない予定が36％，未定が51.1％である。増やさない理由として「適した仕事がない」「高齢者に限らず新規採用予定がない」がもっとも多く，逆に増やす理由としては「経験・能力の活用」がもっとも多くなっている。しかし，経験や能力活用が図れる職種・業種は専門性の高いものが多いため，高齢者の雇用全般に当てはめて雇用を促進させる情勢となりにくい。シルバー人材センターにおける各種の職業訓練や資格取得なども行われているが，高所得・安定収入に結びつくケースは少ない。

　高齢者が就労する動機として最も大きいのは経済的事情である。また近年年金の給付開始が引き上げられていることも影響している。

　高齢者雇用の進まない背景としては，第1に今後企業が労働力人口のさらなる減少を見込んでいること，第2に高齢者の健康面への問題がある。これは医療など社会保険における事業主負担の増加へつながることから，事業主が雇用形態の非正規化・若年層の雇用を志向する理由となっている。

（2）高齢者雇用の労働問題と支援

　上記のように高齢者の雇用は，賃金水準や待遇面で他の年齢層に比べると格差がある。また十分な訓練が行われない請負仕事に従事するなど非正規雇用の

シルバー人材センター
　主に定年退職後の高齢者を対象に，職業訓練や雇用の斡旋等就労支援を行うため，高齢者雇用促進法に基づいて設置された機関で社団法人として運営されている。臨時的，短期的な就労を登録制によって行っている。

非正規雇用
　パートタイム・アルバイトや季節雇い・日雇いなど収入が低額で，雇用保険や医療保険など社会保険への加入が自己責任に委ねられている雇用形態をいう。

状況下で，労働災害に遭った場合の補償も不十分である。

　背景には，ほとんどの事業所が導入している定年制，就労期間において能力開発などのキャリア形成が行われていなかったこと，終身雇用など安定的だが固定的な就業構造における雇用などが考えられる。また労働組合も，高齢者の労働より正規雇用者の労働問題中心に取り組んできた。また高齢者雇用は，基本的に年金制度との関連から補足的に制度整備が行われてきた。このため，高齢者の労働の必要性が前提でなく，雇用者側を中心とした扱われ方であったことが高齢者の労働問題の核心といえる[4]。

　また，冒頭の理念に立ち戻ってみると，年齢による差別（エイジズム）への批判から年齢制限の撤廃を行った国もある。高齢者が社会に寄与する存在として扱われていくためには，今後の少子化と労働力減少にともなって論議される高齢者雇用を高齢者の労働する権利から考えていく必要もある。

5　まとめ

　高齢者の福祉需要を考えるうえで，本章では人権をめぐる状況としてこれを整理した。社会福祉制度の充実のみならず，医療保険，介護保険などの整備がはかられる一方で，就労の実態や交通事故の増加などを例に，高齢者の社会参加に関する社会制度，環境的な課題にも言及した。とくに隣接・関連する機関との連携が求められる状況が増えているのである。

　高齢者が尊厳ある存在として社会生活を営んでいく上で，社会制度の制約や条件付けがあることを確認するだけでなく，どのような点に社会福祉が担うべき課題があるかを考えていくことこそ，高齢者のための社会福祉を考え，実践していくことへつながる。そのためには高齢者の視点からの社会認識を今後も柔軟に進めていくべきであろう。

注
1) 吉岡充・田中とも江『縛らない看護』医学書院，1999年
2) 厚生労働省「平成18年度高齢者虐待の防止，高齢者の養護者に対する支援等に関する法律に基づく対応状況等に関する調査結果」2007年
3) 警察庁長官官房総務課「平成18年・19年中の高齢者虐待事案対応件数等（統計）」2008年。平成18年の統計は4月1日から12月31日の間のもの。
4) 大曽根寛編『ライフステージ社会福祉法―いまの福祉を批判的に考える』法律文化社，2008年

> **プロムナード**
>
> 　最近高齢者の犯罪が増えています。「刑務所に入りたかった」「捕まりたかった」。かれらの語る動機は，一般社会が生活しにくくなった現れだといえます。しかし，人間らしく生活できるための条件が厳しくなっているとすれば，かれらこそ社会的援護が必要な人びとであるかもしれません。また，先日発表された統計で，75歳以上の人口が総人口の10％を超えました。この世代の3分の2は女性で，彼女たちのうち少なからぬ人びとが戦争で結婚の機会を失い未婚のまま，そして社会保障も不十分な中を働き，十分な年金も受けられずにいます。
> 　彼女たちの労苦や罪をなす高齢者の直面する生活問題は，いずれも，制度ではなく社会のありようと関わっている点で共通しているように思われます。しかし，このような話題を報じる新聞記事はほんの片隅に追いやられ，テレビ報道は視聴率に見合わないのか扱わず，かれらに目を向ける研究者や論文・エッセイすら見つけるのが困難になってしまいました。
> 　いつから，高齢者のための福祉は，社会保障制度とその補填策ばかりになり，議論することも同じレベルになってしまったのでしょうか？　社会のありようとの関わりを放棄することは，かれら，つまり生きた歴史へ学ぶことを放棄することにつながっているように思えてなりません。高齢者に学ばない高齢者福祉，制度は，果たして本物でしょうか。

学びを深めるために

大沢周子『ホスピスでむかえる死』文藝春秋社，2000年
　この本は，ホスピスで死を迎えた人，妻や夫を看取った人の語りをもとにまとめられている。自分がどんな死を迎えたいかということは，他方でまわりの人との関係のあり方を問うことでもある。大江光さんの「一生懸命死んでください」ということばを思い浮かべ，自分自身の最期を考えてみてほしい。

ケイ，T.著／兼武　進訳『白い犬とワルツを』新潮社，1998年
　長年連れ添った妻が先立ち，自身も病に冒された老人が，子どもたちの世話を受けながらも余生を自分らしく生きようとするときに出会った，白い犬との交流を描いた小説。犬への思いやりを通した老人の愛が，老年期における人生の意味を考えさせてくれる。

▶高齢者虐待の問題が大きくなった要因は何でしょうか。

福祉の仕事に関する案内書

江川　晴『老人病棟―訪問看護婦物語』小学館，1991年
　看護経験もある著者による，訪問看護を通して出会う地域の在宅高齢者との人間関係を描いた小説。

湯浅　誠『反貧困―「すべり台社会」からの脱出』岩波新書，2008年
　働いても生活できないワーキングプア・ホームレスへの支援を続ける著者の提案に満ちた1冊。

第3章

高齢者の介護需要

1 要介護高齢者の実態

(1) 要介護高齢者の増加

　2008（平成20）年4月1日現在，65歳以上の高齢者人口は2,787万人であり，高齢化率は21.8％となっている[1]。将来の推計人口においても，高齢者人口は2020年まで急速に増加し，2025年には30.5％に，2035年には33.7％，2045年には38.2％，2055年には40.5％に達すると見込まれている。

　高齢期には，身体的・精神的な変化や衰退が生じるため，なかには寝たきりや認知症となる高齢者も現われる。日本では急速な高齢化の結果，寝たきり高齢者，認知症高齢者，虚弱高齢者などの介護を必要とする高齢者が増加している（図表3－1）。こうした状況の中，寝たきり高齢者の出現率は，65～69歳で0.3％，70～79歳で0.9％，80歳以上では4.9％と年齢が上昇するごとに高くなり，とくに老年後期に高くなる傾向がみられる[2]。厚生労働省の推計によ

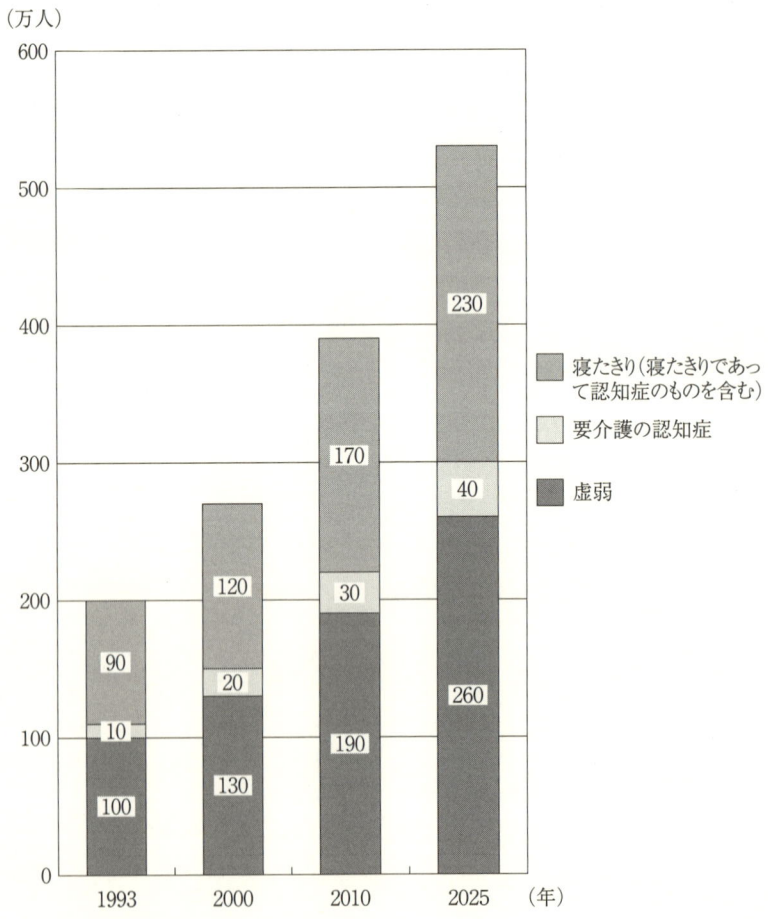

図表3－1　寝たきり・認知症・虚弱高齢者の将来推計

（万人）

年	虚弱	要介護の認知症	寝たきり（寝たきりであって認知症のものを含む）
1993	100	10	90
2000	130	20	120
2010	190	30	170
2025	260	40	230

資料）厚生労働省推計
出所）福祉士養成講座編集委員会編『介護概論』中央法規，2008年，p.11より引用

ると，要介護状態となる高齢者は2000（平成12）年には280万人，2010（平成22）年には390万人，2025（平成37）年には520万人へと増加することが予測されているが，第1号被保険者の要介護認定者数は，2006（平成18）年にはすでに425万人に達しており，予測を上回るペースで介護を必要とする高齢者が増加している。

（2）主な原因と介護期間

2004年「国民生活基礎調査」によれば，65歳以上の要介護者の主な原因は，「脳血管疾患」が25.7％と最も多く，次いで「高齢による衰弱」が16％，「骨折・転倒」が11％，「認知症」が11％，「関節疾患（リウマチ等）」が11％，「心臓病」が4％，「その他・不明」が22％となっている（図表3-2）。これらの原因による高齢者の生活機能の低下が，要介護状態の原因となっている。

一方で，要介護高齢者の要介護期間は，「1ヶ月未満」は1.7％，「1ヶ月以上6ヶ月未満」は7.4％，「6ヶ月以上1年未満」は9.3％，「1年以上3年未満」は26.1％，「3年以上5年未満」は19.7％，「5年以上10年未満」は19.8％，「10年以上」は14.2％となっており，3年以上がおよそ半数を占めている[3]。要介護高齢者においては，平均して死亡前の「生活自立」ができない状況にある期間が17ヶ月，「寝たきり」状態が8.5ヶ月，「全く寝たきり」状態が5.7ヶ月となっており，要介護期間の長期化と24時間介護が必要な寝たきり期間の長さが指摘されている[4]。

「介護給付費実態調査月報（平成19年4月審査分）」によると，「介護保険サービスの利用状況（介護サービス受給者数）」では，サービス受給者総数は345万人であり，要介護5は11.4％，要介護4は13.9％，要介護3は16.4％，要介

> **要介護認定**
> 市町村が被保険者の申請を受け，ケアマネジャーによる全国一律の方法での訪問調査を実施する。訪問調査結果と主治医の意見書に基づき，介護認定審査会において，要介護状態に該当する場合には要介護状態区分などにそって審査及び判定を行う。

> **認知症**
> 以前は痴呆症と呼称されていたが，この医学用語は侮蔑的意味合いが強く高齢者が諸制度を利用することに心理的負担を付与しているケースがあるとの理由から，2004年12月に認知症と改称された。

図表3-2　要介護者等の介護が必要となった主な原因

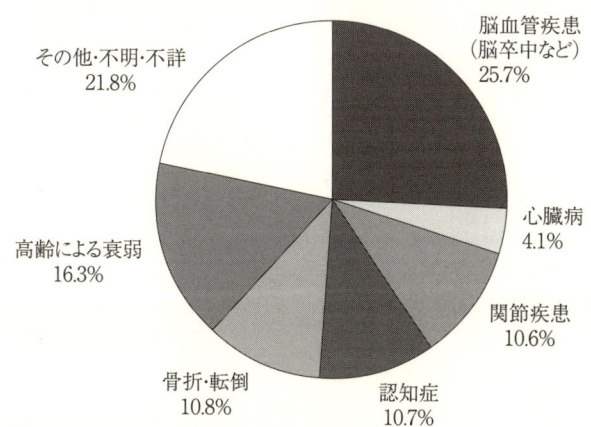

- 脳血管疾患（脳卒中など） 25.7％
- 心臓病 4.1％
- 関節疾患 10.6％
- 認知症 10.7％
- 骨折・転倒 10.8％
- 高齢による衰弱 16.3％
- その他・不明・不詳 21.8％

資料）厚生労働省「国民生活基礎調査」2004年
出所）厚生労働省ホームページより作成
http://www-bm.mhlw.go.jp/toukei/saikin/hw/k-

護2は18.4％，要介護1は20.2％であった。また，要支援等は19.7％であった。

介護ニーズが高まる一方で，少子高齢社会が進み，介護者の高齢化や家族介護者の減少など，家族による介護の機能低下がますます進むことが予測されている。介護労働者の不足も介護の職場では深刻化しており，介護の担い手をいかに確保育成していくべきかが課題になっている。

(3) 主な介護者と介護状況

在宅生活を送ると仮定して，家族の中では誰に介護を頼むかを尋ねた世論調査[5]からは，男女とも「配偶者」の割合がもっとも高く，男性は78.3％，女性では41.5％を占めた。男性では5％に満たない「娘」が女性では30.7％と高くなっている。「嫁」と回答した人は男性2.5％，女性7.4％と従来よりも低くなっている。

では，実際に介護を行っているのは誰なのか。2004（平成16）年の「国民生活基礎調査」[6]によれば，要介護者からみた主な介護者の続柄をみると，4分の3が家族や親族となっており，約3分の2が同居している家族等である。「配偶者」24.7％，「子の配偶者」20.3％，「子」18.8％，「父母」0.6％，「その他の親族」1.7％となっている（図表3－3）。さらに詳細な内訳をみると，「妻」16.5％，「息子の妻（嫁）」19.9％，「娘」11.2％などとなっており，主な介護者の半数が同居している女性家族員であることがわかった。この割合は家族介護者のみに限定すると8割弱を占める。一方で，男性が主な介護者となっている割合は全体の16.6％と少なく，「夫」8.2％，「息子」7.6％とほぼ同じくらいの割合となっているが，「娘の夫（婿）」は0.4％とわずかである。介護者の大半

図表3－3　要介護者からみた主な介護者の続柄及び同別居の状況

（単位：％）

- 配偶者 24.7
- 子 18.8
- 子の配偶者 20.3
- 父母 0.6
- その他の親族 2.3
- 別居の家族等 8.7
- 事業者 13.6
- その他 6.0
- 不詳 5.6
- 同居 66.1

同居の家族等介護者の男女別内訳（単位：％）

配偶者	男（夫）	8.2	女（妻）	16.5
子	男（息子）	7.6	女（娘）	11.2
子の配偶者	男（娘の夫）	0.4	女（息子の妻）	19.9
その他の親族	男	0.4	女	1.9
合計	男	16.6	女	49.5

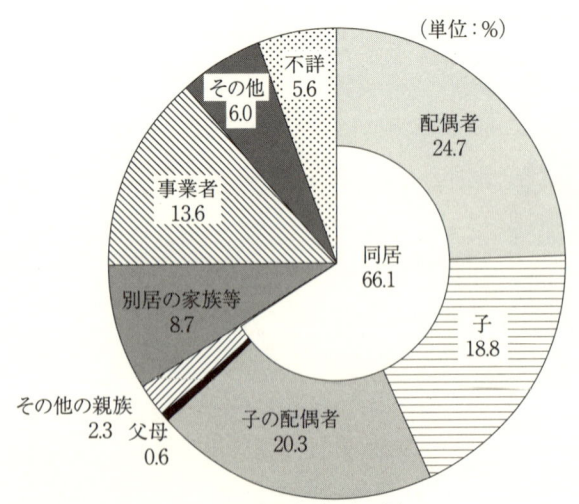

資料）厚生労働省「国民生活基礎調査」（平成16年）
出所）『高齢社会白書（平成20年版）』内閣府，p.6

は女性であるが，近年では「嫁」の立場である介護者の割合がやや減少し，「夫」や「息子」という男性介護者の割合も増加してきている。

　核家族化が進み，65歳以上の高齢者と子の同居率は，ここ30年で約20％減少し，2003（平成15）年には47.8％まで低下しているという。また，全世帯に占める高齢者世帯の割合も，1975（昭和50）年には3.3％であったが，2006（平成18）年には17.8％まで増加している。実際，同居している主な介護者の半数以上が60歳以上となっており，約3割が70歳以上であることからは，まさに高齢者が高齢者を介護するという「老老介護」のケースが多く存在することがわかる[7]。このような状況が要介護者や介護者の将来への不安を増長している。

　介護の状況としては，同居している主な介護者が，1日の中で介護に要している時間をみると，「必要なときに手をかす程度」が44.7％ともっとも多いが，「ほとんど終日」も21.6％と高くなっている。「2～3時間程度」は9.9％，「半日程度」が7.9％である。要介護度別にみると，「要支援」「要介護1」「要介護2」では「必要なときに手をかす程度」がもっとも多くなっているが，「要介護3」「要介護4」「要介護5」と介護度が高くなると，「ほとんど終日」の割合がもっとも多くなり，「要介護5」では約半数が「ほとんど終日」介護をしている。

　介護内容としては，「洗顔」「口腔清潔」「身体の清拭」「洗髪」「着替え」「入浴介助」「体位変換」「起居」「排泄介助」「食事の準備・後片付け」「食事介助」「服薬の手助け」「掃除」「洗濯」とその内容は多岐にわたっている。介護に要する時間だけでなく，その内容の複雑さやすべてを要介護者のペースに合わせた介護生活や介護役割が特定の介護者にのしかかる場合，介護者の精神的負担感の大きさははかり知れない。

　睡眠不足による身体的な疲労，自由な時間がもてないこと，介護そのものの身体的精神的負担感の大きさ，将来への不安感から介護ストレスを抱えることが多い。とくに女性の場合には，従来からの家庭内の役割分担から介護を担うことが当然のことと期待されている場合も多く，介護を他の人に頼みにくい状況にあることや，家事と介護の両方に追われることから，精神的な不安や不満が多くなり，うつ病になるなどが問題となっている。

（4）家族形態の変化と介護の社会化

　1970年代，家族内で介護を担う女性は「日本型福祉社会」の含み資産とされ，介護は家事育児の延長上にあるものとして，女性によって担われる役割と位置づけた制度設計が行われてきた。しかしながら，少子高齢化が進む中，長寿化，慢性疾患，中途障害などの増加により高齢者や障害者などの要介護者が増加してきた。一方で，核家族化や女性の社会進出が進み，家族形態が変化するにしたがって，家族の機能も後退してきた。現実的に子どもの老親扶養意識の変化

と介護力が低下してきた。家族生活については，今後いっそうの個別化が進み，家族機能が弱まることはあっても，強くなることはないだろうと考えられる。

まさにこのような状況の中で，2000年4月に開始された介護保険制度は，社会全体で一定の負担を分かち，要介護高齢者を支えあうことを目的として創設された。フェミニズムの立場からは，家族介護を女性に担わせてきた現状が批判され，もはや家族の介護力のみに依存することはできない中，介護を担う介護サービスに対するニーズが，介護の社会化を促進した。しかしながら，介護保険制度下においても，家族（女性）による介護なくして，在宅介護は成立しないことは明らかであり，あくまで在宅介護の補助的な役割にとどまっている。また，身体的な介護は介護サービス利用によって外部化されていく一方で，老親に対する家族からの情緒的なサポート機能は今後いっそう重要性を増すと考えられる。

2 認知症高齢者の実態

（1）認知症高齢者の増加

認知症高齢者数については，2002（平成14）年1月から12月の各月間の要介護認定データ等をもとに推計したところ，「何らかの介護・支援を必要とする認知症がある高齢者」（認知症高齢者の自立度Ⅱ以上）は，149万人であり，要介護認定者の約半数を占めていた。また，このうちの約半数の73万人は在宅生活を送っている状況である。介護保険施設については，入所者の約8割が認知症高齢者である[9]。

認知症高齢者は，今後急速に増加し，2005（平成17）年に169万人，2015（平成27）年に250万人，2025（平成37）年には323万人に達し，ピーク時の2040（平成52）年で400万人弱にまで増加すると推計されている（図表3－4）。また，2006年現在で，高齢者の独居世帯については約390万世帯であるが，2015（平成27）年には約570万世帯になると見込まれており，独居で在宅生活

> **認知症高齢者の自立度**
> 「認知症高齢者の日常生活自立度判定基準」（平成18年一部改正）によれば，自立度には，ランクⅠ～Ｍまである。要支援・要介護となるのはランクⅡ以上である。ランクⅡ～Ⅳでは，日常生活に支障を来たすような症状・行動や意思疎通の困難さがみられ，Ⅱでは支援が，Ⅲではときどき介護が，Ⅳでは常に介護が必要とされる。ランクＭでは著しい精神病状や周辺症状あるいは重篤な身体疾患がみられ，専門医療を必要とするものとされる。

図表3－4　認知症高齢者数（要介護・要支援認定者）の将来推計

（単位：万人）

	2002年	2005	2010	2015	2020	2025	2030	2035	2040	2045
認知症である高齢者の自立度Ⅱ以上	149 (6.3)	169 (6.7)	208 (7.2)	250 (7.6)	289 (8.4)	323 (9.3)	353 (10.2)	376 (10.7)	385 (10.6)	378 (10.4)
認知症である高齢者の自立度Ⅲ以上	79 (3.4)	90 (3.6)	111 (3.9)	135 (4.1)	157 (4.5)	176 (5.1)	192 (5.5)	205 (5.8)	212 (5.8)	208 (5.7)

注）1. カッコ内は65歳以上人口比（％）である。
　　2. 2002（平成14）年9月末について推計した「要介護（要支援）認定者における認知症高齢者」と「日本の将来推計人口（平成14年1月推計）」から算出したもので，治療や介護に関する技術の発達など政策的な要素は織り込まれていない。
資料）高齢者介護研究会報告書「2015年の高齢者介護」2003年6月
出所）『国民の福祉の動向』厚生統計協会，2007年，p.109 より

を送る認知症高齢者の暮らしをいかにして支えていくかという視点が今後ますます重要になる。

　認知症については，第8章で詳しく述べられているが，認知症とよく似た症状によって介護をともなう場合も多い。

(2) 認知症とまちがいやすい症状

　認知症とまちがいやすい状態に，せん妄（意識障害）とうつ状態があり，「仮性認知症」という。せん妄は高齢者によく生じる状態の1つで，原因は病気や脱水症状，高熱，感染症，薬物の副作用，外科的手術や環境の急激な変化を契機に出現することがある。夕方から夜間にかけて悪化することが多いため，「夜間せん妄」ともよばれる。発症は急激で，記憶障害や見当識障害が起こり，判断力や理解力の低下，暴力や徘徊などの異常行動が現われる。時として，被害的な幻覚が起こり，恐怖や不安が増し興奮状態になる。せん妄は，適切な薬物療法や環境の整備によって短期間で回復することが可能であるが，繰り返し起こることもあるので，適切な治療や環境改善を行うことが必要である。

　うつ状態も高齢者にしばしば起こりやすい状態である。うつ状態になると，関心の低下と気力の低下が起こり，憂鬱な気分になり，何事も億劫になってしまう。身の回りのことをするのにかなりの時間を要するようになり，判断力も衰えてくる。頭痛や口の渇き，食欲の低下，便秘，不眠などの身体症状の訴えも多くなる。人と会うのも億劫になり，出かける機会が減り，引きこもりがちになり，寝たきりになってしまうこともある。なかには，「死にたい」と自殺をほのめかす人もおり，認知症とは明らかに異なる症状がみられるので，周囲がよく注意して，早期に医療機関で受診することが必要である。このような症状を有する高齢者の介護には精神的な負担がともなうことが多い。

(3) 認知症高齢者の支援対策

　認知症高齢者の支援対策の始まりは，今から20年前にさかのぼる。認知症高齢者への支援対策を確立するため，厚生労働省は1987（昭和61）年に認知症老人対策推進本部を設置し，有識者で構成される認知症老人対策専門委員会による検討を実施し，1988年に報告を取りまとめた。主な報告内容は，① アルツハイマー型認知症の原因究明，医療・介護の需要の把握，脳卒中の予防などの調査研究の推進と予防体制の整備，② 介護家族の悩みや不安を解消するための都道府県高齢者総合相談センター（シルバー110番）の整備推進などの相談体制の強化，日帰り介護（デイサービス），短期入所生活介護（ショートステイ）事業の拡充などの介護家族に対する支援方策の拡充，③ 認知症老人専門治療病棟の整備などによる施設対策の推進，であった。

　また，1993（平成5）年11月には，高齢者関係3審議会（老人保険審議会，

中央社会福祉審議会老人福祉専門分科会、公衆衛生審議会老人保健部会）の合同委員会として認知症老人対策に関する検討会が設置され、今後の対策のあり方について議論を展開し、1994年6月に報告をまとめた。主な報告内容は、①認知症に関わる総合的な相談窓口を充実するための在宅介護支援センターや老人性認知症疾患センターの整備促進、②発症予防と早期発見・早期対応の徹底、③認知症である老人が状態に応じて適切に利用できるサービスの拡充（デイサービス、デイケア、グループホーム、特別養護老人ホーム、老人保健施設など）、④認知症の発生メカニズムの解明などの基礎研究の推進、であった。

そして、2004（平成16）年3月には、「ゴールドプラン21」後の新たなプランの策定の方向性、中長期的な介護保険制度の課題や高齢者介護のあり方について検討するため、高齢者介護研究会が設置された。研究会では、関係者からのヒアリングや現場視察、集中討議などを重ね、6月に報告を取りまとめた。主な報告内容は、1）高齢者介護の課題：①介護保険施行後の高齢介護の現状、②問題を解決し、あるべき姿の実現に向けて、③実施に向けての実施機関、2）尊厳を支えるケアの確立への方策：①介護予防・リハビリテーションの充実、②生活の継続性を維持するための、新しい介護サービス体系、③新しいケアモデルの確立：認知症高齢者ケア、④サービスの質の確保と向上、であった。報告は、在宅生活を送る認知症高齢者を中心とした認知症対策が、今後の高齢者介護における中心的な課題であることを認識した上で、10年後、20年後を見据え、総合的な対策を早急に進めていく必要性を指摘している。

同年7月にまとめられた「介護保険制度の見直しに関する意見」（社会保障審議会介護保険部会報告）は、これまでの身体ケアのみではなく、高齢者の尊厳を支えるケアの必要性を指摘し、生活全体を支える認知症高齢者に対応したケアを基本として位置づけていくことが必要であるとしている。今後、厚生労働省では、認知症対策関係施策として、認知症の各段階（ステージ）に対応した対策をも目標としている（図表3-5）。

認知症ケアにおいて重要なことは、8章で詳しく述べられているが、認知症高齢者の抱える想いや不安を理解し、高齢者のもつ社会的・心理的・精神的な欲求を考慮に入れて行動の意味を理解していくことであり、バリデーションなどのコミュニケーション法を用いた心理的支援がもっとも有効であるといわれている。地域における在宅生活を送る認知症高齢者については、とくに地域に住む多くの人びとが認知症に対する正しい理解をもつことが重要であり、認知症高齢者見守りや声かけの推進、認知症高齢者を支える家族介護者等への支援など、地域における支援対策が重要な役割を果たしていくだろう。

特別養護老人ホーム

おおむね65歳以上で、身体的または精神的にいちじるしい障害があるために常時介護が必要で、居宅において介護をうけることが困難である者が入所する施設である。入浴、食事、排泄などの介護、相談および援助、その他日常生活上の世話、機能訓練、健康管理、療養上の世話などを行う。設置主体は、都道府県、市町村、社会福祉法人であり、介護保険制度施行により、都道府県知事から指定をうけた特別養護老人ホームは、介護保険施設の一種となり、（指定）介護老人福祉施設と称される。入所した場合、①施設サービス費用の1割（月額3万円程度）、②食費及び居住費（月額1〜10万円程度）、③日常生活費の全額が利用者の負担となる。比較的手頃な費用での入所が可能になることや、一度入所すればよほどの病気にならない限り、退所の心配をする必要が低いため、もっとも需要が高い。

バリデーション（validation）

認知症高齢者のためのセラピーとして、アメリカのナオミ・フェイル（2001）が創始した言語的・非言語的なコミュニケーション技法。バリデーションには、認知症の各段階に対応した技法があり、見当識障害のある高齢者を支援する方法として注目されている。

図表3－5　認知症対策関係施策

前駆段階・初期段階	中期段階	後期段階・ターミナル段階
目標：早期発見，早期の専門職による関わり ⇒発症や進行の遅延，本人と介護者との関係の複雑化の防止	目標：サービスの質の確保・向上 ⇒能力を活かした自立した日常生活の支援，尊厳のある暮らしの継続	目標：機能的な地域連携体制の推進，ターミナル ⇒リロケーションダメージの防止，リハビリテーションによる居宅等への復帰，安らかな看取り
〔対策〕 ○ 認知症予防プログラム ○ 主治医等による的確な早期診断 ○ 患者本人への告知のあり方 ○ 本人活動および家族への支援 ○ 地域連携体制の整備 ○ 認知症ケアのレベルアップ	〔対策〕 ○ アセスメントシートの普及 ○ デイサービス等の質的向上 ○ 地域密着型サービスの普及 ○ 周辺症状への対応 ○ 特別養護老人ホーム，介護老人保健施設，介護療養型医療施設における認知症ケアや多世代交流型，共生型サービス	〔対策〕 ○ 急性期病棟，回復期リハビリテーション病棟，在宅等の間での機能的な連携体制作り ○ グループホームにおける訪問サービスの位置づけ，他施設との連携 ○ ターミナルのあり方の検討

〔全般〕
○ 「認知症を知り，地域をつくる」キャンペーン
○ 弁護士会，司法書士会等との協力や成年後見制度の普及，利用支援など権利擁護対策
○ 発生機序や診断・治療，ケアなどの研究
○ 地域づくり
○ 各種人材の確保・養成

出所）社会福祉の動向編集委員会編『社会福祉の動向』中央法規，2008年，p.268，図Ⅱ－6－13引用

3　施設介護需要

（1）増加する介護需要と高齢者保健福祉施策の変遷

　1980年代以降，急激な高齢化が進んだ日本においては，とくに後期高齢者（75歳以上）の人口の割合が増加し，この中で寝たきり高齢者や認知症高齢者などの要介護高齢者が急増してきた。その一方で，核家族化，女性の雇用機会の拡大による家族形態の変化や老親扶養意識の変化によって，家庭内における高齢者の介護機能が低下してきた。これらの状況が高齢者保健福祉施策の対象となる要介護高齢者の絶対数を増加させ，高齢者保健福祉施策の充実を図る必要性が生じてきた。

　政府はこうした時代の要請に応え，これまでさまざまな政策を講じてきた。1989（平成元）年12月に策定された「高齢者保健福祉推進十ヵ年戦略（ゴールドプラン）」（大蔵・厚生・自治3大臣の合意）は，在宅福祉サービスの拡充を中心に具体的なサービス整備目標数値を示した福祉行政計画として画期的なものであった。また，1994（平成6）年12月には，ゴールドプランのサービス整備目標値の引き上げ等を盛り込んだ「新・高齢者保健福祉推進十ヵ年戦略（新ゴールドプラン）」（大蔵・厚生・自治3大臣の合意）が策定され，介護サービス基盤の整備が着々と進められてきた。

　さらに，1999（平成11）年12月には，新ゴールドプランの終了と介護保険制度の導入という新たな状況に対応すべく，「今後5か年間の高齢者保健福祉施策の方向（ゴールドプラン21）」が策定された。この新たなプランでは，介

護保険サービスを中心としながら，地域社会において高齢者に対する保健福祉施策をすすめていく基本目標を示した上で，その実現のための具体的施策を掲げて，介護サービス基盤の整備と認知症高齢者の支援対策，地域生活支援対策などを実施していくこととされた。ゴールドプラン21における介護サービス提供量の具体的な目標値によれば，新ゴールドプランの目標値と比べて，介護保険サービスを中心に，とくに在宅介護サービスの提供量が倍増した（図表3－6）。

　2000（平成12）年度から実施された介護保険制度は，措置から契約への移行，選択と権利の保障，保健・医療・福祉サービスの一体的提供など，日本の高齢者介護の歴史においても画期的な改革であり，介護保険制度の導入によって高齢者介護のあり方は大きく変容を遂げてきた。介護保険制度は当初から5年後に制度の見直しを行うことが決められており，またゴールドプラン21が2004（平成16）年度に終期となることから，厚生労働省に設置された高齢者介護研究会において，中長期的な介護保険制度の課題やこれからの高齢者介護のあり方について議論を重ね，2003（平成15）年6月「2015年の高齢者介護」と題した報告書がまとめられた。この報告書により，地域密着型サービスにおける小規模多機能型施設を拠点として，認知症や要介護状態にある高齢者が住み慣れた地域社会の中で生活していくことを支えるケア，すなわち「尊厳を支えるケア」を提供することの必要性が提起された。介護保険制度はこうした報告も踏まえながら見直し案がまとめられ，2005（平成17）年6月に改正介護保険法

図表3－6　ゴールドプラン21：2004年度の介護サービス提供量

区分	新ゴールドプラン目標 1999年度	ゴールドプラン21目標 2004年度
訪問介護 （ホームヘルプサービス）	17万人	225百万時間 （35万人）※
訪問看護 訪問看護ステーション	5000カ所	44百万時間 （9900カ所）※
通所介護（デイサービス）／ 通所リハビリテーション（デイ・ケア）	1.7万カ所	105百万回 （2.6万カ所）※
短期入所生活介護／ 短期入所療養介護	6万人分 （ショートステイ専用床）	4785千週 9.6万人分 （短期入所生活介護専用床）
介護老人福祉施設 （特別養護老人ホーム）	29万人分	36万人分
介護老人保健施設	28万人分	29.7万人分
認知症対応型共同生活介護	—	3200カ所
介護利用型軽費老人ホーム （ケアハウス）	10万人分	10.5万人分
高齢者生活福祉センター	400カ所	1800カ所

注）1. 2004年度（　）※の数値については，一定の前提条件の下で試算した参考値である。
　　2. 介護療養型医療施設については，療養型病床群等の中から申請を受けて，都道府県知事が指定を行うことになる。
出所）福祉養成講座編集委員会編『老人福祉論（第2版）』中央法規，2003年，p.79より引用

が成立し，2006（平成18）年4月から新しい介護保険制度がスタートした。

(2) 施設サービスの利用状況

要介護高齢者が家庭の事情等のために必要な介護を受けられない場合や，在宅サービスの利用によっても在宅生活を続けることが困難な場合には，施設への入所が必要となる。入所型の生活施設には，介護保険制度に基づく介護保険3施設や地域密着型サービスの認知症対応型共同生活介護（グループホーム），老人福祉法に基づく老人福祉施設や有料老人ホーム等の老人関連施設がある。介護保険3施設には，介護老人福祉施設（特別養護老人ホーム），介護老人保健施設，介護療養型医療施設があり，老人福祉施設には，特別養護老人ホーム，養護老人ホーム，軽費老人ホーム（A型・B型・ケアハウス）等がある。

2006年10月現在，これらの入所型施設の施設数・在所者数の総計は2万5,000施設，113万人であり，従事者数は70万人にのぼる。詳しくみていくと，施設数・在所者数は，介護老人福祉施設で約5,700施設，40万人弱であり，介護老人保健施設で約3,400施設，28万人，介護療養型医療施設で約3,000施設，11万人であった。地域密着型サービスの認知症対応型共同生活介護では，8,350施設，約11万6,000人であった[10]。

また，老人福祉施設の養護老人ホーム（養護一般・盲）で約1,000施設，6万3,000人，軽費老人ホーム（A・B・ケアハウス）で約2,000施設，8万人であった。有料老人ホームでは，施設数・在所者数は，約2,000施設，9万人であった（数字の詳細は図表3-7を参照）[11]。

2002年，厚生労働省が「新型特養」とよばれる特別養護老人ホームの個室化・ユニット化の方針を打ち出したことにより，特別養護老人ホームのあり方は大きく変化した。この方向性は，利用者のプライバシーの保護やサービスの質の向上を図るという意味で間違っていないが，新設される特別養護老人ホー

図表3-7　入所型の介護保険施設および老人福祉施設等の施設数・在所者数の推移と近年の従事者数

【介護保険施設】	2001 施設数	2001 在所者数	2003 施設数	2003 在所者数	2005 施設数	2005 在所者数	2006 施設数	2006 在所者数	2006 従事者数
介護老人福祉施設	4,651	309,740	5,084	341,272	5,535	376,328	5,716	392,547	240,683
介護老人保健施設	2,779	223,895	3,013	245,268	3,278	269,352	3,391	280,589	176,170
介護療養型医療施設	3,792	109,329	3,817	129,365	3,411	120,448	2,929	111,099	90,941
【地域密着型サービス】認知症対応型共同生活介護	1,273	12,486	3,665	43,519	7,084	94,907	8,350	115,644	101,917

【老人福祉施設・関連施設】	2000 施設数	2000 在所者数	2003 施設数	2003 在所者数	2005 施設数	2005 在所者数	2006 施設数	2006 在所者数	2006 従事者数
養護老人ホーム	949	64,026	959	63,833	964	63,287	962	62,563	18,487
軽費老人ホーム	1,444	56,068	1,842	71,761	1,966	77,473	2,016	79,595	16,762
有料老人ホーム	350	26,616	694	42,661	1,406	69,867	1,968	91,524	50,868

注）1. 施設数には在所者なし，在所者数不詳の施設を含む。
　　2. 従事者数は，2006（平成18）年10月1日現在の常勤換算従事者総数である。
　　3. 介護療養型医療施設には介護療養病床を有する病棟の従事者を含む。
出所）厚生労働省「介護サービス施設・事業所調査」「社会福祉施設等調査」各年度結果より作成

ムの個室化・ユニット化によって定員の増加は緩やかになり，定員増を抑制するという側面は避けられなくなった。

結果的には，介護保険制度が施行されて8年が経過したにもかかわらず，入所型の施設数や定員数は，特別養護老人ホーム（介護老人福祉施設）で9万人程度の増加しかみられず，老人福祉施設にいたっては介護を介護保険施設に集約し，合理化すべきとの理由から定員が削減されている状況にある。しかしながら，現実には，もっともニーズの高い特別養護老人ホームには，現在もなお30万人以上ともいわれる入所待ちの利用者がいる状況であり，毎日入所ができる日を心待ちにしながら，在宅介護に耐えている家族も多いのである[12]。

一方で，この6, 7年間に認知症高齢者ケアの要とされる認知症対応型共同生活施設（グループホーム）の在所者数は6倍，民間事業者による有料老人ホームでは8倍と急速に増加している。これらの施設の増加は，介護保険3施設や老人福祉施設の入所がかなわない要介護高齢者やその家族の介護ニーズに応える役割を果たしている。

今後，高齢化の進行にともない，介護を必要とする要介護高齢者の人数は確実に増加することが予測されている。施設介護に要する介護費用膨張の抑制は政策課題の1つであるが，さらなる高齢化が避けられない限り，やはり要介護高齢者の受け入れ定員をこれまで以上に増設していくことが求められる。

4 在宅介護需要

(1) 介護状況と在宅介護サービス

在宅介護の状況をみると，要介護高齢者の約半数は主に60歳以上の「配偶者」や「子」によって介護されているという，いわゆる「老老介護」の状況にあることがわかっている。すでに述べてきたように，在宅介護における主な介護者は3分の2が同居している家族であり，そのうち8割が「妻」「嫁」「娘」などの女性に介護の役割や責任が重くのしかかっているという状況である。また，介護内容においても，入浴・排泄・食事介助などのいわゆる三大介護から整容や体位交換，掃除，服薬管理，時には医療行為となる痰吸引等にいたるまで幅広い。長期間にわたる在宅介護を継続していくためには，介護状況に応じた在宅介護サービスや看護サービスの利用を可能にし，柔軟に支援していくことが求められている。

このような状況が存在しながらも，1989年に発表されたゴールドプラン以前のわが国の高齢者保健福祉施策は，どちらかといえば施設対策を中心に進められてきた。しかしながら，高齢者の多くは，老後も介護を要する状態になった後も同様に，長年住み慣れた地域で家族や地域の友人とともに暮らしていくことを望んでいる。そのため，高齢者が要介護状態になってからも在宅生活が

継続できるように支援していくことが必要とされ，在宅3本柱とよばれる訪問介護，短期入所施設生活介護，通所介護などの在宅福祉サービスが整備されてきた。

とくに，2000年の介護保険制度の施行にともない，多くの保健福祉サービスの給付が介護保険制度へ移行された。介護保険制度の創設によって，従来の措置によるサービス提供から，利用者と事業者・施設間の契約に基づくサービス利用に変更され，要介護高齢者は要介護度に応じた上限額はあるものの，1割の費用負担をすることで介護保険サービスを利用することができるようになった。介護保険制度の実施にはさまざまな課題があったが，「介護の社会化」を実現したことの影響は大きく，在宅生活を支える家族介護者の負担を軽減し，高齢者の自立生活を支える制度として大きな期待が寄せられた。

在宅生活を支える介護サービスには，居宅サービス事業所，地域密着型サービス事業所，居宅介護支援事業所におけるサービスがある。介護保険の給付対象となる居宅サービスは，訪問介護，訪問入浴介護，訪問看護，訪問リハビリテーション，居宅栄養管理指導，通所介護，通所リハビリテーション，短期入所生活介護，短期入所療養介護，特定施設入居者生活介護，福祉用具貸与，特定福祉用具販売の12種類である。現在は多くの保健福祉サービスの給付が介護保険制度へ移行されているため，老人福祉法上のサービスは縮小され，地域支援事業，在宅介護支援センター運営事業，生活支援ハウス運営事業，老人日常生活用具給付事業，高齢者総合相談センター（シルバー110番）がある。

(2) 居宅サービスの利用状況

介護保険制度施行時，要支援・要介護認定者数は218万人であったことに比べ，現在の要支援・要介護高齢者は425万人（2006年現在）と，207万人から約2倍に増加している。要介護度別の増加率をみても，とくに要支援，要介護1の軽度者の大幅な増加が目立つ状況にある。そのため，介護保険制度から5年後の制度見直しの際には，それまで要介護度1と認定されていた人をさらに要支援2と要介護度1に細かく分類し，要支援1・要支援2と認定された高齢者は介護予防サービスの利用を，要介護度1以上の高齢者は介護サービスを利用できるという制度設計の大幅な変更を行った。

介護給付費実態調査結果によれば，2006年度の居宅サービスの受給者数は，介護サービスで314.4万人，介護予防サービスで79.6万人で，合計394万人に達している。要介護認定者数425万人の9割以上が利用している状況である。2006年10月1日現在において，居宅サービス事業者の事業所数・サービス利用者数・従事者数の総計は，事業所数が6万9,000ヵ所，サービス利用者数が353.6万人，従事者数が56万人弱であった。内訳は，事業所数・サービス利用者数では，訪問介護は約2万ヵ所，88万人，通所介護は約1万9,400ヵ所，96

図表3-8 居宅介護サービスの事業所数・利用者数の推移と近年の従事者数

	2001 事業所数	2001 利用者数	2003 事業所数	2003 利用者数	2005 事業所数	2005 利用者数	2006 事業所数	2006 利用者数	2006 従事者数
訪問介護 （介護予防訪問介護）	11,644	600,313	15,701	899,167	20,618	1,090,112	20,948 (19,269)	882,556 (159,791)	184,858
訪問入浴介護 （介護予防訪問入浴介護）	2,457	69,340	2,474	70,948	2,402	67,288	2,245 (1,888)	62,219 (193)	11,004
訪問看護 （介護予防訪問看護）	4,825	221,005	5,091	262,925	5,309	279,914	5,470 (5,090)	281,160 (10,747)	26,502
通所介護 （介護予防通所介護）	9,138	689,721	12,498	920,869	17,652	1,097,273	19,409 (18,055)	955,506 (149,705)	169,502
通所リハビリテーション （介護予防通所リハビリテーション）	5,441	336,302	5,732	419,510	6,093	461,687	6,278 (5,826)	412,044 (54,701)	54,868
短期入所生活介護 （介護予防短期入所生活介護）	4,887	129,568	5,439	175,858	6,216	210,688	6,664 (5,915)	224,163 (3,827)	81,229
特定施設入所者生活介護[*1] （介護予防特定施設入所者生活介護）	―	―	―	―	1,375	49,927	1,941 (1,859)	66,070 (7,243)	29,550
福祉用具貸与 （介護予防福祉用具貸与）	3,839	375,754	5,016	702,733	6,317	965,245	6,051 (5,605)	652,262 (74,686)	―

注）1. 特定施設入所者生活介護とは，有料老人ホームや介護利用型軽費老人ホームのことである。本章では，これらは老人福祉施設・関連施設として，施設介護サービスに含めて表示している。
2. 介護保険法の改正により，居宅サービスは，要支援の高齢者については，介護予防サービスとして提供されることになったため，2006年以降の数値は減少しているが，介護予防サービスの提供事業所数や利用者数は（　）内に示した。
3. 事業所数には利用者・在所者なし，利用者・在所者数不詳の事務所を含む。
4. 複数サービスを行っている事業所は，各々に計上している。
5. 従事者数は，常勤換算従事者総数である。
出所）厚生労働省「介護サービス施設・事業所調査」各年度結果より作成

万人，短期入所生活介護は約6,600ヵ所，22万人であった（図表3-8）。

2001年からのサービス利用状況の変化をみると，介護サービスの利用者は順調に増加しており，とくに訪問介護と通所介護の伸びが目立っている。訪問介護では，事業所数は約1万ヵ所増加し，介護予防を含めるとサービス利用者数は44万人（74％）も増加している。また，通所介護では，同様に事業所数は約1万ヵ所増加し，利用者数は31万人（45％）増加している。短期入所生活介護においても，事業所数は1,800ヵ所増加し，利用者数は，約10万人（76％）の増加がみられる。それに対して，事業所数・利用者数ともに伸びがみられないのは訪問入浴介護である。また，制度改正にともなって開始された地域密着型サービスにおけるサービスの中でも，認知症対応型通所介護や小規模多機能型居宅介護が順調に増加しているのに対し，夜間対応型訪問介護は事業所数の増加があまりみられない。訪問入浴介護や夜間対応型訪問介護などは，介護ニーズは高いものの介護労働者の確保が困難であることや採算性の低さなどから事業運営が難しく，新たなサービス事業所の開設に踏み切れない状況が課題となっている。

平均利用率を要介護度別にみると，訪問介護はいずれの要介護状態区分でもサービス利用の約4～5割を占めている。訪問介護の内容類型の割合をみると「経過的要介護」では「生活援助」が85.8％，「要介護5」では「身体介護」82.0％となっており，要介護度が高くなるにつれて，「身体介護」の利用割合

が高くなることがわかる。また，訪問看護は要介護度が高くなるに従って利用割合も高くなっている[13]。

要介護度3，4，5の要介護高齢者を在宅で介護するためには，ほぼ24時間の介護やサポートが必要である。そのため，要介護度の高い人に訪問介護や訪問看護の利用割合が高いのは当然の利用状況である。ただし，現在の介護保険の仕組みでは，要介護度5の人であっても，1日に120分程度の訪問介護を3回入れれば，1ヵ月あたりの居宅介護サービスの支給限度額はいっぱいになる。この程度のサービスでは，家族は介護から離れ，仕事や余暇など自分の時間を十分にもつことはできない状況である。すなわち，介護保険制度による在宅介護のサービス支援は，あくまで家族介護の補助的な部分を担っているにすぎず，決して十分とはいえないのである。

(3) 男性介護者と家族介護者の支援について

これまでみてきたように，介護保険制度が施行されて以降，要介護高齢者数，居宅サービスの事業所数，利用者数ともに大きく増加してきた。このような居宅サービス利用者数の増加には，在宅介護を行う要介護高齢者の増加だけでなく，介護の社会化の進展にともない，家族内だけで介護を担ってきた家族介護者が介護ニーズを表出することが可能になったという社会背景も影響しているものと考えられる。ただし，介護サービス利用の浸透は進んだものの，家族介護者を介護の重責から身体的にも心理的にも解放するに十分なサービス量は提供されているとはいえない。

近年，在宅介護を支える家族介護者の構成は，「嫁」の立場である介護者の割合が減少し，むしろ「夫」や「息子」という男性介護者の割合も増加してきている。ただし，このような家事の経験が少ない男性介護者は，女性よりも家事を苦手と感じる人が多く，仕事一筋に生きてきた男性には地域における相談相手や友人が十分に存在しない上，相談機関へも援助を求めることが少ない。そのため，誰かに悩みを相談することなく，1人で問題を抱え込んだ状態で家事や介護に追われる生活になり，飲酒などによって体を壊したり，燃え尽きてしまったり，最悪の場合には自殺や介護放棄などの虐待，あるいは介護殺人に至ってしまうケースもある。

高齢者虐待では，加害者は主たる介護者となっている男性介護者であるケースが多く，その被害者には認知症のある女性の後期高齢者が多いとの報告がある[14]。在宅家族による虐待は把握することが難しく，家族間の問題として第三者の介入はまだまだ困難な状況にある。しかしながら，近年では地域包括支援センターなどが核となり，成年後見制度や日常生活自立支援事業（地域権利擁護事業）を設けて高齢者の虐待防止に努めている。

在宅で要介護高齢者を支える介護者は，介護のために自らの経済的社会的な

支給限度額

介護保険サービスの利用時には，サービスごとに定められた介護報酬の単位数によって算定されたサービス費が支給限度額の範囲内に収まるようにサービスを組み合わせてサービス計画を立てる。支給限度額は，要介護度の区分ごとに定められている。サービス利用者は費用の1割を自己負担として事業者に支払う。支給限度額を超えた部分は全額自己負担となる。ただし，自己負担分で一定額を超えた場合には，高額介護サービス費としての払い戻しが受けられる。

居宅介護・介護予防サービス支給限度額（月額）

要介護度区分	訪問・通所・短期入所サービス
要支援1	49,700円
要支援2	104,000円
経過的要介護者	61,500円
要介護1	165,800円
要介護2	194,800円
要介護3	267,500円
要介護4	306,000円
要介護5	358,300円

生活を犠牲にせざるを得ないケースも多く，24時間介護の生活は介護者を孤立させ，心理的に追い詰めることになる。高齢者虐待は最悪のケースであるが，1人で介護役割を担う熱心な家族介護者ほど虐待に陥る危険性も否定できない。要介護高齢者への十分な介護サービスの提供はもちろんであるが，その一方で介護を担う家族介護者を技術面で，また時には，心理的社会的にサポートしていくことが求められているといえるだろう。

注

1) 総務省「年齢（5歳階級），男女別推計人口（平成20年4月1日現在）」
http://www.stat.go.jp/data/jinsui/tsuki/img/05k2-1.gif（2008年10月18日）
2) 厚生省大臣官房統計情報部「国民生活基礎調査」平成10年
http://www1.mhlw.go.jp/toukei/h10-ktyosa/index_8.html（2008年12月4日）
3) 同上
4) 厚生省「人口動態社会経済面調査報告（高齢者死亡）」1995年
5) 内閣府「高齢者介護に関する世論調査」（平成15年7月）
6) 厚生労働省「国民生活基礎調査」平成16年（2004年）
http://www.mhlw.go.jp/toukei/saikin/hw/k-tyosa/k-tyosa04/4-3.html（2008年12月4日）
7) 同上
8) 川畑信也『知っておきたい認知症の基本』集英社新書，2007年，pp.63-74
9) 厚生労働省「要介護認定者の認知症高齢者の自立度・障害高齢者自立度に関する推計」平成14年度，厚生統計協会『国民の福祉の動向』2007年より
10) 厚生労働省「介護サービス施設・事業所調査」各年度結果 http://www.mhlw.go.jp/toukei/saikin/hw/kaigo/service06（2008年12月4日）
11) 厚生労働省「社会福祉施設等調査」各年度結果 http://www.mhlw.go.jp/toukei/list/23-19.html（2008年12月4日）
12) 結城康博『介護　現場からの検証』2008年，岩波新書，pp.32-48
13) 厚生労働省「平成18年度介護給付費実態調査結果」http://www.mhlw.go.jp/toukei/saikin/hw/kaigo/kyufu/06/kekka3.html（2008年12月3日）
14) 厚生労働省「高齢者虐待の防止，高齢者の養護者に対する支援等に関する法律に基づく対応状況等に関する調査結果」2007年度

参考文献

福祉養成講座編集委員会編『介護概論（第4版）』中央法規，2008年
福祉養成講座編集委員会編『老人福祉論（第5版）』中央法規，2007年
介護労働安定センターホームページ　http://www.kaigo-center.or.jp
厚生労働省ホームページ　http://www.mhlw.go.jp
厚生統計協会編『国民の福祉の動向』2007年
内閣府『高齢社会白書（平成20年版）』ぎょうせい
成清美治・加納光子編『現代社会福祉用語の基礎知識（第8版）』学文社，2008年
成清美治・峯本佳世子編『新版　高齢者福祉』学文社，2006年
社会福祉の動向編集委員会編『社会福祉の動向』中央法規，2008年
染谷俶子編『福祉労働とキャリア形成』ミネルヴァ書房，2007年

プロムナード

　介護サービスの利用者が増加するにつれて介護労働者数もこの5年間で倍増し，現在は100万人を超えています。しかし，2007（平成19）年度の介護労働安定センターの調査報告によれば，介護労働者の離職率は21.6％に達しており，介護サービスの安定的な担い手と期待される正社員の介護労働者が年間に5人に1人の割合で辞めています。この割合は，全産業における正社員の離職率平均の13.1％に対して8％も高いものです。

　離職の主な理由は，「精神的，体力的にきつい」「仕事内容の割に賃金が低い」というものです。実際に介護労働者の平均給与は300万前後という状況にあり，全産業平均の男性550万円，女性350万円（厚生労働省「平成19年度賃金構造基本統計調査報告」）と比較しても低賃金であるといわざるを得ません。とくに，主たる稼ぎ手として一定の所得を期待される男性の場合には，介護に対する高い理念や理想をもちながらも，家族を養うためには賃金が低く生活の維持が困難であるという理由で早期退職してしまうケースも多いのです。

　今後，私たちが安心して年を重ねていけるような高齢者介護のシステム作りをしていくためには，まず介護サービスの根幹を支えている介護労働者の人権に配慮した労働環境を整備し，介護労働者が安心して仕事に取り組むことのできる制度設計にすることが緊要ではないでしょうか。

学びを深めるために

春日キスヨ『介護とジェンダー　男が看とる女が看とる』家族社，1997年
　　なぜ介護責任は女性ばかりに求められ続けてきたのか，施設や在宅介護の現場から介護とジェンダー，介護とセクシュアリティという課題を検証し，介護の男女共同分担の可能性を問う一冊．

武田京子『老女はなぜ家族に殺されるのか　家族介護殺人事件』ミネルヴァ書房，1994年
　　介護疲れによる老女殺人事件が近年増加している。被害者の圧倒的多数は女性である。夫の両親，夫を介護した女性は誰に介護をゆだねることができるのか。在宅介護を主流とする日本社会における高齢者介護と女性問題を考える一冊。

▶介護はなぜ女性の役割とされてきたのでしょうか。その社会的背景を考えてみましょう。

▶一緒に暮らしている自分の家族（祖父母や両親など）が認知症になったとしたら，どのような思いを抱くでしょうか。また，どんなことが課題になるでしょうか。在宅生活を続けていくためにはどのような社会的支援が必要でしょうか。本人，家族メンバー，地域社会のそれぞれの立場から考えてみましょう。

福祉の仕事に関する案内書

フェイル，N.著／藤沢嘉勝監訳，篠崎人理・高橋誠一訳『痴呆症の人との超コミュニケーション法　バリデーション』筒井書房，2001年

赤羽みちえ『つゆのあとさき…特別養護老人ホーム物語』(1)〜(4)，秋田書店，2006〜2008年

第 4 章

高齢者福祉政策の発展と経緯

1 明治時代から第2次世界大戦終結までの高齢者福祉

　高齢期の生活に対する援助は、家族親族による伝統的な私的扶養の形態が中心であった。古代社会においてもたとえば律令政府による「戸令」(718（養老2）年)、聖徳太子による「四箇院」(593（推古元）年) 等、ごく限られた貧困者を対象とした公的救済制度や仏教思想による慈善救済があり、その中で孤老者への慈悲、手当がなされていた。その後の中世近世封建社会においても時の幕府の権力者によって戦乱や飢饉時の救済や、宗教関係者による慈善事業が継続的に行われてきたが、近代国家による本格的な社会保障制度全体の一部として老後保障制度が組み込まれたのは明治時代に入ってからである。

　1874（明治7）年に「恤救規則」が公布され身よりのない70歳以上の重病又は老衰した労働力のない孤独な生活困窮老人（鰥寡孤独）が対象に含まれており、下等米の時価に相当する金銭が与えられた。しかし、これは高齢者のみを対象とした固有の制度ではなく、たんに貧困者として扱われたものである。また、「恤救規則」に基づいて行われた典型的な救済策が混合収容保護の形態である。高齢者、児童、障害者を区別なく、貧困窮乏を理由に同じ施設に収容したものであり、その代表的な施設が、いわば老人ホームの源流とも考えられている1872（明治5）年に開設した東京府の「養育院」である。

　この時代は、老人扶養について、元来伝統的な「イエ」による家族制度での私的扶養に価値が置かれ強調された時代であった。表面上、高齢者問題は社会問題とはならなかった。しかし、明治時代中期から急速に進展したわが国の産業革命の影響で、下層労働者を生み出し貧富の差が著しくなり、新たな貧困層が形成された。このことにともなって、「恤救規則」の対象外となる高齢者や路頭に迷い餓死する高齢者の姿が散見されるようになった。

　これらの社会的問題に呼応するかのように、明治時代後期から大正時代にかけて、国や地方機関から独立した形態で民間の篤志家による生活困窮の高齢者を対象とした養老事業施設が大都市を中心に展開していく。わが国で最初に開設された高齢者に限定した施設・養老院は、1895（明治28）年、英国聖公会の宣教師ソートン（Thornton, E.）によって東京市芝区に設立された「聖ヒルダ養老院」である。聖ヒルダ養老院に始まった高齢者施設は、明治期に次々と設立された。以降、広島、名古屋、奈良等と徐々に全国各地に高齢者を対象とする養老施設事業が増えていった。これらの施設に公費が一部投じられたようであるが、実質的には各施設独自の会費や寄付金で賄われており、その財政基盤はきわめて脆弱なものであった。

　大正に入ると、わが国は第1次世界大戦において連合国側への参戦を経て、資本主義経済が急速に発展し、産業人口も農業人口から工業人口へシフトし始め、従来の産業構造を変えた。これらの要因により、各地で米の高騰を端に

四箇院（しかいん）
聖徳太子が、仏教思想に基づいて建立したとされている宗教施設であるが、日本最初の慈善救済施設としての意味をもっている。聖徳太子は593（推古1）年に仏教寺院「四天王寺」を建立し、そのさい、仏教布教のための敬田院（きょうでんいん）、貧窮者や孤児を収容する悲田院（ひでんいん）、貧窮者の入院のための療病院（りょうびょういん）、貧窮者に薬の提供を行う施薬院（せやくいん）の4種類の施設を創設したとされている。

恤救規則（じゅっきゅうきそく）
1874（明治7）年12月、太政官達162号として公布された、前文と5条からなる明治初期の救貧法。前文の「済貧恤窮ハ相互ノ情誼ニ因テ」にみられるように、公的扶助責任を親族や地域の相互扶助に代替させ、対象者をこうした親族や地域の相互扶助をうけることのできない「無告ノ窮民」に限定するという厳しい制限主義をとった。給付は米代で下米の価格に換算して行われた。1932（昭和7）年の救護法施行にともない廃止。

「米騒動」が全国的に起こった。また，大正デモクラシー，社会連帯思想が興隆し，それにともない各地で労働争議が勃発した。さらに，関東大震災が発生し多くの被災者を出した。このような近代化による社会的矛盾や自然災害が，これまでの国の感化救済事業を「社会事業」対策へと発展，整備させていく契機となった。

国は，1917（大正6）年，内務省に「救護課」を設置し，その後「社会課」と改め，1920（大正9）年には「社会局」に昇格させている。社会局は，社会，労働，行政事務の一元化を図る機構改革を行い，社会運動の統制，警察機関との連携による治安維持的な性質のものであったが，社会事業行政の基盤整備を進めた。政府は社会事業の奨励のために資金の貸付を実施し，地方政府も奨励金，助成金を民間施設，団体に交付するようになった。このことにより，養老院も1911（明治44）年に17施設であったのが，1923（大正12）年には32施設に増加している。

このような公的助成が行われる中で，大正時代の養老事業施設の多くが，独自の組織的支援団体をもち運営の維持を図ったことも，大正時代の養老事業の特徴である。さらに，養老事業の組織化，近代化が図られた。1925（大正14）年「第一回全国養老事業大会」が開催され，全国組織の結成，連携の強化，全国的な継続的な調査研究の必要性が提案された。また，いくつかの施設では時報や年報などの発行等，地域社会への啓発，協同を意識した働きかけもみられる。

昭和は経済不況により幕が明けた。第1次世界大戦後の不況に続き，アメリカに端を発する世界的な金融恐慌が追い打ちをかけ，当時300万人という大量の失業者が都市部を中心に発生した。政府は資本主義体制を維持するために抜本的な社会事業制度の見直しを迫られ，約50年間続いた「恤救規則」を廃止し，1929（昭和4）年に「救護法」を制定した（ただし，救護法の実施は財政難から1931年まで延期された）。救護法の制定は，経済的な基盤をもたらし，養老院の急速な増設を促している。1929（昭和4）年に48施設であったが，1933（昭和8）年に85施設，1940（昭和15）年には131施設となっている。しかし，実際には多くの養老院の運営は厳しく，救護法だけに頼れず，養老院を運営する者は寄付金集めに奔走しなければならなかった。また，救護法は居宅保護を原則としたので，施設に保護される病弱な高齢者が増えて死亡率が高まった。さらに，この時代は養老事業の結束が高まった時代でもある。救護法の制定が契機となり，1932（昭和7）年「全国養老事業協会」が設立され，養老事業の近代化に向けての一歩を踏み出した。職員研修も行われるようになり『養老事業』という雑誌も創刊された。

1937（昭和12）年の日中戦争，1941（昭和16）年の太平洋戦争への突入から，国内は戦時色一色となった。1938（昭和13）年，「厚生省」が設置されたが，

養老院
わが国において老人のみを保護収容する施設として最初に登場したは聖ヒルダ養老院（1895）であった。そして，神戸友愛養老院（1899），名古屋養老院（1901），大阪養老院（1902），東京養老院（1903）と全国の主要都市で次々に養老院が誕生した。これらはすべて私的施設であるが，「救護法」（1929）の制定により，救護施設（養老院・孤児院・病院等）のひとつとして法的に位置づけられた。

救護法
時代の要請にもはや応え得なくなっていた恤救規則にかわって，1929（昭和4）年公布，1932（昭和7）年に施行されたわが国の救貧法。戦後，旧生活保護法の制定によって廃止された。内容としては，恤救規則に比すれば大幅な前進がみられるものの，いちじるしく性行不良または怠惰とみなされた者は救護の対象としないとされていたり，被救護者からは選挙権・被選挙権を奪うなど，貧困の社会的原因を認識し，要救護者の救護をうける権利を承認した救貧法であるとはいいがたい。

社会事業も戦時体制下におさめられ，戦時「厚生事業」へと変質していった。以後，貧しくも近代化に向けて歩み始めた養老事業は衰退の一途をたどることになる。施設数，収容人員数ともに激減し，とくに大戦末期は，食糧難により生活状態はきわめて劣悪なものとなった。栄養失調で死亡する高齢者が増加し，死亡率が50％を超えた養老院もあったという。各地の空襲で焼かれた施設も少なくなく，多くの戦争犠牲者を出した。原爆の惨禍によって消失した「広島養老院」の最期は痛ましい。

2 戦後から老人福祉法の制定を経て1970年代までの高齢者福祉

　第2次世界大戦終結後，国民の生活は窮乏をきわめた。空襲により国土は焦土と化し，戦災，引揚げ，物価の高騰，失業等により社会不安が高まった。親を奪われた戦災孤児，家族を失った高齢者が激増した。

　このような情勢の中，GHQ（連合国軍総司令部）の指導のもと，わが国の社会福祉制度は大きく転換した。その基本方針は，①国家責任，②無差別平等，③最低生活保障という原則を明確にし，これをもとに戦後の公的扶助制度は策定された。1946（昭和21）年，「生活保護法」（旧法）が制定され，「救護法」は廃止された。高齢者福祉についても本法によって扱われ，養老院は「保護施設」として規定され，養老院の入所者は原則生活保護受給者として位置付けられた。続く1950（昭和25）年に全面改正した「生活保護法」（新法）が成立した。これは，新しく制定された日本国憲法第25条生存権保障を具体化し，旧法と比して国民の権利性を明確にするものであった。高齢者福祉に関して，貧困な高齢者に対して居宅保護を原則とし，施設保護としては保護施設としての養老院を「養老施設」とし，「老衰のため独立して日常生活を営むことのできない要保護者を収容して，生活扶助を行うことを目的とする施設」（38条）となり，福祉の措置によって運営されることとなった。その後，施設需要が拡大し，1950（昭和25）年に170施設であったが，公立型を主として1960（昭和35）年には607施設に増加している。

　戦後の福祉法の制定は，1947（昭和23）年「児童福祉法」，1949（昭和24）年「身体障害者福祉法」，1950（昭和25）年「生活保護法」のいわゆる福祉3法体制がまず整備され，1951（昭和26）年「社会福祉事業法」の制定によって，社会福祉法人の規定等，実際の運営管理体制が定められた。高齢者福祉領域については，基本的には貧困者を対象とする生活保護法によって適用され生活扶助と施設収容に限定されていたため，民間，地方政府によって生活保護法を超える先駆的な取り組みがみられるようになった。

　たとえば，有料老人ホームの出現である。1951（昭和26）年，民間団体がわが国最初の有料老人ホーム「憩いの寮」を東京で開設した。当時の被保護世帯

以外の福祉ニーズへの対応であり，これはのちに低所得者対象の軽費老人ホームと現在の位置づけの老人ホームに分化していく。また，この頃からすでに介護ニーズをともなう高齢者が養老施設でみられるようになり，のちの特別養護老人ホームの必要性が明らかになった。

居宅援助については，1956（昭和31）年，長野県上田市において「家庭養護婦派遣制度」，1958（昭和33）年，大阪市で「家庭奉仕員派遣制度」などの先駆的な取り組みが地方自治体で行われるようになり，1962（昭和37）年，国の制度に位置付けられた。

その他の動きとしては，1950（昭和25）年，兵庫県の福祉関係者によって「としよりの日」が発案され，翌1951（昭和26）年，中央社会福祉協議会（現全国社会福祉協議会）のよびかけで「としよりの日」の行事が全国各地で催された。また，1952（昭和27）年，静岡県で「老人クラブ」が結成されて全国に広がり，1955（昭和30）年，「全国老人クラブ連絡協議会」が組織されている。

さて，わが国は戦後，比較的短期間に急速な経済復興を遂げたが，それにともない大きな社会変動に見舞われた。たとえば，生活構造の都市化，核家族化が進んだ。高齢者人口は1955（昭和30）年，415万人，1960（昭和35）年，540万人となり，高齢化率はそれぞれ4.9％，5.7％と上昇し，また，世帯構造については，三世代同居世帯が，1955（昭和30）年では43.9％であったのが，1960（昭和35）年には37.9％，1965（昭和40）年には27.9％と減少している。民法改正は家族親族による扶養を後退させ，高齢者の生活や地位を戦前と比べて不安定なものにした。急速な産業の工業化と技術革新は，高齢者の就労を困難にし，また，農村から都市部に若い労働力が流入したため，農村の過疎化と地域共同体の崩壊を招き，高齢者が取り残された。これらの社会情勢に対応する制度については，まず医療保険制度の確立が喫緊の課題となり，1958（昭和33）年，「国民健康保険法」が制定され，国民皆保険体制が整備された。翌1959（昭和34）年には「国民年金法」が制定され，国民皆年金体制がめざされ，70歳以上の高齢者には無拠出の老齢福祉年金が支給されるまでになった。

このような対策の流れの中で，国民の老後生活に対する関心も高まり，さらに社会保険で捕捉できない高齢者のニーズの顕在化，多様化，高度化に対して，生活保護法だけで対応することが困難となり，独立した法律でもって社会的，制度的に解決していくことが求められるようになったのである。

1963（昭和38）年，老人福祉に関する単独立法としては世界初の「老人福祉法」が成立した。また，翌1964（昭和39）年には厚生省社会局内に老人福祉課が設置された。老人福祉法は，選別的施策から脱して高齢者福祉対策を総合的に体系化していく方向性を有し，幅広く高齢者の生活保障を行う意図が込められていた。

老人福祉法は，国および地方公共団体の措置義務を明確にし，高齢者の医療

費の支給，健康診査，老人ホームへの入所，老人家庭奉仕員などの措置事業を規定している。養老施設はあらためて「養護老人ホーム」として規定された。また新しく「特別養護老人ホーム」「軽費老人ホーム」「老人福祉センター」を法的に規定した。さらに，老人福祉増進のための老人クラブ事業も本法で規定している。ただし，これらの事業のうち，実際に予算措置の大部分を占めたのは老人ホームへの入所に関する事業であった。老人ホームは，単なる生活扶助だけでなく，身体の虚弱による日常生活支援や当時の住宅問題，家族問題における在宅生活の困難等を含めて，高齢者の福祉を実現するための社会的施設としての位置付けが明確になったのであり，その後1980年代までの施設整備を中心とした高齢者福祉施策の路線を開いたともいえる。

　老人福祉法制定後，老人ホームの増設が飛躍的に進んだ。とくに，1971（昭和46）年から始まった「社会福祉施設緊急整備5ヵ年計画」により，1963（昭和38）年に690施設であったが，1976（昭和51）年には1,695施設に増加している。とくに，5か年計画の期間における特別養護老人ホームの増設は目を見張るものがあった。1971（昭和46）年の197施設から1976（昭和51）年には627施設に急増し，入所定員数も1万4,751人から4万8,845人へと約3倍強の定員増がはかられた。特別養護老人ホームの急ピッチの整備は，わが国が高齢化社会への仲間入りをはたし，高齢者数の増加と「寝たきり老人」問題，当時，作家の有吉佐和子が「恍惚の人」と称した認知症高齢者問題等，要援護高齢者に対する社会的対策が注目されはじめた時期と軌を一にしている。

　1972（昭和47）年，全国の革新自治体の先行施策に導出され，老人福祉法の一部を改正し「老人医療費支給制度」が創設され，70歳以上の高齢者の医療費を無料化した。1970年代に入り，5万円年金や年金の物価スライド制が取り入れられ「福祉元年」とよばれ，社会保障を強化しようとした矢先，1973（昭和48）年，中東戦争による石油ショックによって経済成長の停滞に見舞われ，一気に施策の見直しを迫られることになった。とりわけ，高齢者の自由な医療受診の結果，急激な医療費の膨張を招き，その対応が政策課題として浮上した。そのために次の1980年代は一転して財政削減による「福祉の見直し論」が展開されることとなった。その後も高齢者医療の費用財源問題は，介護保険制度の制定を経て，昨今の後期高齢者医療制度まで高齢者福祉施策と平行して常に政策テーマとしてあげられ続けている。

3　1980年代から2005年までの高齢者福祉政策

　これまで近代明治期から1970年代までのおよそ1世紀間の高齢者福祉政策の変遷について把握してきたが，今日の高齢者福祉政策に至る直接的な契機は1980年代からのおおよそ20年間の経緯の延長にある。それは，1980年代初頭

に発足した政府諮問機関である「第二臨調（第二次臨時行政調査会）」以降の一連の行財政改革を基調とした「福祉改革」とその後の「社会福祉基礎構造改革」とよばれる政策枠組の中で進行した。当時「民活」（民間活力）を合い言葉に，日本電信電話公社，日本専売公社（1985年）日本国有鉄道（1987年）等の政府直轄の巨大組織が次々と民営化（privatization：プライバタイゼーション）された時代である。そして，この潮流は先般までの小泉・安倍政権における政策指針であった基礎構造改革路線に通底しており，新保守主義，新自由主義という政治経済体制の中で，市場原理を導入し，自助・自立・自己責任に基づく社会システムの再構築をめざしたものである。

1980年代以降の福祉政策の基本的方向となった「福祉改革」によって最も影響を受けた分野が高齢者介護に関する制度政策であり，それを稼働させるためのサービス供給システムのあり方であった。在宅福祉の展開，福祉サービスの有料化等が図られ，とくに在宅における対人福祉サービスの登場は，従来の施設処遇や公的機関による金銭給付を中心とした援助から，いわゆる非貨幣的ニーズに対応すべく，福祉サービス供給システムの多様化，一般化を促進させた。ただし，福祉改革の内実は，低経済成長への移行にともなう緊縮財政に起因する財政支出の削減，財政危機の克服にあったことには違いなく，財が集中している部門をいかに削減，分散，合理化するのかという論点はおさえておかねばならない。

以上の経緯を参考にすれば，今日のわが国の高齢者福祉の政策動向について検討する際，1980年代から2005年現在までのおよそ四半世紀に焦点をあててみていくことが妥当であり，この間の高齢福祉政策の展開過程の点検，分析は，将来の高齢者福祉政策の進むべき方向性を考えていく上で重要である。

(1) 第Ⅰ期「費用抑制と制度再編期」（1981～1989年）

1980年代の政策の展開は，1970年代半ばからの経済の低成長にともなう財政危機に対応する福祉行財政システムの合理化，財政支出の削減策から始まった。第二臨調発足直後の緊急課題として，1981（昭和56）年当時約13兆円の国民医療費の問題があった。毎年1兆円ずつ増加する傾向を示していた医療費の適正化，医療保険制度の合理化が急務とされ，とくに高齢者の「社会的入院」による医療費の急騰が懸念されていた頃である。

まず，1983（昭和58）年「老人保健法」が施行され，1972年に規定された老人医療費の無料化は廃止となり，受益者負担が導入された。総合的な社会サービス法としての老人福祉法であったが，これにより公費負担での保健医療給付と在宅・施設入所者への福祉諸サービス給付とを分離したことになった。また，老人保健法では，高齢者医療の他，健康診査・機能訓練・訪問指導等の保健事業が強調され，予防からリハビリテーションまで，高齢者の保健医療の

新保守主義，新自由主義
「小さな政府」の立場から国家による行政サービスや社会保障を縮小し，大幅な規制緩和によって市場の効率性を優先させる政治経済思想。1980年代，アメリカのレーガン政権，イギリスのサッチャー政権，日本の中曽根内閣がその代表例といわれる。

老人保健法
1982（昭和57）年に公布される。その第1条において，「国民の老後における健康の保持と適切な医療の確保を図るため，疾病の予防，治療，機能訓練等の保健事業を総合的に実施し，もって国民保健の向上及び老人福祉の増進を図ることを目的とする」と規定している。その基本的理念として，国民の自助と連帯の精神に基づいて，心身の変化を自覚し，健康の保持増進に努めるとともに医療費を公平に負担するものとしている。医療等以外の保健事業には，①健康手帳の交付，②健康教育，③健康相談，④健康診査，⑤機能訓練，⑥訪問指導を規定している。なお，「健康保険法等の一部を改正する法律」（2006年6月）に基づき「老人保健法」が改正され，「高齢者の医療の確保に関する法律」（2008年4月1日より施行）となった。

総合化を図るものであった。

　高齢者福祉領域に限らないが，次に着手したのが，1985（昭和60）年「国の補助金等の整理及び合理化並びに臨時特例等に関する法律」である。第二臨調最終答申を受けた政府は，国の福祉等高率補助金の補助率を10分の8から10分の7へと1割分削減したのである。この変更は最も「福祉改革」を象徴した政策転換といわれる。聖域とされた社会福祉制度も財政削減の名の下に例外ではなくなったのである。補助率の削減は翌年の1986（昭和61）年も続き，補助率をさらに10分の7から10分の5へと削減し，当初は3年間という暫定的実施であったが，1989（平成元）年に恒久化された。その他，健康保険法等改正による被用者本人1割負担の導入，ホームヘルプサービスの有料化，老人ホームの費用徴収基準の大幅改定等の自己負担強化策が顕著にみられた時期でもある。

　1980年代の後半は，福祉施策，保健医療施策ともに重要な制度再編が次々と実行された時期であった。1985（昭和60）年に，高齢者の介護ニーズの普遍化を示唆した「老人福祉の在り方について（建議）」を受け継いで，1986（昭和61）年「長寿社会対策大綱」が閣議決定された。この中で高齢社会を目前に，経済社会の活性化，活力ある長寿社会を築くために個人の自助努力，家庭や地域社会の役割重視，民間活力の活用が強調された。また，地方分権の一環として，同年「地方公共団体の執行機関が国の機関として行う事務の整理及び合理化に関する法律」により，社会福祉施設の入所措置等についての機関委任事務から団体事務化，社会福祉法人設立認可の知事への委譲等が行われた。さらに同年12月，老人保健法一部改正により，医療機関と福祉施設の中間的な機能をもち，リハビリテーションを主体に在宅復帰をめざす「老人保健施設」が制度化されている。

　1987（昭和62）年の「社会福祉施設（入所施設）における費用徴収基準の当面のあり方について（意見具申）」では，施設入所者の自立心の向上を目的とするも，在宅生活者や老人保健施設との負担格差の絡みもあり，負担能力のある者からは相当分の費用徴収をする方針を固めた。また同年12月「今後のシルバーサービスの在り方について（意見具申）」では，福祉サービス供給における公私関係の役割と範囲についての提言があり，多様な形態の民間活力の参加を期待している。

　1988（昭和63）年には，厚生省内において，高齢者の保健・医療・福祉行政機構の一元化を図るため，「老人保健福祉部」を発足させて総合的な政策実施体制を整えた。そして同年10月「長寿・福祉社会を実現するための施策の基本的考え方と目標について（福祉ビジョン）」が提示された。先の「長寿社会対策大綱」を踏襲した内容であるが，従来の保護や援助の対象である高齢者像から，社会に貢献し得る自立した高齢者像をめざすことを強調したものになっ

シルバーサービス

　シルバーサービスとは高齢者向けの民間サービスをいう。介護保険制度の施行にともない，要介護高齢者の増加および家族機能（家族介護力）の低下にともない介護関連のサービスを中心に発展してきた。また，高齢者の年金制度の成熟や資産保有のストック等にともない購買力のある高齢者が増加している点も見逃すことができない発展要因のひとつである。今後は，介護関連サービスのみではなく，介護予防や生きがい，健康維持・増進等，多様化・高度化しつつあるニーズに対応するシルバーサービスの充実が求められる。

た。

　また，高齢者介護の実態の深刻化に触れ，同年の厚生白書（昭和63年度版）において，高齢者ケアにおける家族介護の限界を認め，これまでの高齢者福祉政策の価値基盤であった家族を含み資産とする「日本型福祉社会」への反省をはじめて示した点が注目された。

　その後1989（平成元）年「今後の社会福祉のあり方について（意見具申）」において，社会福祉見直しの具体的方策を明確にしている。それらは，① 社会福祉事業の範囲の見直し，② 福祉サービス供給主体のあり方，③ 在宅福祉の充実と施設福祉との連携強化，④ 施設福祉の充実，⑤ 市町村の役割重視と新しい実施体制の構築等である。そして，この意見具申は，同年12月，厚生・大蔵・自治3大臣合意のもと「高齢者保健福祉推進10カ年戦略（ゴールドプラン）」の策定へと結実する。ゴールドプランにおいて，① ホームヘルパー，デイサービス，ショートステイ等の在宅福祉対策の緊急整備，②「寝たきり老人ゼロ作戦」の展開，③ 在宅福祉・在宅医療事業支援，高齢者の生きがい・健康対策の推進のための「長寿社会福祉基金」の設置，④ 特別養護老人ホーム，老人保健施設等の施設の緊急整備，⑤ 高齢者の生きがい対策の推進，⑥ 長寿科学研究推進10ヵ年事業，⑦ 高齢者のための総合的な福祉施設の整備があげられた。社会福祉政策上はじめて在宅サービス，施設サービスの整備目標数値が提示され，将来の高齢者福祉，保健施策の方向性を具体的に示す画期的なものになった。そしてこのための財源として，新しく消費税が導入され，1999年までの10年間に総事業費6兆円規模の予算が投入されることになった。ただし，このような財政拡大指向の中でも，第二臨調路線は堅持されており，先述したように同年4月「国の補助金等の整理及び合理化並びに臨時特例等に関する法律」により，国庫負担率が10分の5に恒久化されている。

　また1987（昭和62）年に「社会福祉士及び介護福祉士法」が制定され，社会福祉関係者が待望していた福祉専門職への途が本格的に開かれた。

【第Ⅰ期の特徴】

　1980年代は，戦後の社会福祉政策を見直し，将来の社会福祉のあり方の基本的枠組を提示し，今日の高齢者福祉施策の下地を形成したきわめて重要な再編期であった。第二臨調を契機とし，自立自助原則，民間活力の積極的導入，公的財源支出の削減からなる行財政改革による施策が展開された。とくに，高齢者の保健医療を皮切りに，国の地方政府に対する補助金の削減と受益者負担の強化でもって，費用抑制策が大胆に開始された時期であった。在宅福祉が政策として導入され，保健・医療・福祉の連携や地域ネットワークの構築が提唱された時期でもあった。

社会福祉士及び介護福祉士法

1987（昭和62）年に成立・施行された法律。多様化・高度化した福祉ニーズに適切に対応し，介護の充実強化を図ること，民間シルバーサービス事業を健全に発展させ国民の福祉を向上させること等を目的としている。社会の急速な高齢化にともない福祉ニーズが増大し，適切な相談援助活動には高度な専門的対応が求められるようになったため専門的マンパワーの育成と確保が必要となったこと，また，国際的にも福祉専門職制度の確立の必要性が求められていたことなどが同法制定の背景にある。なお，2007年11月に同法は改正された。

(2) 第Ⅱ期「制度変革期」(1990～1999年)

一般に「福祉改革」は、第二臨調発足の1981年から1990年の「福祉関係八法改正」までの約10年間を指すが、1990年代も重要な政策案件が途切れることなく続き、いわば「第二次福祉改革」(8法改正を「福祉改革元年」とも称した)の様相を呈した時期であった。

1990 (平成2) 年「老人福祉法の一部を改正する法律 (福祉関係8法改正)」によって、①在宅福祉サービスの積極的推進、②特別養護老人ホーム等の入所決定事務の町村への移譲、③老人保健福祉計画の策定 (市区町村、都道府県)、④老人健康保持事業 (生きがいと健康づくり) の促進、⑤有料老人ホームに対する規制強化等が位置付けられ実施に移された。

8法改正をもって在宅福祉に法的根拠が与えられた。とくに、サービス提供において機関委任事務から団体委任事務へと移行したことと、「老人保健福祉計画」の策定によって、市町村が主体となり、従来の施設ケア中心型の福祉から、在宅・地域を基盤にしたケアシステムづくりを積極的、計画的に推進していく体制にシフトした。また、「在宅介護支援センター」が制度化され、全国に1万ヵ所、中学校区単位に設置し、地域における高齢者介護に関する総合相談窓口としてサービスコーディネート機能の発揮が期待された。

医療保健領域では、1991 (平成3) 年の老人保健法改正において、「老人訪問看護制度 (老人訪問看護ステーション)」が創設され、ゴールドプランと連動しながら在宅要介護高齢者の総合的なケア体制の拠点作りが開始された。1992 (平成4) 年には医療法改正で老人病院に対して、「療養型病床群」という入所型長期療養施設の新しい分類を設けた。老人保健施設と同様に保健医療における医療・看護と介護との機能分離、診療報酬体系の再整序への取り組みである。さらに、1994 (平成6) 年の健康保健法等改正により、患者負担の付添看護の廃止や入院時の食事代患者自己負担など、療養型病床群への移行を後押しする施策がとられている。その他の動向としては、1994 (平成6) 年、保健所法改正において、「地域保健法」と改称され、保健師の業務内容も地域ケアに基づく社会サービスのコーディネート機能が重視されるようになった。

福祉施策においては、1993 (平成5) 年に社会保障制度審議会による「社会保障将来像委員会第一次報告、社会保障の理念等の見直しについて」の提言があり、翌1994 (平成6) 年3月厚生省高齢社会福祉ビジョン懇談会によって「21世紀福祉ビジョン―少子・高齢社会にむけて」が報告されている。福祉ビジョンでは、「公民の適切な組合わせによる適正給付・適正負担型」という独自の福祉社会の実現を提言している。さらには、ゴールドプランの見直しを求め、高齢者ケアの質的側面に対しても、新たな介護システムの構築の必要性を主張している。その他、高齢者福祉のみならず、子育て支援 (エンゼルプラン) の策定と推進を提言し、今後の社会保障のあり方を包括的に呈示したもの

在宅介護支援センター

在宅要介護老人およびその家族等に対して、在宅介護に関する総合的な相談に応じ、介護等に関するニーズをみつけ、総合的にさまざまな医療保健福祉サービスが利用できるよう、市町村等の行政機関やサービス提供機関との連絡調整役を担う。1998 (平成10) 年度から標準型、基幹型、単独型、を整備することとなった。事業内容としては、①在宅介護に関する総合的な相談、②サービス利用申請手続きの代行、サービスの適用の連絡・調整、③サービスの存在、利用方法等に関する情報提供および啓発、④福祉用具の展示・紹介および使用方法の指導等がある。2000 (平成12) 年度より基幹型、地域型と2類型に改め、市町村内における支援センター体制の総合調整役を担う基幹型支援センターの役割が重要になった。

3. 1980年代から2005年までの高齢者福祉政策

になった。ちなみにこの「21世紀福祉ビジョン」が，後の介護保険制度創設のきっかけになった政策文書といわれている。

この頃から新しい社会保険制度の創設に向けての動きが速まり，1994（平成6）年4月，厚生省内に「高齢者介護対策本部」が設置され，新たな高齢者介護システムに関する具体策を検討する専門チームを召集している。そして同年9月には，社会保障制度審議会が「社会保障将来像委員会第二次報告，介護・育児支援ネットワーク構築」を発表する。その中で，介護保障の確立のための財源についての方策として，社会保険方式の導入を示唆し，介護保険制度導入の意図が示された。

1994（平成6）年12月に「高齢者保健福祉推進10カ年戦略の見直しについて（新ゴールドプラン）」が策定された。さらに，介護システムのあり方については，同年12月，高齢者介護・自立支援システム研究会が「新たな高齢者介護システムの構築を目指して」を報告している。報告書では，高齢者の自立生活支援という政策理念を明確に打ち出しながら，費用負担方式については，1994年に成立（1995年実施）したドイツ介護保険の先行事例を参考にしながら，応益負担原則による社会保険方式で運営していくことが適切であることを指摘している。

1990年代後半は，介護保険制度一色の流れになり，政府は法案の作成準備，具体的な実施検討の作業に入っていく。1995（平成7）年7月には社会保障制度審議会が「社会保障体制の再構築について（勧告）」を発表した。むろん介護保障制度にも言及しており，制度運用には社会保険方式の採用が適切であることを述べ，「介護の社会化」を錦の御旗とする介護保険制度の導入にお墨付きを与えたかたちになった。また，同年11月，議員立法で「高齢社会対策基本法」が制定され，生涯を通じ健やかな充実した生活を過ごせるよう，豊かな長寿社会を築くことを基本指針として，国および地方公共団体による雇用・所得保障，健康・福祉，学習・社会参加，住宅・生活環境施策の総合的な推進が明記された。

新制度発足に向けての審議は，主に老人保健福祉審議会において行われた。とくに高齢者介護費用の財源について，税金を中心とした公費負担方式にするか，保険料を中心とする社会保険方式にするかが大きな論点として提示されたが，合意形成は難航する。このような中，老人保健福祉審議会において，中間報告，二次報告と一連の報告の末に，1996（平成8）年4月「高齢者介護保険制度の創設について（最終報告）」が提出されている。これを受けて，厚生省が同年6月「介護保険制度案大綱」をまとめ，さらに財政負担増の懸念の強かった地方行政団体（市町村）との調整作業にかなりの時間を使い，閣議決定を経て，1997（平成9）年12月の臨時国会にて「介護保険法」が可決・成立したのである。

新ゴールドプラン
在宅サービス整備目標の大幅な上方修正がなされた。また，①利用者本位・自立支援，②普遍主義，③総合的なサービス提供，④地域主義という高齢者保健福祉に関する基本理念が盛り込まれた。

ドイツ介護保険
ドイツ介護保険法(Pflege-Versicherungsgesetz vom 26. Mai 1994, BGBl. IS. 1014)は同国の5番目の社会保険として1994年5月に成立した。原則として介護保険は疾病保険に従属すると同時に被保険者は協力と自己責任を負う。また，運営は保険者である疾病金庫（8つの疾病金庫）となっており，被保険者は，①公的介護保険の被保険者，②民間介護保険の被保険者，③家族保険の被保険者，④継続保険が可能な者，等である。そして，保険の財源は，①保険料，②連邦政府の補助金，③その他の収入等となっている。なお，給付は現物給付（在宅介護給付・部分的施設介護・全面的施設介護）と現金給付（在宅介護給付）とに分かれており，どちらか一方あるいは混合（現物＋現金）を選ぶのは要介護者である。ドイツ介護保険の給付の優先順位はまずは在宅介護給付，つづいて部分的施設介護（デイサービス，ショートスティ），最後に全面的施設介護となっており，在宅介護給付優先となっている。

その後，2000（平成12）年の介護保険制度の実施に向けての具体的な準備段階に入る。厚生省は制度実施に向けて，政省令の策定，各種の基準作り，通知による指示事項，介護報酬額の設定等を急ピッチで行った。また，各自治体間の準備状況の格差が明らかになり，その是正と支援策が練られた。

新制度にともなうサービスについては，1995（平成7）年に「24時間対応型（巡回型）ホームヘルプサービス事業」，1997（平成9）年には「痴呆対応型老人共同生活援助事業（認知症高齢者グループホーム）」が創設されている。福祉人材に関連する動きとしては，市民の主体的な参加によるサービス事業体の法人取得を可能にする「特定非営利活動促進法（NPO法）」が1998（平成10）年に制定された。翌1999（平成11）年には，新制度における契約行為にともなって，自己決定能力に乏しい利用者を支援するために，民法改正による「成年後見制度」を導入し，また，「地域福祉権利擁護事業」（現「日常生活自立支援事業」）が制度化されている。さらに，新制度の運営，実務の要となる「介護支援専門員」（ケアマネジャー）を1998年から制度実施までの2年間で16万人養成した。

介護保険制度導入を間近に控えて，これからの21世紀の高齢者保健福祉体系を示すものとして，1999（平成11）年「今後5か年間の高齢者保健福祉施策の方向（ゴールドプラン21）」が策定された。

【第Ⅱ期の特徴】

1990年代は，社会福祉関連法改正を皮切りに，80年代とはまた質的に変化した高齢者福祉政策の段階に入ったといえる。とくに，市町村行政の役割が大きくなり，老人保健福祉政策の計画化が図られて，個々の連携から地域社会全体を包摂した高齢者ケアシステムの構築がめざされた。また，在宅生活の質を高めるために，多種多様な福祉サービスの先行モデルが実験的に試行されたりした。

90年代後半は，新たな介護財源の創設に向けて介護保険制度導入の審議に邁進した時期であった。依然として着実に増加している医療費問題，とくに高齢者医療費における生活支援部分を切り離す必要があり，また，医療・保健・福祉の制度間の格差や矛盾の解消をめざして，これらの問題解決を介護保険制度に収斂させようとする政策的意図があった。他方，介護保険制度の導入とリンクしながら，戦後半世紀にわたり維持されてきた措置制度を基盤とした社会福祉制度の基本的枠組を再構築していこうとする気運が高まった。1997（平成9）年，厚生省内に「社会福祉事業等の在り方に関する検討会」が設置され，翌年中央社会福祉審議会における社会福祉の構造改革分科会から普遍主義的な福祉への移行についての意見がなされた。超高齢社会の福祉ニーズの増大化，多様化に対応し，かつ，長期化する経済の低迷の打開のために「社会福祉基礎

成年後見制度→P.190

日常生活自立支援事業→P.128

ケアマネジャー（care manager）
介護支援専門員。居宅介護支援事業者や介護保険施設に所属し，ケアマネジメント業務や要介護認定の訪問調査の代行，保険支給限度額管理などを行う専門職。ケアマネジャーになるための条件としては，保健・医療・福祉分野などで資格を得ており，5年以上の実務経験を有する従事者である。そして，各都道府県が実施する介護支援専門員実務研修受講資格筆記試験に合格後，実務研修を受講し修了し，都道府県知事から修了書の交付を受けて資格を取得することになる。全国で行われた第1回目（1998年）の試験では，9万人の介護支援専門員が誕生している。

ゴールドプラン21
基本的な目標は，①活力ある高齢者像の構築，②高齢者の尊厳の確保と自立支援，③支え合う地域社会の形成，④利用者から信頼される介護サービスの確立である。また，2004年度までに整備すべき必要な介護サービスの提供量があらためて計画された。

構造改革」が必至の情勢となったのである。

(3) 第Ⅲ期「新制度開始期」(2000～2005年)

　2000(平成12)年4月より介護保険制度が実施された。開始当初は、前年度に政府与党の政治折衝でまとめられた「介護保険法を円滑に実施するための特別対策」により、高齢者の保険料徴収は半年間見送られ、その後も1年間の半額徴収、医療保険者に対する財政支援、低所得者の自己負担の軽減、家族介護慰労金の支給等が実施される等、さまざまな問題を抱えながらのスタートであった。厚生省は介護保険制度を「走りながら考える」ものとし、各自治体や現場サイドからの情報収集と分析に基づいて継続的な見直しを行い、逐次対策を講じた。

　また、先述した社会福祉基礎構造改革における成果として、2000(平成12)年5月に「社会福祉事業法等の一部改正法」が成立し、「社会福祉法」と改称された。

　その理念は「国民は自らの責任を自覚して生活を営むことを基本とし、自らの努力だけでは自立した生活を維持できない場合に社会連帯の考え方に立った支援を行い、個人が人としての尊厳をもって、家庭や地域の中で、その人らしい自立した生活が送れるように支える」ものとした。改革の基本的方向については、①サービス利用者と提供者の対等な関係の確立、②個人の多様な需要への地域での総合的な支援、③幅広い需要に応える多様な主体の参入促進、④信頼と納得が得られるサービスの質と効率性の向上、⑤情報公開等による事業運営の透明性の確保、⑥増大する費用の公平かつ公正な負担、⑦住民の積極的な参加による福祉の文化の創造、としている。

　介護保険制度の導入と関連付けていえば、利用者自身の意思に基づいた自立生活支援を目標としたサービスシステムの構築である。措置という行政主導の保護的な福祉サービスの提供から、利用者とサービス提供者との対等な関係を基盤にして、利用者が主体的にサービスを選択し、提供者と契約を交わして利用することにより、サービス利用の権利性を高めることが最大の目的である。また、従来の租税を財源とする公費負担方式から、保険料納付をともなう社会保険方式に移行することによって、高齢者が単なるサービス受給者に甘んずることなく、より積極的に制度の担い手へと役割を転換させた。さらに、これまで社会福祉法人の独壇場であった介護サービスを市場化することによって、多様な供給主体の参入を促し、供給量を飛躍的に伸ばし、かつサービスの質を高めるための事業者間の競争を促進した。産業経済面において6兆円規模の市場を開拓し、150万人の雇用を創出し、介護ビジネスがわが国の内需を一定程度、牽引するまでになった。これらの一連の効果こそ「社会福祉基礎構造改革」のねらいそのものである。

> **社会福祉法**
> 1951(昭和26)年の社会福祉事業法制定後半世紀を経た大幅改正となり、社会福祉事業法、身体障害者福祉法、知的障害者福祉法、児童福祉法をはじめ、社会福祉法人、措置制度などの社会福祉の共通基盤制度について、普遍主義的な社会福祉制度に向けての再構築をめざした制度改正となった。

厚生労働省は，2004年度末を終期とする「ゴールドプラン21」後の新たな計画策定の方向性とともに中長期的な介護保険制度の課題や高齢者介護のあり方を検討するために「高齢者介護研究会」を設置し，2003（平成15）年6月，報告書「2015年の高齢者介護—高齢者の尊厳を支えるケアの確立に向けて」が提出された。2015年は戦後の「団塊の世代」が大量に高齢期にさしかかる年であるが，施行3年間の課題を整理した上で，本報告が最も重要視したことは，高齢者がたとえ要介護状態になっても，その人らしい生活を自分の意思で送ることを可能にすることである。すなわち，高齢者の尊厳を支えるケアの実現をめざす考え方である。そのために，①介護予防・リハビリテーションの充実，②生活の継続性を維持するための新しい介護サービス体系，③認知症高齢者ケアを重視した新しいケアモデルの確立，④サービスの質の確保と向上等を提唱している。そして，この報告書が検討素材の1つとなり，社会保障審議会介護保険部会において制度見直しに向けての議論が開始された。

　ところで，介護保険制度は法施行から5年後に見直すことが附則としてあり，それは被保険者・受給者の範囲，給付内容・水準，費用負担のあり方など制度全般にわたる見直しが義務付けられていた。制度開始の2000（平成12）年から2004（平成16）年までに，要介護認定者数218万人から387万人へ約8割増加し，サービス利用者数は149万人から307万人へ2倍以上増加した。また，財政面においては介護保険給付費が3.6兆円から6.3兆円，さらに2012年には10.6兆円に上昇すると予測された。介護分野への社会保険制度の導入が，高齢者，家族の扶養意識を変化させ，社会サービス利用の権利意識を高めたことは事実であるが，一方，厚生労働省は予想を上回る介護保険給付費の膨張を懸念し，現実には費用抑制に重点をおいた制度改正を意識せざるを得なかった。

　2004（平成16）年1月，厚生労働省内に介護保険制度の見直しと福祉，医療，年金などの制度横断的な総合調整を行うために，「介護制度改革本部」を立ち上げ，介護保険単独の改正検討ではなく，全体の社会保障政策の一環としての検討とし，改革に向けての本格的な体制を整備している。また同月，厚生労働省内に設置された，高齢者リハビリテーション研究会による中間報告書「高齢者リハビリテーションのあるべき方向」が提出されている。これは先の「2015年の高齢者介護」報告書における指摘を受けてのもので，その内容は次期制度改正にも大きく影響を及ぼすものとなっており，介護予防を重視したリハビリテーション体系の再構築の必要性が強調されている。

　これらの研究会方式による報告を検討素材としながら，2004（平成16）年7月，社会保障審議会介護保険部会によって，「介護保険制度の見直しに関する意見」が提出され，その後，被保険者・受給者の範囲，および障害者福祉施策との統合問題に焦点を絞った議論が引き続き行われた。厚生労働省は，制度見直しの基本的視点として，以下の3点をあげている。①「制度の持続可能性の

確保」，②「明るく活力ある超高齢社会の構築」，③「社会保障の総合化」である。①については，給付の効率化・重点化であり，②は，要介護状態の予防を重視した予防重視型システムへの転換である。③は，ここ数年続いてきた，年金，介護，医療制度等の総合化である。さらに，障害者自立支援法案との統合などの案件も控えつつ，社会保障体系全体における各制度間の機能分担，効率的・効果的運用，制度の重複や谷間の解消を目的とする見直しである。

最終局面における一連の議論は，介護給付費の急激な増加が予測される中，制度の安定的な継続可能性を重点においたものとなった。「介護予防」による介護給付費の抑制と，「介護の普遍性」を標榜する被保険者年齢の引き下げによる財源拡大という出入口の管理をめぐる攻防のようにも見受けられた。しかし，同年12月，最終報告書において，被保険者年齢の引き下げ，障害者自立支援法案との統合に絡む問題については意見の完全な一致をみることができなかった。そこで各主張の理由を併記することでとりまとめが行われ，2005（平成17）年6月「介護保険法等の一部を改正する法律」（改正介護保険制度）が制定され，実施準備を経て2006（平成18）年度から新しい介護保険制度が施行された。

改正介護保険制度は，新たに謳われた法の目的である「尊厳の保持」（第1条）という制度理念のもとに改正が取り組まれたが，厚生労働省は先にあげた保険給付費の上昇問題から費用の抑制と効率化を意識した制度改正になったことは否めない。今回の制度改正は，新制度発足に匹敵するほど，介護保険制度全体に影響を及ぼしている。改正介護保険制度の詳細は他章に譲り，本章では以下の3つの主要項目をあげておく。

① 予防重視型システムへの転換

軽度者を従来の介護給付から切り離し，新たな予防給付の枠組み（要支援1・2）を創設した上で，自立生活を促すサービス提供の方法が導入された。その結果，2006（平成18）年8月時点でサービス利用者の内訳は，新予防給付対象者が19万8,700人，介護給付（要介護1～5）の利用者が340万7300人となった。また，地域支援事業を創設し，要支援・要介護になる恐れのある高齢者を特定高齢者と称して選抜し，介護予防事業プログラムを適用した。

② 新たなサービス体系の確立

「エイジング・イン・プレイス」（Aging in place：住み慣れたわが家，地域で継続して暮らす）の考え方から，地域密着型サービスとして，小規模多機能型居宅介護，夜間対応型訪問介護，認知症対応型通所介護等が設置された。さらに「地域包括支援センター」が創設され，介護予防マネジメント，総合相談・支援，虐待ケースへの介入・防止，権利擁護，援助困難ケースへの対応，居宅介護支援専門員への支援等の包括的・継続的ケアマネジメントが実施され，地域における総合的なマネジメントが期待された。

③ サービスの質の確保，向上

　介護支援専門員業務の課題への対応として，中立公正な立場の確保，包括的継続的ケアマネジメントの視点から在宅と施設，医療と介護の連携評価，介護支援専門員1人当たりの標準担当数の変更（50人から35人に減数），介護支援専門員の独立性の重視，研修強化，更新制の導入（5年ごと）を図った。さらに，事業者・施設の指定の見直し，介護サービス事業者に対して，介護サービス情報の公表を義務づける等，サービスの質の向上に努めることになった。

　上の3項目の他に，要介護認定の見直し，市町村の保険者機能の強化，介護保険事業計画の計画期間の変更，施設給付における居住費や食費の自己負担，保険料や介護報酬の見直し等々，改正は広範囲にわたった。

　その他，2005（平成17）年における重要な関連制度として，先述した「障害者自立支援法」の制定，また，実践現場における長年の対応課題であった「高齢者虐待の防止，高齢者の養護者に対する支援等に関する法律」（高齢者虐待防止法）の成立をあげておきたい。

【第Ⅲ期の特徴】

　社会福祉基礎構造改革の先鞭をつけたかたちで実施された介護保険制度は多大な社会的負担をともなう大規模な国家事業であった。その事業規模は開始後5年間で，初年度3.6兆円であった介護総費用が2005年には6.7兆円に増加した。また，サービス提供量，サービス利用者数とも年率10%を超える勢いで増加した。事業規模からしても当然のことであるが，本制度はわが国のさまざまな部面に大きな影響を及ぼしている。改善すべき点は少なくないが，高齢者介護にともなう生活不安の軽減，介護サービス市場における雇用の拡大等，全体社会の安定に寄与している。また，市町村を保険者とする自治事務であることからも，地方分権時代において地方行政・地方自治に対するインパクトも大きい。

　今後，「2015年の高齢者介護」に示された高齢者の尊厳を支えるケアが現実のものになるかどうか，介護保険財政の安定化は引き続き重要な課題ではあるが，介護保険制度，介護予防施策が高齢者の生活の質にいかに貢献したのか，政策理念に照らした実質を検証，評価していく必要がある。一方，検討が積み残された障害者自立支援法との統合問題等，地域包括ケアシステムの構築，後期高齢者医療制度との関連整理など，制度政策の質を高めていく努力とともに，社会保障政策全体の合理化・効率化がより一層要請される時代に入っている。

障害者自立支援法

　自立と共生社会の実現を目的に，2005年10月に成立し，その翌月に公布された。この法のポイントとしては，障害者施策の3障害（身体・知的・精神）一元化，サービス体系の再編，就労支援の抜本的強化，支給決定の透明・明確化，安定的な財源の確保，があげられる。なかでも，従来33種類に分かれていた施設体系を6つの事業に再編し，あわせて，地域生活支援，就労支援のための事業や重度の障害者を対象としたサービスを創設したことと，支給決定に関し介護保険制度と同様に，客観的な尺度（障害程度区分）を導入したこと等が特徴である。

　しかしながら，この法は従来の応能負担から応益負担になったことで，原則1割の自己負担が必要なことから，障害者および家族の生活に大きな影響を及ぼしている。

高齢者虐待の防止，高齢者の養護者に対する支援等に関する法律（高齢者虐待防止法）
→ P.15

4 これからの高齢者福祉政策の検討課題

(1) 社会福祉基礎構造改革における市場システムの導入と高齢者の生活保障

　これまでに高齢者福祉政策の変遷過程をみてきたが，それは選別的な社会福祉から普遍主義による社会福祉への移行という大きな潮流に沿ったものであった。恩恵としての福祉ではなく，基本的人権やノーマライゼーション思想を基盤に，たとえ高齢で障害を抱えても，できる限り住み慣れた地域社会で自分の意思に基づいた，その人らしい自立生活を送るための支援をめざしてきた政策の発展過程である。

　ただし，近年の社会福祉基礎構造改革における具体的な施策の動向をみると，はたして誰もが幸福を追求できる環境にあるのかどうか，疑問に思われる事項が少なくない。市場システムの導入にともない，サービスの選択と契約による利用制度への変更は重要な転換となったが，一方で国民に一定の自己責任を求め，自己負担を前提にサービスを購入させることで幸福追求ができる環境を充足し，個人の自立と尊厳を保持するという考え方に立っている。

　市場システムを導入すればすべての国民の生活が保障されるわけではない。たとえば，市場システムは，所得格差と地域格差を反映しやすい性質があるといわれるが，ある一定のラインを超えてサービス給付を受けるとなると途端にサービスの購入が困難になる低所得者層が浮上する。また，公的支援が限定的になることで，セーフティネット（生活保護）が稼働する水準までには達しないが，何とか現況をもちこたえている恒常的な生活不安定層の存在をみえにくくする。つまり，あまりに市場原理が貫徹されると，制度が選別的に逆機能し始め，さらには救貧的な福祉観を再び想起させる結果ともなり得るのである。

　また，地域間格差を例にとれば，市場が形成されるためにはある程度の需要量を要件とするが，それが期待できない限界集落等の不利益地域（中山間地域，島嶼地域等）においては，選択可能なほどのサービス供給は実質上困難になってくる。効率性を追求する市場システムでは，地域の諸事情に起因する複雑で多様なニーズに対する許容性，柔軟性は低いのである。

　さらに，介護保険制度におけるサービス利用の根幹となる契約についていえば，利用者（消費者）とサービス事業者（市場）との対等な関係に基づく契約といえども，老いのプロセスの1つの事象である認知症高齢者や知的障害者は契約の土俵に上がることさえできない場合が少なくない。取引社会における商契約では効率よくスピーディに行われる必要があり，また，法律に違反しなければ相手方にリスクを負わせることができ，当方により多くの利益がもたらされるように有利に契約行為を運ぶことが通例である。むろん介護に関する契約は，当事者間契約であっても利用者の自立生活を第一義にした契約であるから，

後期高齢者医療制度

高齢者医療制度において，2006年6月「健康保険法等の一部を改正する法律」により，従来の「老人保健法」から「高齢者の医療の確保に関する法律」に法律名称を変更し，制度内容を大幅に改正して2008年4月より施行された。本制度では適用年齢75歳以上になると国保や健保から脱退し，後期高齢者だけの独立した保険制度に組み込まれることになる。

一般的な商取引上の契約とは明らかに性質が異なり，いわゆる「契約自由の原則」に一定の制約を加えるべき契約の形態である。

このような観点から市場原理を導入した介護保険制度において，たとえば以下に示す12の具体的な制度政策上の課題を市場システムに対置させてこれからも検討を継続していくことが重要であろう。

① 高齢者の人権に基づく政策理念

「高齢者のための国連原則」（1991年）において，高齢者の人権保障として確認された，自立・参加・ケア・自己実現・尊厳等の基本原理を政策の根幹においた策定プロセスを確立することが重要である。

② 所得，経済生活の保障

市場において安定した購買と消費をするために，信頼に応えられる年金制度の改革と充実が求められる。

③ 社会資源，社会システムの計画的な整備

市場における需要供給関係による社会資源の偏在がないように，行政責任に基づいて介護保険事業計画，高齢者保健福祉計画，地域福祉計画等を策定し確実に実行していかねばならない。

④ サービス情報システムの構築

利用者が市場においてサービス事業者を選択するに資する簡便な情報システムの構築が必要である。介護サービス情報の公表，情報開示と情報格差の克服，福祉・医療・保健等の関連領域による地域ネットワークの形成が求められる。

⑤ サービス評価システムの構築

市場のサービス事業者が適切なサービスを行っているかどうか，その質評価について信頼できるサービス評価システムが構築されねばならない。自己評価，利用者評価，第三者評価，苦情対応等による総合的な評価システムの確立が要請されている。

⑥ 権利擁護システムの整備

市場システムにおける契約行為に適さない利用者，あるいは虐待や搾取等，不当な扱いを受けている利用者に対して，その権利擁護の手続きが確実に行われる必要がある。成年後見制度，日常生活自立支援事業の実施体制のさらなる充実が求められる。

⑦ 公的支援策の積極的な策定と動員

市場からこぼれ落ちる利用者に対して，行政主体が公的責任によってその生活保障を行うことが重要である。許容力のあるセーフティネット（公的扶助，措置に基づく生活支援等）の構築が求められる。

⑧ 的確な行政指導・監査の発動

市場システムが適切に運用されるための公平公正なルールづくりと保険者責任の遂行が求められる。

介護サービス情報の公表

2006年4月に施行された介護保険法の改正において規定された（法第115条の29）。介護サービス利用者が事業所を選択する際，事業所の情報を的確に入手し，比較検討できるようにするための制度。また，よりよい事業者が選択されることで，介護サービス全体の質が向上することが期待されている。

⑨ オンブズマン制度の展開

　行政責任のみに依存せずに，市民による自発的な市場のサービス事業者，さらには行政組織に対する監視と評価である。

⑩ 予防アプローチの実質化

　市場システムの破綻を回避するために予防アプローチが防止装置として求められるが，やはり市民参加・協働のレベルで予防プログラムが主体的，多元的に開発され実質化されることが重要である。

⑪ 地域主義に基づく政策展開

　地方分権，地方自治，地域福祉，あらたな公共の考え方に基づいて，政策プロセスに市民の主体的な参画と行政との協働が求められている。福祉文化の醸成のもとに政策が展開される必要がある。

⑫ 職業倫理観，専門性の確立

　市場に従事する専門職，サービス事業者が利用者利益を最優先し，法令を遵守する（コンプライアンス）職業倫理観と専門性を高めていくための不断の努力が要請される。

> **オンブズマン**
> スウェーデン語で，「代理人」という。行政から独立した機関で，市民の代表が，公共サービスによる権力の濫用や誤用の監視や，苦情の受け付けをし，利用者の立場にたって処理をする。1809年にスウェーデンで初めて設置され，その後，北欧諸国や英米に普及し，現在では世界各地で採用されている。日本ではまだ，国レベルとしてのオンブズマン制度は設置されていないが，地方自治体や民間の社会福祉団体では導入している。最近では，ジェンダーの視点からオンブズマンではなく，オンブズパーソンという表現が一般化しつつある。

(2) 介護予防施策に関する検討と地域ケアシステムの構築

　今回の改正介護保険制度において，介護予防が政策のトレンドになっているが，これまでにも述べたように介護予防と財政問題が密接な関係にあり，財政支出の抑制が与件としてあって，見直しの論議が要介護度の改善という個体モデルによる介護予防施策に収斂してしまった感がある。そこでいわば「制度の持続可能性」のために，制度側が望ましい高齢者像を規定し，それに合致する高齢者を選択していくような逆立ちした論理によって介護予防施策が展開されていないかと危惧するのである。予防概念を施策として導入する際は，もっと慎重に扱わねばならない。介護予防がことさら喧伝され強調されることで，ある意味，予防しきれない，どうしても予防が難しい障害を抱えた人びとと，老いのプロセスを辿りいよいよターミナルを迎えている人びととの立場が抑圧されるような社会的風潮が生ずるのならば，自立生活の意味も矮小化されることだろう。

　介護予防の拠点機関として地域包括支援センターが位置付けられているが，要介護度という分類によって生ずる被保険者間の差別的感情や地域住民間の老い衰えゆくことの否定的感情にも注意を払い，それをいかに克服するかという感受性と配慮を地域包括支援センターはもち合わせておくべきである。

　どのような理念のもとでの介護予防施策なのか，もっと地域の人びととの対話を通して検討しなければならない。というのも，社会福祉の観点から介護予防を考えた際，やはり地域住民の主体的な取り組みが介護予防活動の基盤に位置付けられる必要があるからである。指定された介護予防プログラムをピック

アップするだけではなく、生活圏域ごとに固有のテーマがあってもよい。たとえば、世帯状況や資源の配置状況の違いによって、必要とされる介護予防プログラムは異なるはずである。さらに、高齢者が普段の生活の中で注意し工夫している予防策を集約して評価し、共有していくような住民の主体形成に力点を置くコミュニティワークの手法を用いた予防プログラムがもっと研究されてよいであろう。地域福祉活動と連動した介護予防マネジメントの展開の可能性である。

また、地域包括支援センターだけで介護予防はできず、リハビリテーション専門機関、介護保険施設、一般病院・診療所、居宅介護支援事業所、保健所、福祉事務所、身体障害者更生相談所、社会福祉協議会、テクノエイドセンター、地域のボランティアグループ、セルフヘルプグループ、福祉用具や住宅改修業者等との有機的な連携が不可欠である。要は地域包括支援センターが介護予防のネットワーク化の促進役になれるかどうかにかかっている。

こうした地域包括支援センターの活動では、多角的かつ精緻な地域のリサーチ力が要求される。個人情報保護を前提に、実践現場の第一線に位置する介護支援専門員との連携による情報提供や、さらには地域住民の参加を得ながら実態把握を行っていく手法を開発していく必要があろう。また、要介護度によって対象を区分し、ニーズ把握をする方法だけでなく、地域を面としてとらえてその中の人の動きに着目する方法もある。たとえば、地域内の要支援者、要介護高齢者がどのような支援ネットワークに沿って、あるいは各種の機関や施設を辿っていくのか、ターミナル期までのプロセスを縦断的に追うことで地域ケアシステムにおける介護予防のポイントを見定めるためのデータを得ることができるだろう。介護予防は何も要支援以前の高齢者や軽介護高齢者だけを対象にしたものではない。

さらに、最近の施策はエビデンスが重視されているが、介護予防プログラムの評価法に関する課題もある。政策策定側としては、要介護度の軽度化への移行をねらいとするところであるが、介護予防プログラムの効果を質的側面も含めて個別的に評価し得る一連の評価技法の開発も検討課題としてあげられる。

参考文献

森幹郎『政策視点の老年学』ミネルヴァ書房, 1983年

全国社会福祉協議会・全国老人福祉施設協議会編『全国老人福祉施設協議会五十年史』全国社会福祉協議会, 1984年

全国社会福祉協議会・老人福祉施設協議会編『写真集生きる　老人ホーム100年』全国社会福祉協議会, 1986年

岡本多喜子『老人福祉法の制定』誠信書房, 1993年

全国社会福祉協議会・全国老人福祉施設協議会編『全国老人福祉施設協議会六十年史』全国社会福祉協議会, 1993年

古川孝順『社会福祉学序説』有斐閣, 1994年

キャンベル，J. 著／三浦文夫・坂田周一監訳『日本政府と高齢化社会　政策転換の理論と検証』中央法規，1995年
市川一宏・引馬知子「戦後50年の社会福祉・社会保障制度年表」『ジュリスト増刊 福祉を創る』有斐閣，1995年
小笠原祐次『"生活の場"としての老人ホーム その過去，現在，未来』中央法規，1999年
一番ヶ瀬康子監修・鈴木依子『社会福祉のあゆみ　日本編』一橋出版，1997年
野本三吉『社会福祉事業の歴史』明石書店，1998年
吉田久一・岡田英己子『社会福祉思想史入門』勁草書房，2000年
仏教大学通信教育部編『二十一世紀の社会福祉をめざして　新しいパラダイムの構築』ミネルヴァ書房，2001年
井村圭壯編著『高齢者福祉分析論』学文社，2001年
老日本福祉文化学会監修，河畠修・厚美薰・島村節子『高齢者生活年表1925-2000年（増補版）』日本エディタースクール出版部，2001年
秋山智久・平塚良子・横山穰『人間福祉の哲学』ミネルヴァ書房，2004年
佐々木寿美『現代日本の政策形成と住民意識　高齢者福祉の展開過程』慶応義塾大学出版会，2005年
西下彰俊・浅野仁・大和三重編著『高齢者福祉論』川島書店，2005年
井村圭壯『日本の養老院史 「救護法」期の個別施設史を基盤に』学文社，2005年
小國英夫編著『新・高齢者福祉概論　真のパラダイム転換に向けて』学文社，2006年

プロムナード

　高齢者福祉政策を考える際，その対象者をいかにとらえるかという対象論は重要です。ニーズに対する制度的充足という制度政策上の概念の図式だけでは無味乾燥した制度になると思われます。大切なことは，政策の対象となる人の内側からみた生活世界にいかにフィットした制度になるか，あるいは，その制度政策が当事者その人からみてどのように映るのかということへの共感的な理解，洞察です。その意味で，昨今の高齢者福祉施策において避けて通れないテーマとして，認知症高齢者ケアに関する制度政策のあり方があります。
　2004年10月，国際アルツハイマー病協会国際会議が京都で開催され，その際，アルツハイマー病のオーストラリア人女性のクリスティーン・ブライデンさんが聴衆の前で講演されました。それまで認知症の当事者自身が人前でスピーチするなど考えられないことでしたが，彼女は自身の疾病や障害のことをはじめ，日常生活，仕事や家族のことも含めて，自身の言葉で堂々と語られました。今日の認知症ケアの基本的な考え方である，認知症本人が自身の生活や人生の主人公となるケアのあり方を象徴する講演でした。
　また，精神科医の故小澤勲医師が，認知症ケアをテーマとする一連の著作を発表し，実践現場の介護従事者や家族介護者に影響を与えました。認知症高齢者本人の心の世界をていねいに辿ることを通して，当事者本人の生活世界を内側からアプローチしていくケアの大切さを繰り返し強調しています。たとえば，徘徊やもの盗られ妄想などの周辺症状は，本人のこの病いにともなう不自由や戸惑いに対して，一生懸命に適応していこうとする努力の姿ととらえます。このような対象への眼差しを制度政策の策定にいかに生かしていくべきか，政策策定者と現場の実践者間において，ミクロとマクロの接点をあきらめずに探る努力が，これからの制度政策には求められているのではないでしょうか。
(1) ブライデン，C. 著／馬籠久美子訳『私は私になっていく』クリエイツかもがわ，2004年
(2) 小澤勲『痴呆を生きるということ』岩波新書，2003年
(3) 小澤勲『認知症とは何か』岩波新書，2005年
(4) 小澤勲・土本亜理子『物語としての痴呆ケア』三輪書店，2004年

学びを深めるために

原慶子・大塩まゆみ編著『高齢者施設の未来を拓く』ミネルヴァ書房，2005年
　本書は，わが国において先駆的な取り組みを行ってきた高齢者施設の事例や北欧の福祉先進国における事例をあげながら，これからの人間本位の高齢者施設のあり方を提示している。高齢者福祉施設の歴史的経緯も簡潔に整理されており，初学者にとってわかりやすい入門書となっている。

冷水豊編著『老いと社会　制度・臨床への老年学的アプローチ』有斐閣，2002年
　個人の老いと社会全体の高齢化との関係をめぐる基礎知識をコンパクトに整理したテキストである。老いの医学，保健学，心理学，社会学，政策学等の老年学の知見が簡潔にまとめてありわかりやすい。制度と臨床をつなぐための知識を確認してほしい。

- 高齢者制度施策にともなうエイジズムの問題について考察してみよう。
- 「高齢者虐待防止法」の内容を吟味し，また，制度の制定過程で高齢者虐待の問題についてどのような議論がなされたかについて調べてみよう。

福祉の仕事に関する案内書

『おはよう21』中央法規
　高齢者介護に関する情報誌である。毎号，特集が組まれ，手軽な読み物風にまとめられている。各地の先進的な実践事例や施設の訪問記，介護知識・技術の解説，福祉士試験対策に関する情報も掲載されており，実践現場の仕事をイメージしやすい。毎月発行。

第5章

介護の概念と対象

1 ケアの本質

　今日，われわれの日常生活で「介護」や「ケア」は誰にでも関わる問題となっている。そこで用いられる言葉にはさまざまな表現があり，「介護」「介護福祉」「介助」「ケア」などを含めて混在しているのが現状である。介護に関する問題が社会的関心事となったのは，日本の高齢化が始まった1970年代であろう。人口構造の変化や社会経済への影響から高齢者問題が注目されるようになったものの，どちらかといえば家族社会学，社会保障論などにおいて論議され，高齢者介護そのものはまだまだ個人的な問題として取り上げられることが多かった。寝たきり老人のための老人ホーム「十字の園」が1961年に開設されたのは老人福祉法制定の2年前であるが，その目的はあくまで介護する家族がいない高齢者への介護施設として位置付けられていた。

　その後，平均寿命の伸長と同時に核家族化，都市化が進み，介護はもはや家族内の問題でなくなってきたことは大きな社会変化であった。1980年代になると，社会学および社会福祉学において高齢者介護については，「社会的介護」という表現が用いられ，深刻かつ緊急課題となり研究領域としても発展していった。同時に，現実的にも介護を必要とする家族や世帯は急増し，一般市民の生活問題となってきた。この問題に対応すべき人材確保のために1987年「社会福祉士および介護福祉士法」を制定，介護の専門職である国家資格「介護福祉士」が誕生し，「介護福祉」というあらたな専門領域が生まれた。その後もわれわれ市民が何らかのかたちで介護に関わる時代になり，社会施策として介護保険制度が整備されたが，個人生活として親介護の深刻な問題はなお続いている。このような背景から，介護についての認識と知識を深めるために2008年7月，厚生労働大臣が11月11日を「介護の日」と制定するに至っている。

　さてこの間，介護問題の対策を検討する中で，高齢化が先行していた海外の資料や文献から，「ケア」という用語が導入され，「介護」と「ケア」の両語がほとんど同義語のようにさまざまな分野で取り上げられるようになってきた。実際，英語圏の国で使われる「ケア」は，名詞では「心配，気づかい」「世話，保護」など，さらに動詞で「気づかう，心配する」「世話をする，面倒をみる」「好く，愛する，望む」「したがる，したいと思う」という意味を表し，日常的な表現である。しかし，看護を担う専門的役割上の「ケア」は重要な一分野として発展してきた。このように「ケア」は，医学，看護分野でまず使われるようになり，その後，福祉分野でも広く用いられるようになった。原語の「ケア」は，「世話をする」「好意や温かい関心を示す」という本来の意味だけではない。メイヤロフ（Mayeroff, M.）は『On Caring』（1971年）で，ケアをする側には「相手の要求を理解するために知識が必要である」と述べており，「ケ

ア」の意味を深め，専門性の進展に貢献しているとみられている。同書は，日本で『ケアの本質』として1987年に出版されて以来，介護に関する専門性を追究する者の間で「介護」の定義としてつねに引用されている。さらに同書の中で彼は，ケアの主な要素として，「知識」「行動のリズムを変えること」「忍耐」「正直」「信頼」「謙遜」「希望」「勇気」をあげ，たんなる対象関係における「お世話」ではなく，人間関係における「ケア」の哲学をあきらかにしている。さらに，この書では「ケア」を，「他者の成長を願いつつ，他者が考えたり，感じたり行為したりすることを自己同一視する中で自己自身成長する関係」であると述べ，ケアの概念として対象である他者と自己との相互関係性を強調している。このようなケアのあたらしい見解は，日本における「介護」研究にその意義を重ねて，ケアの専門性の構築が続けられている。

また近年，ケアに関する論文，著書は枚挙にいとまがないが，2008年，上野千鶴子，大熊由紀子らの『ケア その思想と実践シリーズ』（全6巻）において，「ケアの理論と実践は高齢者介護だけでなく，障害者，医療，育児支援等を含むケア全般について応用可能な問題提起と専門家の検討に耐えうる学問的な水準を維持しつつ，介護現場に関わる事業者やワーカー，サービス利用者や家族などを対象とした」ことが明言され，「広く人に介護で関わる行為」と「他者と自己」の関係性の重要さを表している。

本章では，「介護」という用語で，その概念，範囲，理念，対象を整理していくことを心がけつつ，適宜，サービスや機関，研究分野で用いられている「ケア」「介護福祉」についての論考を照合しながら述べていくことにする。

2 介護の概念と範囲

(1) 介護の概念

「介護」が社会的問題となり，この用語が広く使われ出したのはいつ頃からであろうか。西尾（2002）によると，まず「介護」を法律で用いたのは，1923（大正12）年の「恩給法別表」においておもに傷痍軍人対策として記述したのが最初であろうといわれている[1]。その後，1956（昭和31）年「長野県家庭養護婦派遣事業補助要綱」で派遣対象に「介護を要する老人，身体障害者，傷病者」と提示したことから公的福祉の対象としてこの用語が使われているが，いわゆる生活上のお世話を指していたように考えられる。さらに成清（2008）は「老人福祉法」（1963（昭和38）年），「特別児童扶養手当等の支給に関する法律」（2004（昭和39）年）において「常時の介護」の表現が登場していることを紹介している[2]。ここでは，一時的に必要なお世話ではなく，日常継続的に必要な介護を対象とした福祉援助を指すように変化してきたようである。そして，現在は一般におもに高齢者，障害者，傷病者の身辺の具体的なお世話を意味する

ようになり，高齢化が進む中で高齢者問題をきっかけにひとつの専門用語として広く使われるようになった。

しかし，「介護」の定義は確立しているわけではなく，つねに現状問題を勘案し，介護の概念や範囲を模索しているところである。そこで，まず，各福祉関連事典での説明やさまざまな研究における「介護」定義の試みを紹介する中で概念整理をしていきたい。また，ここでは介護の概念をより明確にするために，介護を中心に隣接領域の看護，医療，栄養との共通する点や違いをとおして概念と範囲について言及していく。

「介護」という用語を用いるとき受けとめる側で「介護福祉」という語と重なり合うことはまぬがれない。介護を専門職と規定した「社会福祉士及び介護福祉士法」(1986年) 第2条（定義）では，「介護福祉士とは，専門的知識及び技術をもって，身体上又は精神上の障害があることにより日常生活を営むのに支障がある者につき，入浴，排せつ，食事その他の介護を行い，並びにその者及びその介護者に対して介護に関する指導を行うことを業とする者」としているが，厳密にいえば，介護福祉の業を表していることである。つまり，前半の「身体上又は精神上の障害があることにより日常生活を営むのに支障がある者につき入浴，排せつ，食事その他の介護」の部分では「介護」の業務を，そして後半の「その者及びその介護者に対して介護に関する指導」の部分で「介護」の専門職として指導することを明記し，「介護福祉」独自の業務領域を示している。

この専門職資格の制定の際には，前節で述べた「介護」「ケア」の両語や福祉専門領域を操作的に定義しながら「介護福祉」「介護福祉士」という用語が誕生したと考えられ，「介護福祉士」の英訳を「certified careworker」としている。それゆえに現在，われわれが公に用いている「介護」は，おおむねこの介護福祉士の業務内容を指していることが多い。

一方，看護は原語として「ナーシング (nursing)」があり，その専門職を看護師 (nurse) という。また，その業務を「保健師助産師看護師法」(1948年) であきらかにしている。その中で看護師の業務について「看護師は傷病者および褥婦に対する療養上の世話と診療の補助」と記述している。この「世話」が「介護」や「ケア」と共通する範疇であることから，つねに介護福祉士と看護師の専門領域に関する論議がなされる。

神垣 (1993) は，「介護とは，普通，障害などにより日常生活を営むのに支障のある人に対しての身辺の援助，世話を行うことをいう」と述べ，「介護とは，生活障害によって身辺の援助や世話が必要である者への行為」としている[3]。その介護行為をする者は家族や身近な人たちであることもあれば，専門職が行うことも含まれる。

また，成清 (2003) は，「介護は長年培ってきた生活の技法の支障・喪失（生

figure 5-1 ICFの概観

	第1部：生活機能と障害		第2部：背景因子	
構成要素	躰の機能 躰の構造	活動・参加	環境因子	個人因子
領域	躰の機能 躰の構造	生活・人生領域 （課題,行為）	生活機能と障害への外的影響	生活機能と障害への内的影響
構成概念	躰の機能における変化 （生理的） 躰の構造における変化 （解剖学的）	能力 標準的環境における課題の遂行 実行状況 現在の環境における課題の遂行	物的環境や社会的環境,人々の社会的な態度による環境の特徴がもつ促進的あるいは阻害的な影響力	個人的な特徴の影響力
肯定的側面	機能的・構造的統合性	活動 参加	促進因子	非該当
	生活機能			
否定的側面	機能障害 （構造障害を含む）	活動制限 参加制約	阻害因子	非該当
	障害			

出所）World Health Organization, "ICF：International Classification of Functioning, Disability and Health," WHO, Geneva, 2001, p.11

活力）に対する援助や人間の発達過程における生活習慣の取得に対する援助（身辺の自立）の両側面から高齢者・病弱者・障害者・障害児に対する援助を行うことが，利用者（対象者）の日常生活の回復・継続性と安全につながる。すなわち要保護や介助を必要とする人々の身体的（食事，排泄，入浴，洗濯，着脱衣，買物，金銭管理など）や精神的・社会的機能（心理・社会的欲求）の変化に適切に対処し，個々の自立・自己決定を目指すヒューマンサービス」と規定している[4]。

以上の概念をみると，介護の対象になんらかの障害を規定していることがわかる（以上，障害という語の下線は筆者の意図による）。そこで障害の定義についても言及する必要があるが，WHOが2001年に採択した障害者の定義，ICF（International Classification of Functioning, Disability and Health：国際生活機能分類）の概念枠組みを簡単にみていこう。ICFは，健康領域と福祉その他の領域を決定する因子として科学的基盤を表したものである。健康との関連における概念規定をみると，まず身体を機能と構造で構成される有機体としてとらえたうえで，それぞれを対象にした活動，参加の制限や制約と，生活に影響を受ける環境の因子を取り上げて概念枠を構成し，障害は機能障害（構造障害を含む），活動制限，参加制約，さらに背景因子として環境が阻害因子となっている状態に至るすべてを含む包括的な用語としている（figure 5-1）。

これらの科学的に定義された障害についての認識が専門的介護の対象を明確にするには不可欠であるが，それらに加えて，メイヤロフの「ケアの本質」における哲学をはじめさまざまな研究領域での解釈が取り入れられ，「介護」の

専門性についての概念が試みられている状況である。このように専門的「介護」の概念は，従来，素人が行ってきたたんなる身体的なお世話に加えて，家庭介護においても自立や自己決定など福祉的視点を含めた行為として一般に考えられるようになってきていることから，本章における「介護」はもっぱら専門的介護としてとらえていくことにしたい。

(2) 介護の範囲

　専門的介護の範囲を考える際には，あらためて介護と隣接領域の関係をみることが必要となる。まず，看護との関係をみるには，看護師と介護福祉士の業務を比較することが適切であろう。介護福祉士の業務，看護師の業務はそれぞれの法に基づき前述したが，看護師業務として定められている「傷病者若しくは褥婦に対する療養上の世話又は診療の補助を行うこと」を取り上げ，この業務対象において介護との相違点をみると，傷病者つまり病気やケガを負った者と褥婦つまり出産およびその前後にある者を対象としていることである。さらに，診療の補助という医療行為の1つが認められている点である。「療養上の世話」とは「介護」と同じ内容を含むとも考えられるようであるが，最近まで血圧測定などバイタルチェック，点眼・服薬，痰の吸引，尿カテーテル処置など医療行為は介護福祉士には認められていなかった。しかし，在宅療養の高齢者や慢性疾患をもつ人の介護には，これらの医療行為が切り離せない状況があり，2005年，厚生労働省は医政局長名で「体温測定，血圧測定，爪に異常がない場合の爪きりなどの処置は医療行為ではない」という通知を出し，介護業務の範囲が若干広がった。

　介護福祉士と看護師の業務領域を，成清は以下のように図式化して説明している（図表5-2）。看護と共通する「療養上の世話・介助・介護」の他，看護では「診療の補助」があり，介護では「生活援助・相談援助」があげられているが，現代の専門的介護は両領域を包含していくことが求められている。また，「介護とは，身体上または精神上の障害がある者に対し，移動，入浴，排泄，

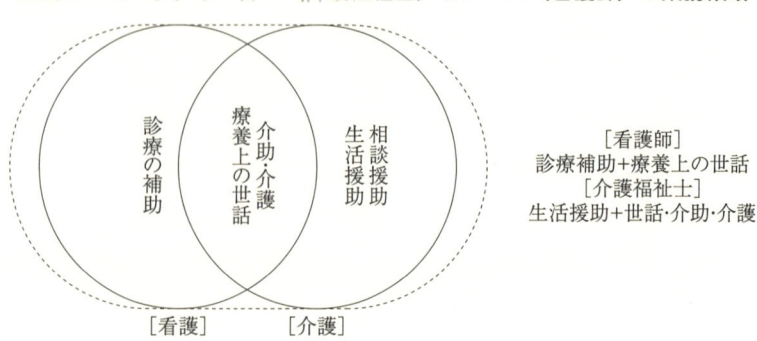

図表5-2　ケアワーカー（介護福祉士）とナース（看護師）の業務領域

［看護師］
診療補助＋療養上の世話
［介護福祉士］
生活援助＋世話・介助・介護

［看護］　［介護］

出所）成清美治『ケアワークを考える』八千代出版，1996年，p.7 一部修正

食事等の生活機能の低下を補う援助をすること。看護と単純に区分できないが，介護はより生活に則し，日常生活を保つために必要な生活機能を直接支える。また相手のもつ能力を最大限生かし，できるだけ自立した生活を営めるよう援助することが望ましい。健康面，医療面について，看護師，医師との連携がかかせない」と専門用語集で説明されている[5]。実際に，両職種の専門性への意識をみると，看護では傷病の治療，健康の維持と予防に焦点をあて，介護では日常生活の維持，回復をめざすといえるのではないか。さらに，傷病の治療や健康の維持，疾病予防，日常生活の維持には，医療，栄養などの隣接領域の業務との連携が欠かせない。

したがって，介護の範囲は入浴，排せつ，食事その他の介護のほかに，以上の認められた看護上の行為，治療のための通院介助も含み，さらに家事援助上対象となる栄養面，環境上の衛生面への関わり，日常生活における社会資源活用をはじめさまざまな相談など心理的関わりを含むといえる。

高齢期に他者の援助を必要とするようになるのは当然であるが，高齢者はかならず病院や施設において介護を受けるわけではない。できるだけ住み慣れた家で自分の生活を続けることができるよう援助していくことが重要である。このような援助ニーズの変化の中で，介護は生活場面において手段的，情緒的にも関わっていく，いわば介助，看護，心理，社会福祉の専門性を混合した特異な1つの領域ということができる。

3 介護の理念と対象

(1) 介護の理念

介護がたんなる身辺のお世話でなく専門的介護であるために，もっとも大切なことはその理念である。専門的介護は人間の生命や生活を対象とした崇高な関わりと業務である。

人間を全体的，主体的，社会的な存在としてみる姿勢，人間に平等に与えられている権利に対する意識，個人の生活を守る責任，個別性を大切にする関わり，人間の基本的な欲求を満たす努力，さらに専門的介護の提供には介護の専門的知識と技術が求められ，介護の科学性が必要とされる。

そこで介護の理念を以下のようにまとめることができる。
① 人権の保障
② ニーズの充足
③ 生活の質の向上

人権とは，人が生まれながらにして有する権利で，基本権ともいわれる。歴史的には国家権力から人間の生命，生活を守ることを保障する権利として誕生したが，国際連合憲章（1945年）で基本的人権と人間の尊厳および価値などに

図表5-3 マズローのヒューマン・ニーズの階層

```
             Need
          for self-
         actullization
        (includes specific
           metaneeds)
         自己実現のニーズ
       (美,真理,正義,善,有意義性
        などを求める上位のニーズ)
      Esteem needs 自尊のニーズ
    Belongingness and love needs
         所属,愛情のニーズ
      Safety needs 安全のニーズ
  Physiological needs 生理的なニーズ(飢え,渇きなど)
```

出所）Ewen, R. B., *An Introduction to Theories of Personality*, Academic Press, 1998.

関する信念が確認された。生来，介護が必要であったり，のちに介護が必要になった人が，人として生命・生活が守られ，人としての尊厳が守られなければならないことはいうまでもない。

ニーズの充足は人間に安心をもたらすものである。マズローは，人間の生命にとって不可欠な「生理的欲求」，生活に必要な「安全の欲求」，人間の存在に必要な「愛情と所属の欲求」「自己評価・自尊の欲求」などの他に，成長に必要な「自己実現の欲求」をあげている（図表5-3）。したがって介護が必要になった人にとっても，生命，生活，存在，成長に係るニーズが満たされるよう援助することが大切である。

生活の質は，QOL（Quality of Life）の訳語として用いられ，生産性や経済力の向上とともに人びとの生活に対する欲求が量から質へ転換する中で注目されるようになった。実際，生活の質は，欲求，意識，行為のみならず，生命，身体にその質を求めるようになり，さらに社会的に望ましい側面，つまり，本質的な豊さの追求にも及んでいる。この生活の質を測るには，主観的側面と客観的側面の両方が必要であることは論議されてきた。生活の質とは，機能的に障害があるからといって必ずしも低いとはいえず，その人の主観的な満足感で測られるものであると同時に，逆にその人は満足していても客観的状況からみれば生命に関わることもある，といった2つの側面から生活の質をみておく必要がある。

また，専門的介護の理念を述べるには，1995年に日本介護福祉士会が制定した介護福祉士の倫理綱領を参照しなければならないであろう。介護福祉という用語で表現されているが，これが介護の理念に置き換えても通じるものであることはいうまでもない。

前文には，「介護福祉ニーズを有するすべての人々が住み慣れた地域におい

て安心して老いることができ、暮らし続けていくことができる社会の実現」とある。そしてそれを支える介護福祉の専門職として、「自らの専門的知識、技術および倫理的自覚をもって最善の介護福祉サービスの提供に努めること」を宣言している。介護福祉士会の倫理綱領は7つの具体的内容を示している。

① 利用者本位、自立支援
② 専門的サービスの提供
③ プライバシーの保護
④ 総合的サービスの提供と積極的な連携、協力
⑤ 利用者ニーズの代弁
⑥ 地域福祉の増進
⑦ 後継者の育成

これらの中で、対象となる者にとって本質的に重要なのは、「利用者本位・自立支援」「プライバシーの保護」「利用者ニーズの代弁」そして「専門的サービスの提供」であろう。

「介護」が広く市場で扱われるようになり、介護サービス提供形態が多様になった現在、介護に関わる者、介護サービスを提供する者は、この理念を実現していくこと、それぞれの法を遵守すること、つまりコンプライアンスの整備が求められている。

(2) 介護の対象

介護を提供する対象は、介護の概念と範囲の項ですでに述べ、繰り返しになるがあらためて介護対象をみていこう。専門的介護の対象は、大きく介護を受ける人そのものと、介護を受ける場所・環境・その他とにわけられる。

たとえば、介護を受ける人は、介護福祉士法にあるように「身体上又は精神上の障害があることにより日常生活を営むのに支障がある者」である。ここでは「生活に支障」があることを介護の対象としていることに注目したい。つまり、「身体上又は精神上の障害がある人」ではなく、「生活に支障がある人」ということが対象となることである。これはICFの障害概念とも共通する点である。生活に支障を来す理由は、病気、事故、老齢などであり、一時的なものから長期的なものもある。福祉制度上では、身体的に虚弱な、または寝たきり高齢者、認知症高齢者、身体障害者、知的障害者、精神障害者などをおもな対象とすることができる。介護保険法や障害者自立支援法によるサービス対象をみると、介護認定を受けた者はすべて対象となる。

また、介護福祉士の業務にみられる「その介護者に対して介護に関する指導を行う」ことからすれば、介護の対象は、家族介護者、その家庭全体も含まれる。さらに、介護を行う場である施設も対象とみることができる。さらに介護を受ける人が居る地域が対象となることも考えられる。

コンプライアンス

企業における法令遵守のことで、介護現場において不正、不祥事、とくに人権侵害の事件が多発する中で、福祉や介護に関わる事業者にも求められるようになった。福祉サービスの運営、経営理念の明確化と具体的サービスの実施、第三者サービス評価を含めてサービス向上と利用者保護を図るものである。

しかし，介護の対象は制度や法に基づいて限定されるものではなく，主観的，客観的ニーズによって対象をとらえる広い認識と柔軟な視点が必要である。

4 介護の社会問題

(1) 人材の問題

　高齢者の介護問題は2つの側面をもっている。まず，高齢者自身の問題である。加齢により健康レベルが低下し疾病や事故等による身体的障害が起き，自立生活が困難になり他者の介護を必要とすることが多くなる。また，医療技術や生命維持の機器は発達したものの，生活不活発病（廃用）症候群により状態が重度化，長期化することから介護の対象となる。また平均寿命の伸びにより身体機能ばかりでなく，認知症に代表される精神的変化による介護問題も起こる。もう1つは，介護者の問題である。家族介護力の低下，他者からの介護が得られない状態や介護の物理的環境の不備などによる問題である。つまり必要な介護が十分受けられない状況が問題となる。それは家族機能の変化，地域社会の変化，また社会構造の変化がもたらす問題であって，高齢者自身やその生活環境を変えるだけでは解決できない社会全体の問題である。これが介護の社会化という大きな問題として20世紀後半に出現し，21世紀の課題として今も引き継がれている。

　介護が社会的な問題となり，現在は，専門的援助の対象となってきたが，「看護」の専門性確立の歴史に比べて「介護」「介助」が非専門的で日常的な行為として用いられていた時代は，家族内や家庭内で，あるいは一部，医療や福祉施設等の専門機関で提供されていたにすぎない。その後，高齢者の介護は，たんに家族間介護ではなくなり，社会的介護として解決していかなければならない問題となった。社会保障の見直しとともに，介護サービスのあり方も公的サービスから社会保険システムへの移行，また介護サービスの提供は公的な機関から民間機関をも含む大きな介護サービス市場へと変容していく。

　かつて介護が家族外に求められるときに，それを担うのはホームヘルパー，家政婦，看護師などであった。当初，ホームヘルパーや家政婦は家事を手伝う部分が大きく，次第にその状況にともなって身体的介助を含むことも必要とされ始めて，その専門的な援助は看護領域にも及ぶようになってきた。介護を職業としている者を，従来おもに「寮母」「家庭奉仕員」とよんでおり専門職研修は統一していなかった。しかし，「社会福祉士及び介護福祉士法」に基づき，介護福祉士養成教育施設ができ，また介護実務経験者が国家試験を受けて取得できる途ができてから，現在，「ケアワーカー」「ケアスタッフ」「ホームヘルパー」とよばれるようになり，社会的に認知される職業となった。さらに，介護に携わる者に国家資格「介護福祉士」有資格者が増加している。

このように介護ニーズの増加とともに施設，居宅とも介護サービス提供の現場は増加を続けており，介護に従事する人材の需要は高い。しかし，介護に従事する者にとって職場の労働条件は必ずしも整っていない現状があり，つねに人材の確保が深刻な問題となっている。このような中，経済協力連携（EPA）の政府提携が進み，海外から外国人介護士の導入が始められた。2008年8月にはインドネシアから，また2009年にはフィリピンから介護職を受け入れることになった。介護専門職の量的，質的な向上をめざして専門性の確立が進められる一方で，外国人介護職への研修や養成，受け入れ体制も大きな課題となっている。

外国人介護士
日本政府の経済協力連携の一環として，外国人労働者を介護現場に導入したものである。現在，インドネシアに続きフィリピンとの提携がすすみ，2009年から受け入れが始まった。3年間の日本での実務経験の後に介護福祉士の国家資格取得への途が開かれているが，異なる言語，文化，教育背景がどのように生かされるか課題も多い。

(2) 高齢者の尊厳を支える介護

高齢社会の到来とともに，また現代社会の価値・倫理により高齢者への見方は大きく変わり，「老人」という用語は「高齢者」と置き換えられることが多くなった。その理由としては人生の先輩である者への敬意を意識するようになったといえる。また近年，加齢や疾病から生じる認知障害の状態を「痴呆症」から「認知症」とよびかえることになったことも，人権や尊厳の観点からである。このように，あたりまえのように用いていた表現や社会対策が根本から見直されるようになってきた。

1989（平成元）年に策定されたゴールドプラン（高齢者保健福祉推進十ヵ年戦略），その見直しの1994（平成6）年新ゴールドプランは，きたるべき介護ニーズに対応する施設サービスおよび在宅サービスの目標を掲げたものであったが，続いて21世紀に向けて，2004（平成16）年度末を期限とした5ヵ年施策の「ゴールドプラン21」では，基本的な目標を以下のようにあげた。

① 活力ある高齢者像の構築
② 高齢者の尊厳の確保と自立支援
③ 支え合う地域社会の形成
④ 利用者から信頼される介護サービスの確立

21世紀の福祉を「人間の尊厳」に掲げる背景には，専門的機関であれ，個人の関わりであれ，人権を侵す社会問題がおきていることがある。とくに高齢者分野においては，介護サービスは介護保険制度によって大きな変革があり，利用者が介護サービスを契約するシステムになり，サービス提供者には民間事業者が参入することになった。このあたらしい制度を社会的に認知し承認するには，まず利用者の尊厳と人権を保障する基盤を整備することが必要であった。介護保険法の制定とともに，介護における身体拘束を禁止する，社会問題となっている高齢者虐待においては高齢者虐待法ができるなど法制においても尊厳に関していくつかの規定を設けることになった。

まず，尊厳を支える介護をめざす課題のひとつである身体拘束についてまと

身体拘束
介護上の危険を防止する目的で行われていた拘束や抑制のことである。介護保険制度発足と同時に，緊急かつやむを得ない場合を除き全面禁止となり，拘束廃止の取り組みを展開しているが，現実的には完全に廃止できない状態がある。拘束は本来，介護の質の向上をめざすためのものであるが，それが過度になれば虐待にもつながる問題として，今も重要課題となっている。

めてみよう。平成12年，厚生労働省に「身体拘束ゼロ作戦推進会議」を設け，平成13年3月に介護保険指定基準において禁止の対象となる具体的な行為11項目をまとめた。

　①徘徊しないように，車いすやいす，ベッドに体幹や四肢をひも等で縛る。
　②転落しないように，ベッドに体幹や四肢をひも等で縛る。
　③自分で降りられないように，ベッドを柵（サイドレール）で囲む。
　④点滴・経管栄養等のチューブを抜かないように，四肢をひも等で縛る。
　⑤点滴・経管栄養等のチューブを抜かないように，または皮膚をかきむしらないように，手指の機能を制限するミトン型の手袋等をつける。
　⑥車いすやいすからずり落ちたり，立ち上がったりしないように，Y字型抑制帯や腰ベルト，車いすテーブルをつける。
　⑦立ち上がる能力のある人の立ち上がりを妨げるようないすを使用する。
　⑧脱衣やおむつはずしを制限するために，介護衣（つなぎ服）を着せる。
　⑨他人への迷惑行為を防ぐために，ベッドなどに体幹や四肢をひも等で縛る。
　⑩行動を落ち着かせるために，向精神薬を過剰に服用させる。
　⑪自分の意思で開けることのできない居室等に隔離する。

　この11項目の提示とともに，全国の介護保険施設では，地域への啓発活動および職員研修を行い，拘束廃止への取り組みが行われている。これにともない安全を確保するための代替方法や環境の改善，また緊急かつやむを得ない状況の適切な把握について工夫・努力がなされ，身体拘束の項目の全廃をめざしているが，簡潔にいえば，この11項目を次のようにまとめ，これらの行為をしているかを見直すことから拘束をなくすことが考えられる。つまり，

　①縛る，固定する・・・ひも，ベルト，車いす
　②包む，囲む・・・・・手袋，つなぎ服，ベッド柵，車いすテーブル
　③隔離する・・・・・・居室，施設ドアの施錠
　④強要する・・・・・・薬の服用，食事提供，生活時間[6]

　このような取り組みをとおして身体拘束ばかりでなく，精神的な拘束も人間の尊厳に関わる重要な問題点であることをあらためて意識する中で，ようやく施設ケアのあり方の検討や人権教育の徹底が叫ばれるようになってきた。

　北欧スウェーデンでは，高齢者介護が公から民へ移行する動きが盛んになった頃，営利を目的とした民間事業者に委託した施設における高齢者への介護サービスの劣化が社会問題となった。その問題を取材したマスコミに対して，准看護師のサラが施設内の実態を告発をしたことからサラは職場を解雇された。この問題は国民的関心を高め，高齢者の人権の保護と介護の質を維持向上するために，施設職員が虐待に関して通報することがあっても解雇されないように保障する「サラの法律」が制定されたことは注目すべきことであった。

日本においても，重度の要介護状態や認知症高齢者のさまざまな行動による介護負担から，家族や介護職員が不当な対応をする虐待が大きな問題となっている。そうした中，尊厳を支える介護と高齢者虐待問題に関心が寄せられるようになり，高齢者虐待防止のための法律が制定された。この法律は，高齢者保護をするのみではなく，虐待の要因や虐待に至る背景を常に理解し防止策を図ることをめざした点，介護に関わる職員の意識を保持させるために職員の内部告発をとおして虐待防止を図ろうとする点などにおいて画期的な法である。これからますます介護負担が増加し家族間の介護が確保できない時代，また介護サービスが民間事業者に拡大していく時代にあって，この法律が高齢者の尊厳ある介護を保証していくものでなければならない。

　介護の理念で述べたように，専門的介護を提供する者はその理念に基づいて実践を追求していく義務がある。また，介護保険法やその他の法律を遵守し，その業務，義務を果たしていくべくコンプライアンス体制の確立がこれからの介護福祉現場の課題であろう。

注
1) 西尾祐吾「介護とは」介護福祉学研究会監修『介護福祉学』中央法規，2002年，p.12, 17, 18
2) 成清美治「介護の概念」糸川嘉則総編集『看護・介護・福祉の百科事典』朝倉書店，2008年，pp.346-347
3) 神垣真澄「介護負担」『現代福祉レキシコン』雄山閣出版，1993年
4) 成清美治『新・ケアワーク論』学文社，2003年
5) 古川孝順他『社会福祉・介護・福祉士のための用語集』誠信書房，1997年
6) 峯本佳世子「高齢者の尊厳と人権」浅野仁監修『福祉実践の未来を拓く』中央法規，2008年

参考文献
古川孝順・佐藤豊道編著『介護福祉（改訂版）』有斐閣，2001年
メイヤロフ, M.著／田村真・向野宣之訳『ケアの本質』ゆみる出版，1987年
上野千鶴子他編著『ケア　その思想と実践第2巻　ケアすること』岩波書店，2008年
丹羽國子・山田薙夏『ICFに基づく介護概論』アリスト，2003年
中井久子「海外コラム　外国人介護士」浅野仁監修『福祉実践の未来を拓く』中央法規，2008年
杉本敏夫・島津淳編著『介護福祉論』ミネルヴァ書房，2002年
笠原幸子「介護と看護」『看護・介護・福祉の百科事典』朝倉書店，2008年
老人保健福祉法制研究会編『高齢者の尊厳を支える介護』法研，2003年
厚生労働省・身体拘束ゼロ作戦推進会議『身体拘束ゼロへの手引き』2001年

> **プロムナード**
>
> 高齢者の介護問題は大きな転換期にあります。まず介護保険制度後5年の見直しを終え，またあらたな改正が予定されています。介護認定の見直し，介護報酬の改定，介護負担の見直し，新しい介護サービスが展開されます。同時に，介護現場では身体拘束の問題に加えて高齢者虐待が大きな問題となっています。介護保険制度の改正では，介護予防や高齢者虐待を扱う地域包括支援センターを設置し，そこで保健師，社会福祉士，主任ケアマネジャーが介護全体を支援しています。いかに利用者主体の介護予防と高齢者虐待の早期発見に努めることができるか，さらに，介護の現場に海外から外国人介護士が参入する中で，介護理念をどのように遂行していくかが課題です。これから高齢者の尊厳を守る介護サービスの提供が確立されていくかどうかが問われます。

学びを深めるために

上野千鶴子・大熊由紀子他『ケア　その思想と実践第3巻　ケアされること』岩波書店，2008年

　『ケア　その思想と実践』の全6巻シリーズのうちの1冊である。現代社会で大きな問題となっているケアに関する論考を，さまざまな研究領域から著述したものであるが，とくにケアされる立場で書かれた本書は，介護を学ぶものに必読の書である。

成清美治『新・ケアワーク論』学文社，2003年

　介護に関する専門的研究として「ケア」の理論化を試みた書である。介護を歴史的，哲学的に追究し，現代社会でもとめられている介護の社会化を社会福祉の一領域に位置づける必要が理解できる内容である。

介護と看護の相違点をあげて，その違いの背景について考えてみましょう。

福祉の仕事に関する案内書

福祉士養成講座編集委員会編『介護概論（第4版）』中央法規，2008年

上野千鶴子・大熊由紀子他編著『ケア　その思想と実践第5巻　ケアを支えるしくみ』岩波書店，2008年

第6章

介護予防

第6章 介護予防

1 介護予防の基本的考え方

　人間は年齢を重ねるとともに生理的機能（呼吸機能，神経・筋活動，循環機能等）が衰え，日常における生活動作が低下する。介護予防はこのような老化による運動機能の低下を防止することにより，健康な老後の生活を送ることができるようにするのが目的である。

　介護予防の意味するところは，①高齢者が要支援や要介護状態にならないようにすること（要介護発生の予防），②高齢者が要支援・要介護状態になっても，それ以上悪くならない現状維持すること（維持・改善）である。

　介護を予防するためには毎日の生活習慣の改善（食生活の改善，適度な運動，ストレスの解消等）が必要であるが，より重要なことは，高齢者が「生きがい」をもって日々の生活を送ることができることである。このことが自己実現の達成となり，結果的に生活の質（QOL）を高め，介護予防につながるのである。このように介護予防とは高齢者の人格・人権を尊重し，日常生活において自立した生活が送れるように援助することである。

　すなわち，介護予防の目的は要支援・要介護（介護保険の対象となる）になるのを防止するというだけではなく，要支援・要介護状態になっても，身体的・生活的機能の衰退・低下をできるだけ防止することによって，「健康」で生きがいのある生活を可能とすることにある。

> **介護予防**
> 人間は年齢を増すとともに生理機能が衰え，生活動作が低下する。このような老化による運動機能の低下を防止し，健康な老後の生活を送れるようにするのが介護予防の目的である。つまり，高齢者が要介護状態にならないようにすることと，要介護状態となっても，より重度化しないようにすることである。

2 介護保険制度の改正と介護予防

　介護保険制度は，「いつでも」「どこでも」「だれでも」というキャッチフレーズのもとで2000（平成12）年4月に高齢者の介護を社会的に支えるシステムとしてスタートした。

　その目的は，福祉分野あるいは医療分野の介護サービスを統合し，保健・医療・福祉の協働化にあると同時に「私的介護」（家庭内介護）から「公的介護」（社会的介護）への転換にあった。

　しかし，当初の目的とは裏腹に在宅サービスを利用している要支援，要介護1の人びとの重度化が厚生労働省の調査（「介護給付費実態調査結果」2004年12月7日）によって明らかとなった。この結果を見て厚生労働省は当時の家事援助（現・生活援助）が要支援・要介護1の人びとの身体機能を低下させているとし，介護保険制度における介護予防の視点の必要性を指摘した。こうした結果と介護保険法施行後5年後の見直しを行うとした規定（介護保険法附則第2条）を踏まえて，「介護保険法等の一部を改正する法律」（以下，同法等改正）が2005（平成17）年6月に成立した。

　今回の改正の趣旨は持続可能な介護保険制度を構築するとともに要介護状態

2. 介護保険制度の改正と介護予防

図表6−1 介護保険制度の全体像

見直しの基本的視点

- 明るく活力ある超高齢社会の構築
- 制度の持続可能性
- 社会保障の総合化

見直しの全体像 ※施行:平成18年4月(ただし施設給付の見直しについては平成17年10月施行)

課題	見直し項目	内容
軽度者(要支援・要介護1)の大幅な増加／軽度者の状態像を踏まえた介護予防の重視	1 予防重視型システムへの転換	(1)新予防給付の制度 ○軽度者の状態像を踏まえ,現行の予防給付の対象者,サービス内容,ケアマネジメント体制を見直し ○新予防給付のケアマネジメントは,「地域包括支援センター」が実施 (2)地域支援事業の創設 ○要支援・要介護になるおそれのある高齢者を対象とした効果的な介護予防事業を,介護保険制度に位置付け
在宅と施設の給付と負担の公平性／介護保険と年金の調整	2 施設給付の見直し	(1)居住費・食費の見直し ○介護保険3施設の居住費(ショートステイは滞在費)・食費,通所サービスの食費を保険給付の対象外に (2)所得の低い人に対する配慮 ○所得の低い人の施設利用が困難にならないよう,負担軽減を図る観点から新たな補足給付を創設
認知症高齢者や一人暮らし高齢者の増加／サービス体系の見直しと地域包括ケア／中重度者の支援強化,医療と介護の連携	3 新たなサービス体系の確立	(1)地域密着サービスの創設 ○地域の特性に応じた多様で柔軟なサービス提供が可能となるよう,「地域密着型サービス」を創設 (2)居住系サービスの充実 ○特定施設の拡充 ○有料老人ホームの見直し (3)地域包括ケア体制の整備 ○地域の中核機関として,「地域包括支援センター」を設置 (4)中重度者の支援強化,医療と介護の連携・機能分担
サービスの質の確保が課題／サービスの利用者による選択と専門性の向上／実効ある規制ルール／ケアマネジメントをめぐる問題	4 サービスの質の確保・向上	(1)介護サービス情報の公表 ○介護サービス事業者に事業所情報の公表を義務付け (2)サービスの専門性と生活環境の向上 ○訪問介護における専門性の向上とユニットケアの推進等 (3)事業者規制の見直し ○指定の欠格事由の見直し,更新制の導入等 (4)ケアマネジメントの見直し ○ケアマネジャー資格の更新制の導入,研修の義務化 ○ケアマネジャー標準担当件数の引き下げ,不正に対する罰則の強化等
保険料設定における低所得者への配慮／公平・公正な要介護認定／市町村の保険者機能の発揮	5 負担の在り方・制度運営の見直し	(1)第1号保険料の見直し ○負担能力をきめ細かく反映した保険料設定に ○特別徴収(年金からの天引き)の対象を遺族年金,障害年金へ拡大 (2)要介護認定の見直しと保険者機能の強化 ○申請代行,委託調査の見直し ○事務所への調査権限の強化と事務の外部委託等に関する規定の整備 (3)費用負担割合等の見直し ○介護保険施設等の給付費の負担割合の見直し ○特定施設の事業者指定の見直し
	6 被保険者・受給者の範囲	社会保障に関する制度全般についての一体的な見直しを併せて検討を行い,平成21年度を目途として所要の措置を講ずるものとする。

出所)社会保障入門編集委員会編『社会保障入門(2007)』中央法規, 2007年, p.50

になった高齢者の尊厳を保持し，その有する能力に応じ自立した日常生活を営むことができる社会の実現に介護保険制度が貢献することであり，2006年4月1日に施行された。介護保険制度改革のポイントは，高齢者が地域で健康で自立した生活を送ることができるよう予防重視型システムの導入と現行制度の諸改革にある。同法等改正の要点を示すと以下の通りである。①予防重視型システムへの転換，②施設給付の見直し（2005年10月より「食費及び居住費に係る保険給付の見直し」が実施される。ただし，低所得者への配慮あり），③新たなサービス体系の確立（地域密着型サービスの創設，地域包括支援センターの創設，居住系サービスの充実），④サービスの質の確保・向上（情報開示の標準化，事業者規制の見直し，ケアマネジメントの見直し），⑤負担のあり方，制度運営の見直し（第1号保険料の見直し，要介護認定の見直し，市町村の保険者機能の強化），⑥老人福祉法の一部改正，⑦生活保護法の一部改正等となっている（詳しくは第10章参照）。

同法等の改正にあたり，従来の介護予防から具体的な予防重視型システムが導入されることとなった。そこで，介護予防と関連する内容について検討する。

第1は，新予防給付の創設である。従来，介護保険の給付の対象者は，要支援と要介護1・2・3・4・5の計6区分であった。しかし，今回の改正では要介護区分に変更があり，現行の要介護1が従来の介護給付サービスの対象である要介護1と介護給付対象外となる要支援2に分類され，計7区分となった。そして，同じく従来の要支援が要支援1となり，要支援2と同様，介護給付外となり，新たに設けられた介護予防サービス（新予防給付）の対象となる。この判断基準は要介護認定において心身の状態（除外対象となるのは主治医の意見書に基づいた認知症，末期がん，脳卒中，骨折，進行性の神経難病等となっている）をチェックして，要介護1と要支援1・2に区分される。また，同法等改正では要支援以外を「要介護状態」とし，介護予防に特に資する支援を要する状態を「要支援状態」と規定した。そして，この区分は，改定された要介護認定の74項目によって判定される。

第2は，地域支援事業等である。この事業には，(1) 地域支援事業の創設，(2) 地域包括支援センターの創設がある。

まず，(1) 地域支援事業（図表6-2）であるが，この事業の創設の意義は，現行の老人保健事業，介護予防・地域支え合い事業を見直し，効果的な介護予防サービスを提供するところにあるが，その目的は要介護状態等を予防することにある。そして，要介護状態になった場合も可能な限り，居住地域で自立した生活を営むことができるよう支援することとなっている。その事業内容は，ア．介護予防事業（介護予防サービス事業及び地域密着型介護予防サービス事業に該当しないもの）等，イ．包括的支援事業，ウ．任意事業となっている。厚生労働省「介護保険制度の全体像―持続可能な介護保険制度の構築―」（平成16

介護予防・地域支え合い事業

介護保険制度の円滑な運営を行うため，①高齢者等の生活支援事業，②介護予防・生きがい活動支援事業，③家族介護自立支援事業等を目的とした介護予防・生活支援事業が2000年4月よりスタートした。その後，2003年4月より，介護予防・地域支え合い事業となり，再スタートした。なお，介護保険法の改正により，新たな地域支援事業が導入されたため，同事業は廃止されることとなった。

2. 介護保険制度の改正と介護予防

図表6-2　高齢者にかかる事業の関連性概要図

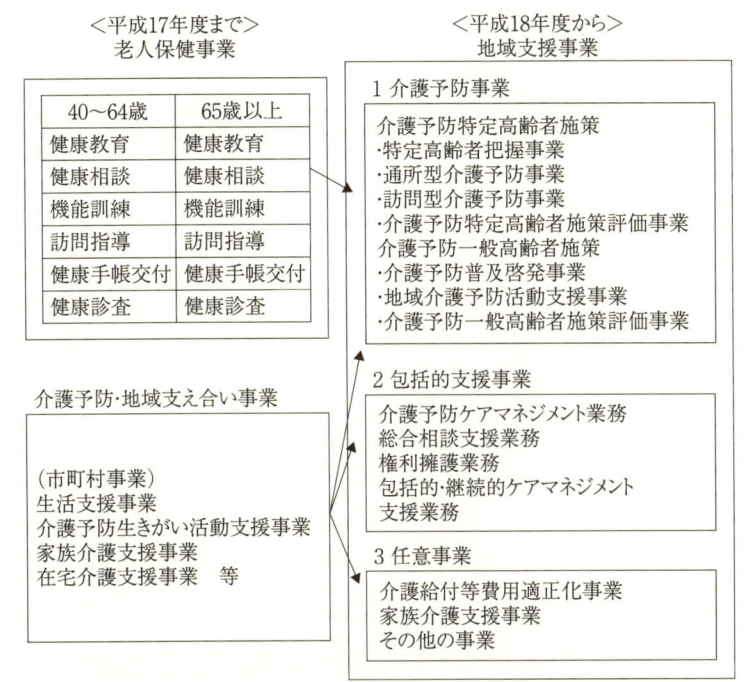

<平成17年度まで>
老人保健事業

40～64歳	65歳以上
健康教育	健康教育
健康相談	健康相談
機能訓練	機能訓練
訪問指導	訪問指導
健康手帳交付	健康手帳交付
健康診査	健康診査

介護予防・地域支え合い事業

（市町村事業）
生活支援事業
介護予防生きがい活動支援事業
家族介護支援事業
在宅介護支援事業　等

<平成18年度から>
地域支援事業

1 介護予防事業
　介護予防特定高齢者施策
　・特定高齢者把握事業
　・通所型介護予防事業
　・訪問型介護予防事業
　・介護予防特定高齢者施策評価事業
　介護予防一般高齢者施策
　・介護予防普及啓発事業
　・地域介護予防活動支援事業
　・介護予防一般高齢者施策評価事業

2 包括的支援事業
　介護予防ケアマネジメント業務
　総合相談支援業務
　権利擁護業務
　包括的・継続的ケアマネジメント
　支援業務

3 任意事業
　介護給付等費用適正化事業
　家族介護支援事業
　その他の事業

注　1）65歳以上の健康手帳交付と健康診査は、平成19年度まで、老人保健事業で実施。なお、65歳以上の健康診査とともに、平成18年度からは生活機能評価が追加実施されている。
　　2）詳細な関連事業区分別の地域支援事業への移行については、図4参照。
出所）厚生統計協会編『国民の福祉の動向』2007年、p.117

年12月22日）によると、現時点での介護予防事業のスキームは、まず最初に、地域の高齢者を虚弱高齢者（地域の医療機関からの連絡、市町村の保健活動、地域包括支援センターの窓口相談、要介護以外の高齢者）とその他の高齢者に分類する。つづいて、虚弱高齢者に対しては生活習慣病予防・介護予防健診を実施し、その上、高齢者を3つに分類し、最も適した介護予防を実施する。それは①ポピュレーション・アプローチに基づく事業（要介護状態のリスクが否定できない一般高齢者）、②ハイリスク・アプローチに基づく事業（生活機能の低下が認められる高齢者）、③要介護状態にある高齢者、である。これらの高齢者に対して、其々の状態（要介護状態にない高齢者、要介護状態にある高齢者）に応じたサービスメニューを提供することにより、介護予防の理念に基づいてサービスが提供されることになる。また、その他の高齢者に対しては、市町村が地域においてそれぞれの高齢者ごとに活動を推進することとなっている。

　つづいて、(2) 地域包括支援センターの役割についてである。同センターは包括的支援事業等を実施する中核的センターとなる。同センターの役割は介護予防プランの作成のみならず、高齢者が地域で生活する上で起りうる問題点を解決する相談業務（高齢者虐待、介護者の問題等）を併せ持っており、保健（保健師等）と福祉（社会福祉士）の連携の場となっている。この両者が業務に

おいて，密接な連携を形成・維持することが効果的な介護予防に繋がるのである。すなわち，保健の目標は疾病予防であり，福祉の目標は生活援助であるが，同センターはプライマリ・ヘルスケア（PHO）とは全く同意ではないが，今日では医療だけでなく，予防，福祉をも含む概念であることを鑑みた場合，同センターの機能はその一翼を担っていると考えることができる。

同センターの設立は各市町村となっており，地域介護の拠点としての役割が期待されている。

ここで，注視すべきことは要支援1・2の人びとに対する介護予防サービスである。現時点では，①介護予防訪問介護，②介護予防訪問入浴介護，③介護予防訪問看護，④介護予防訪問リハビリテーション，⑤介護予防居宅療養管理指導，⑥介護予防短期入所生活介護，⑦介護予防特定施設入居者生活介護，⑧介護予防福祉用具貸与及び特定介護予防福祉用具販売等が挙げられている。そして，介護予防サービスの主なメニューは，①筋力トレーニング，②転倒・骨折予防，③低栄養予防，④口腔ケア，⑤フットケア等である。これらは基本的メニューであるが，介護予防の基本的考え方として，辻一郎（公衆衛生学）は次のように指摘している。①有効なものとして，筋トレ，転倒・骨折予防，口腔ケアによる肺炎予防の3つで，世界的にも十分評価が確立している。また，介護予防の運動トレーニングを始めるにあたり，手遅れとなるような年齢あるいは機能レベルなど，そういったものは一切ない。②「効果は期待されるが，まだ十分なエビデンスが集積されていないもの」としては，高齢者総合機能評価（お達者検診・寝たきり予防健診）や，ひきこもり対策，うつ高齢者の治療が挙げられる。また，③「介護予防どころか，要介護発生を促進しかねないもの」がいくつかある。それは，家事支援ホームヘルプであり，本人の自立を支援する本来の目的が，過剰な家事サービスの提供によって，かえって利用者の依存性をうみだすという皮肉な結果を生み出している。配食サービスも同様である。また，デイサービスは非常によい機会だが，実は座りきりになっていることが非常に多くなっている（「介護保険情報」社会保険研究所，2004年11月号）。このように介護予防に効果のあるサービスと逆効果になるサービスが分析されている。今後，このエビデンスを踏まえて，効果的な介護予防サービスを実施して行く必要がある（詳しくは，第12章参照）。

第3は，新たなるサービス体系の1つとして，身近な地域でサービスを享受することができる地域密着型サービスの創設である。同法等改正の第2の5「地域密着型サービス」で，同サービスとは，①夜間対応型訪問介護，②認知症対応型通所介護，③小規模多機能型居宅介護，④認知症対応型共同生活介護，⑤地域密着型特定施設入居者生活介護及び地域密着型介護老人福祉施設入所生活介護等であると規定している。同サービスの費用負担に関して，市町村は同地域に居住する要介護被保険者が指定地域密着型サービス事業者から地域密着

型サービスを受けた場合，そのサービス費を支給するとしている。また，業者指定権・監督の権限は市町村が有することになっている。

このサービスの特徴は居住地域でのきめ細かな24時間対応の生活支援にあるが，運営基準，報酬，利用者負担等については市町村にその決定権が委ねられている。以上のように今回の同法等改正案の目的を再確認すると「新予防給付」と「地域支援事業」を設けることによって，継続性のあるトータル的な介護予防システムを構築することである（詳しくは第10章参照）。

3 介護予防の必要性

（1）介護保険制度と介護予防

介護予防が必要とされるようになった背景として，すでに述べたように次のことがあげられる。

第1に，これまでの介護予防事業が，十分な効果をあげていたとはいえないことである。介護保険制度では，要介護の人には介護給付としてのサービスを，要支援の人には予防給付としてのサービスが提供され，予防給付のサービスでは，介護予防と自立支援に資するサービスを提供することとされてきた。しかしながら実際は，介護給付として重度の人に提供されるサービスと大きな違いはなく，介護予防への取り組みをふまえたサービスが行われてこなかったことが明らかとなってきた。

第2に，要支援，要介護1といった，軽度者の増加がいちじるしいことである。介護保険制度施行後5年間で，要支援者は制度施行時の2倍，要介護1も2倍近くの数となっている。要介護2～5が，1.2倍～1.5倍までであるのに比べると，その伸びは顕著である。

これらの状況より，2005年に改正された介護保険法では，要支援1（従来の要支援）と要支援2（従来の要介護の一部）に対して新予防給付が，さらに，要支援，要介護状態になるおそれがある高齢者に対しては，地域支援事業による介護予防を行うこととなった。

（2）高齢者一人ひとりのために

介護予防は，介護保険制度の柱となってはいるが，高齢者一人ひとりの生活にとっても重要であることはいうまでもない。

そもそも介護保険法では，「国民の努力及び義務」として，次のように定められている。

国民は，自ら要介護状態となることを予防するため，加齢に伴って生ずる心身の変化を自覚して常に健康の保持増進に努めるとともに，要介護状態となった場合においても，進んでリハビリテーションその他の適切な保健医療サービ

ス及び福祉サービスを利用することにより，その有する能力の維持向上に努めるものとする（介護保険法第4条第1項）。

これより，介護予防は，私たちが自ら自覚し，努力するものとされていることがわかる。「介護予防」という言葉は，介護保険制度やサービスの中でよく使われているため，制度やサービスの中で取り組まれているもの，ととらえてしまうかもしれない。しかしながら，制度やサービスの前に，個人の自覚と努力も大切であることを認識する必要がある。元気であっても，要支援・要介護状態であっても，その人の持っている能力を維持，もしくは向上させるように努めるということである。

個人の自覚や努力といっても，具体的な内容は，個々人でさまざまである。また，人によっては，介護予防に努めていると自覚していなくても，結果的には介護予防になっている，ということもある。

大切なのは，自分の望む生活について，具体的に意識することである。その状態に近づくために課題があるのであればそれは何か，どのようにすれば解決の方向が見えてくるのか，ということである。つぎにこれまでの介護予防対策の経緯についてみることにする。

4 介護予防対策の経緯

これまでの介護予防対策の経緯であるが，まず，介護保険制度と介護予防の関係についてみることにする。「介護保険法」第62条に「市町村は，要介護被保険者又は居宅要支援被保険者（以下「要介護被保険者等」という）に対し，第2節の保険給付のほか，条例で定めるところにより，市町村特別給付を行うことができる。」とある。これは，介護保険制度の対象でないサービス（配食サービス，移送サービス等）を意味するが，各市町村が介護予防に力を入れることにより，保険財政を安定化させる効果があることを示唆している。また，「介護保険法」第175条には介護方法の指導，予防に必要な事業，市町村直営介護サービス事業運営のための事業，利用者負担に対する資金貸付事業等が定めてある。これらの事業は保健福祉事業として，介護予防の視点から，各市町村が要支援・要介護者以外にも実施することができるようになっている。この2点が介護保険制度と介護予防の関連性であるが，次に老人保健法と介護予防の関係を見ることにする。老人保健法のもとでの，老人保健事業（医療以外）の内容は，①健康手帳の交付，②健康教育，③健康診査，④機能訓練，⑤訪問看護等の実施，等に基づいて介護予防対策を実施している。ところで，介護予防対策の目的は介護を必要とする人びとをつくらないことであるが，そのためには「健康」であることが大前提となる。健康増進をめざして2000（平成12）年度から2010（平成22）年度の10年間にわたって，国民の健康づくり対策を実施

してきたのが,「健康日本21」である。また,介護予防・生活支援事業(平成15年度に介護予防・地域支え合い事業に名称変更,なお,平成18年度に地域支援事業が創設されたため,この事業は同年に廃止された)として,①市町村事業(生活支援事業,介護予防事業,家族介護支援事業),②都道府県・指定都市事業,③老人クラブ活動始業等が実施されてきた。この事業の目的は高齢者の要介護状態を防止するため市町村を中心に高齢者の介護予防・生活支援対策を行うことで

図表6-3 「介護予防事業」の変化

【介護保険法の改正・施行前】

老人保健事業(医療保険) (1983年度施行)	介護予防・地域支え合い事業 (2000年度創設・注)	在宅介護支援センター運営事業 (2000年度創設・注)
実施主体:市町村(保健センターや保健所) 対　象:40歳以上の住民 内　容:健康診査,健康手帳の交付,健康教育・相談,機能訓練,訪問指導等 財　源:国,都道府県,市町村が各1/3	実施主体:社会福祉協議会や在宅介護支援センター 対　象:介護保険対象外の要援護高齢者,独り暮らし高齢者,家族介護者ら 内　容:配食サービス,転倒予防,閉じこもり予防,筋力向上トレーニング,生きがい活動支援等 財　源:国1/2,都道府県・市町村各1/4	実施主体:市町村(社会福祉法人,医療法人等に委託可能) 内　容:在宅介護の総合的相談や介護予防等 「地域型」は介護予防事業等を実施 「基幹型」(人口10万人に1カ所めどに設置)は地域ケアの総合的な調整

↓このうち65歳以上　　2006年4月以降　　↓

地域支援事業(地域包括センターで実施)

1.介護予防事業
　介護予防特定高齢者施策
　　①65歳以上の全住民を対象に健康診査(スクリーニング)
　　②要支援・要介護になる可能性がある高齢者を対象に運動機能の向上,栄養改善,閉じこもり予防等
　　(その他の65歳以上の5%程度)
　介護予防一般高齢者施策
　　介護予防の普及・啓発,ボランティアらの予防活動等

2.包括的支援事業
　　①要支援・要介護を防ぐ介護予防事業マネジメント
　　②総合相談・支援事業・権利擁護事業
　　③包括的・継続的マネジメント事業
　　(ケアマネの支援やそのネットワーク作り等)

3.任意事業
　家族介護支援事業や介護給付費適正化事業

財源　介護予防事業では
　　第1号保険料(19%)第2号保険料(31%)と公費(国25%,都道府県,市町村は各12.5%)で折半
　　包括的支援事業・任意事業では
　　第1号保険料(19%)と公費(国40%,都道府県20.25%,市町村20.25%)

注)「介護予防・地域支え合い事業」は03年度からの名称,02年度までは「介護予防・生活支援事業」。
出所)宮武　剛『介護保険の再出発』保健同人社,2006年,p.112

ある。ただし，「高齢者の医療の確保に関する法律」(2006)の制定(2008年4月より実施)により，「老人保健法」は廃止されたため，保健事業は「健康増進法」(2000)に引き継がれることとなった。

最後は，介護予防・地域支え合い事業あるいは在宅介護支援センター運営事業と介護予防の関係である。前者の実施主体は社会福祉協議会や在宅介護支援センターであり，その対象は介護保険対象外の要援護者，独居の高齢者，家族介護者であり，その内容は配食サービス，転倒予防，閉じこもり予防，筋力向上トレーニング，生きがい活動支援等である。これに対して後者の実施主体は市町村(社会福祉法人，医療法人等ら委託可能)で，その内容は在宅介護の総合的相談や介護予防等であった。具体的には「地域型在宅介護支援センター」は介護予防事業，「基幹型在宅介護支援センター」は地域ケアの総合的な調整となっていた。

以上のように介護基盤の整備とこれまでの介護予防の経緯について明らかにしてきたが，これらの諸施策・事業は各自治体に対して介護のあり方を示唆し，地域住民を対象にした「介護の予防」を担ってきた。しかし，介護予防に関する諸サービスが介護の予防に対してあまり効果的ではなかった。今後の課題として，①利用者のニーズに適したケアマネジメントの作成，②利用者自身の介護サービスに対する依存性，③適切な福祉用具の貸与，④訪問介護の問題—過剰な生活援助をしない，⑤通所サービスの問題—個人的ケアの実施等を指摘することができる，があげられる。なお，介護保険法の改正・施行前の介護予防事業の変化は図表6－3の通りである。

5　今後の介護予防対策

「介護保険法等の一部を改正する法律」(2005)のポイントは地域を中心とした介護サービスの実施であり，その視点が，「介護」から，「介護予防」にある。2000(平成12)年6月7日「社会福祉の増進のための社会福祉事業法等の一部を改正する等の法律」(平成12年法律第111号)が公布された。同法の改正の要点は，(1)利用者の立場に立った社会福祉制度の構築，(2)サービスの質の向上，(3)社会福祉事業の充実・活性化，(4)地域福祉の推進等となっているが，旧「社会事業法」の第3条の2「地域福祉等への配慮」が，新たな社会福祉法では「地域福祉の推進」に変更され，より積極的に地域福祉を推進することとなった。また，その主体が国，地方公共団体，社会福祉法人が地域住民，社会福祉事業経営者，社会福祉に関する活動者に変化している。地域福祉の推進に対する具体的施策として，第107条「市町村地域福祉計画」が定められた。ここでは，市町村の住民の意見を十分尊重し，地域福祉を推進するため，①地域における福祉サービスの適切な利用の推進に関する事項，②地域における社

会福祉を目的とする事業の健全な発達に関する事項，③地域福祉に関する活動への住民の参加の促進に関する事項が明示してある。

そして，都道府県が市町村の地域福祉を支援するため第108条「都道府県地域福祉支援計画」が定められている。ここには，①市町村地域福祉の推進を支援するための基本的方針に関する事項，②社会福祉を目的とする事業に従事する者の確保又は資質の向上に関する事項，③福祉サービスの適切な利用の推進及び社会福祉を目的とする事業の健全な発達のための基盤整備に関する事項を明らかにしている。

これらの計画はいずれも2003（平成15）年4月に施行されたが，地域福祉計画が行政計画として法的根拠をもつこととなったと同時に今後，地域住民の意見を十分反映した計画が策定されることとなった。現在，各自治体でモデル地域福祉計画が策定されている。この計画には老人保健福祉計画・介護保険事業計画・障害者福祉計画・子育て支援計画等がある。これらの事業のうち介護予防に直接関係するのが，「市町村介護保険事業計画」である。この計画において市町村は，①各年度における介護サービス量の種類ごとの見込み，②介護サービス見込み量の確保のための方策，③事業者間の連携の確保など，介護サービスの円滑な提供をはかるための事業，④その他の保険給付の円滑な実施のための必要な事項を内容とする介護保険事業計画を作成することとなっている。なお，市町村間の介護サービス基盤の調和を図るため，各都道府県に「都道府県介護保険事業支援計画」の策定が義務付けられている。この市町村介護保険計画は市町村老人保健福祉計画と一体的に作成することも可能である。つまり，老人保健事業計画作成にあたって，介護保険事業計画を内包しながら，介護予防対策や健康づくり，生きがいといった介護保険給付以外の視点を取り入れて作成するのである。

以上のように，これからの地域における介護サービスは介護予防という視点から取り組む必要性がある。

次に，改正介護保険法と地域との関係性についてみることにする。介護保険法の改正の最大の狙いは，従来の介護から予防重視型システムへの転換である。改正介護保険法のもとでの対高齢者の予防システムはスクリーニングを通して，①要支援・要介護者と，②非該当者に分類され，前者に関しては要介護認定の結果，従来の介護給付の該当者である要介護者（1～5区分）と新予防給付の対象である要支援1～2（現行の要支援者＋現行の要介護1の一部の者）に分類する。また，非該当者（要支援・要介護になる恐れのある者）に対しては，市町村による地域支援事業のもとでの介護予防対策が講じられることになった。そのうち，新予防給付と地域支援事業に該当する高齢者に対して，社会福祉士，保健師，主任ケアマネジャー等によって業務が実施される地域包括支援センターにおいて高齢者を支援する介護予防マネジメントが策定される。市町村の

実施する地域支援事業は被保険者が要介護状態等になることを予防するだけではなく，要介護状態となった場合においても，できるだけ自立した生活を営むことが可能になるよう支援する。同センターが地域における介護予防の拠点となる。

　ここまで，介護予防対策の経緯と介護保険法改正に伴う地域介護─介護から介護＋予防の具体的内容について明らかにしてきた。そこで，今後の課題として俎上に挙げるとするならば，それは介護予防における「生活者リスク」の存在ではないであろうか。この個人生活者リスクの分散，軽減が問題である。すなわち，生活者リスクとは，①税・保険料・自己負担，介護労働力，②高齢者虐待，家族関係，③疾病・転倒事故，食の安全，④各高齢者等の居宅間の緊急連絡網，⑤住宅のバリアフリー，近隣環境，交通網，犯罪等である。これらの個人生活リスク対策の，有効的手段として，地域ネットワークの整備・充実が必要である。その核となるのが市町村社会福祉協議会であり，NPO，ボランティア等の人的資源である。このような生活リスクを軽減するには，個人の「自立」（＝自助努力），「自己決定」（＝自己責任）が前提であり，プラス公的，私的介護予防サービスの充実・拡大である。このことが個人・生活者のリスク拡散となり，強いては介護予防につながるのである。

参考文献
　糸川嘉則総編集／交野好子・成清美治・西尾祐吾編集『看護・介護・福祉の百科事典』朝倉書店，2008年
　塚口伍喜夫・明路咲子編『地域福祉論説』みらい，2006年
　成清美治・加納光子・久保田トミ子編『新・介護福祉概論』学文社，2003年
　成清美治『ケアワーク論入門』学文社，2009年

プロムナード

　要介護者は後期高齢者に多く見られます。その原因は，高齢とともに身体的・精神的な疾患・老化により，生理機能の衰退のため生活動作が低下し，要介護状態になりやすくなるためです。そのため，介護予防対策が必要となりますが，これまで，老人保健事業，介護予防・地域支え合い事業，在宅介護支援センター運営事業等によって介護予防が行われてきましたが，しかし，残念ながら，あまり効果がありませんでした。今回の介護保険法の改正では，これまでの「介護」の視点を「介護＋予防」に拡大しました。そのため，介護予防のための新たな事業を取り入れましたが，最も大事なのは私たち自身が日常生活において如何に健康な生活を持続・継続するかであります。

学びを深めるために

　白澤政和監修，社団法人大阪介護支援専門員協会編集『介護支援専門員のためのスキルアップテキスト〔専門研修課程Ⅰ対応版〕』中央法規，2007年
　具体的なケアプラン作成の方法と実例を示しているテキストであり，生活を支援し

ていくことの実際を学ぶことができる。介護予防についても取りあげられており，介護予防をすすめていく際に，援助者に求められることや，援助の視点についても言及されている。

▶ 介護予防の意味には大きく2つあるが，それをもう一度あげてその対策の必要性を考えてみましょう。

福祉の仕事に関する案内書

岡本千秋・大塚保信・成清美治・西尾祐吾編『介護予防実践論』中央法規，2006年
成清美治・加納光子編集代表『現代社会福祉用語の基礎知識（第9版）』学文社，2009年

第7章

介護過程

1 介護過程の概要

　介護過程とは、介護の対象者である利用者の生活状況がよりよくなることをめざして、個別の介護を計画し提供するための系統的な介護実践の方法論である。

　介護過程は、「なぜこの利用者にこのような介護を行うのか」「その結果、どのような利用者の望ましい状態が予測できるのか」などの思考過程が重要であり、この思考過程を言語化し記録しておかなければならない。介護過程は専門的知識や技術を用いて、展開のプロセスを言語化し記録するために、実践の根拠を後から振り返ることができる。さらに、利用者一人ひとりの個別性に注目して、尊厳の保持や自立支援の視点から介護を展開するため、利用者を主体とした個別ニーズに対応する「個別ケア」の実践を可能とする。利用者によりよいサービスを提供するためには、介護職チームや他職種が協働・連携することが必要となる。

　介護過程は、「アセスメント」「計画の立案」「実施」「評価」の四段階で構成されている（図表7－1）。

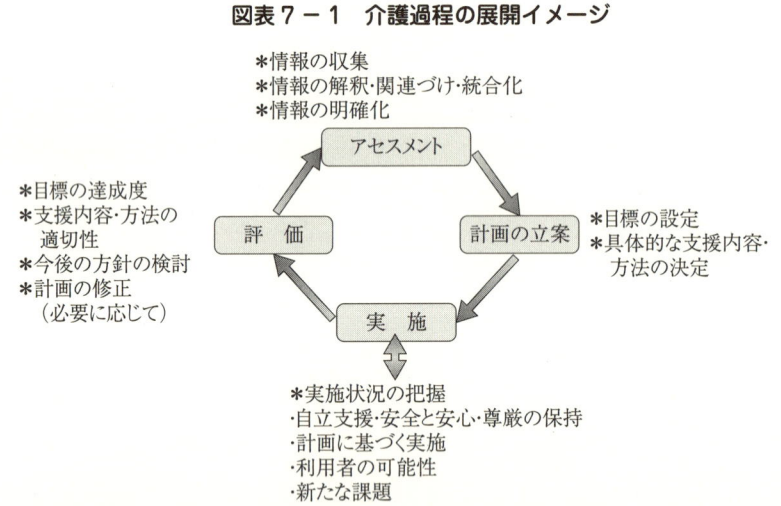

図表7－1　介護過程の展開イメージ

アセスメント
* 情報の収集
* 情報の解釈・関連づけ・統合化
* 情報の明確化

計画の立案
* 目標の設定
* 具体的な支援内容・方法の決定

実施
* 実施状況の把握
  ・自立支援・安全と安心・尊厳の保持
  ・計画に基づく実施
  ・利用者の可能性
  ・新たな課題

評価
* 目標の達成度
* 支援内容・方法の適切性
* 今後の方針の検討
* 計画の修正（必要に応じて）

出所）久保田トミ子・吉田節子編著『新・介護福祉士養成講座9　介護過程』中央法規，2009年，p.29

2 介護の技法

　本来、人間は自分らしい生活を営むことを望み、自己実現を図りたいと願っている。介護者は、利用者のニーズを満たすために、また自立した日常生活拡大のために何をどのように援助すればよいのか、情報を把握し利用者にとって最も適切な方法で援助することが求められる。その援助方法は、利用者の心身

の状況や生活を全体的に把握し，科学的根拠に基づいた的確性，安全性，快適性，自立性を尊重した介護の技法が必要となる。

(1) 身体介護技法
1) 姿勢をかえる・移動

　人間は日常生活の行動内容に応じて，さまざまな姿勢や体位をとっている。ところが疾病や障害によって長時間同一姿勢や体位を変えない状態が続くと，筋力の低下や関節の拘縮等身体的機能の低下，便秘や肺活量の減少等内部機能の低下を引き起す。座る，立つ姿勢は，筋肉に適度の緊張を促し関節の可動範囲を拡大させ，生活不活発病を予防する。さらに身体を動かさず居室や屋内に閉じこもった状態が続くと，「どうせ動けないのだから」と意欲が低下し精神的活動にも影響を与える。できるだけ離床を促し，メリハリのある生活時間や生活空間を拡大することが重要である。

＜アセスメント＞
①手指，膝・肘・腰部等の関節可動域，変形
②姿勢の保持，筋力，移動方法，痛み，褥瘡
③説明の理解力と意欲，福祉用具の活用
④姿勢・動作の変更や移動の目的

＜体位変換の技法＞
①自力で仰臥位から側臥位，起き上がりへ体位を変える
・健側の手で患側の肘を腹部にのせ，患側の手を下から支える。
・健側の膝を立て患側の膝の下に入れ，健側の手を引っ張りながら立てた膝を倒し，腰を回転させて健側方向に身体を向ける（図表7-2，図表7-3）。

> **関節の拘縮**
> 関節が一定の肢位に固定され，関節の動きが制限された状態。関節周囲の筋肉，靭帯，腱，皮膚等の短縮が原因で，関節の拘縮が起こると曲がったままで伸展しなかったり，伸びたままで屈曲ができなくなる。

> **褥瘡**
> 「床ずれ」といわれ，長期にわたって同一姿勢や体位をとることによって起こる血液の循環障害で圧迫性壊疽。好発部位は，骨が突出し体重がかかり圧迫を受けやすい部位で，仙骨部，大転子部，踵骨部，後頭部に発生しやすい。

図表7-2

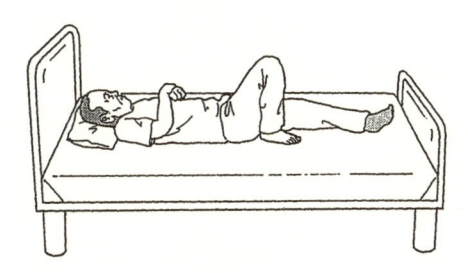

図表7-3

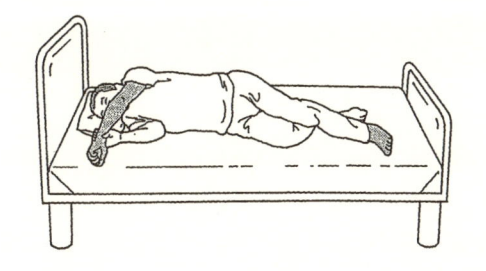

・ベッドを押すようにして肘をたてて上体を上にあげ，次に手のひらに体重を移動させながら起き上がる（図表7-4，図表7-5）。

図表7-4

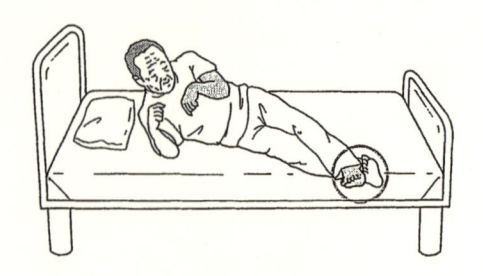

図表7-5

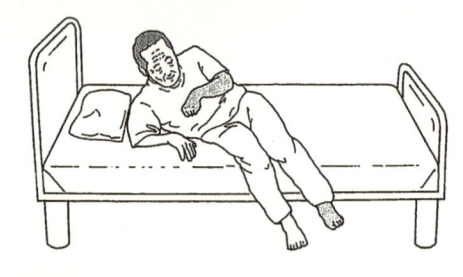

②自力で長座位から端座位へ
・患側の足を健側の足にのせたままベッドから床面に向けてゆっくりと下方へ引く。
・上体の安定を保ちながら，しっかりと両足底が床面に着くように姿勢を整え安定した端座位をとる。このとき介護者は，利用者にふらつきがないか身体状態を確認する。
③自力で端座位から立位へ
・健側の手でベッド柵あるいは手すりを握り，健側の足は膝よりも後に引き，患側の足が前に出ないように注意して上体を前に倒しながら立ち上がる。
④自力で端座位から車いすへ移乗する場合
・車椅子は，健側のベッドと20℃～45℃の角度をつけて位置し，一端フットレストを上げブレーキをかけておく。
・健側の手でアームレストを握り，健側の足と腰部を回転させながらゆっくりと座る。車いすの奥まで腰をずらし深く座り安定感を保って走行する。
＜介護のポイント＞
①側臥位になったとき，患側を下にしない。
②患側の手や足を動かすとき，その手足に負担がかからないように保護または支える。
③座位から立位に変わるとき，患側の足を支持し膝折れを防止する。
④臥床位から座位に変わった後，起立性低血圧を起こしやすくなる。姿勢や動作を変更後は，体調を確認する。

> **起立性低血圧**
> 長期間臥床状態が続くことによって，血圧調節機能が低下し，循環血液量の減少が原因となって血圧が低下すること。

⑤できるところは自分で行なうように働きかけ，残存機能の活用を促す。

＜移動の技法＞

①車いす移動

図表7－6　車いすの移動

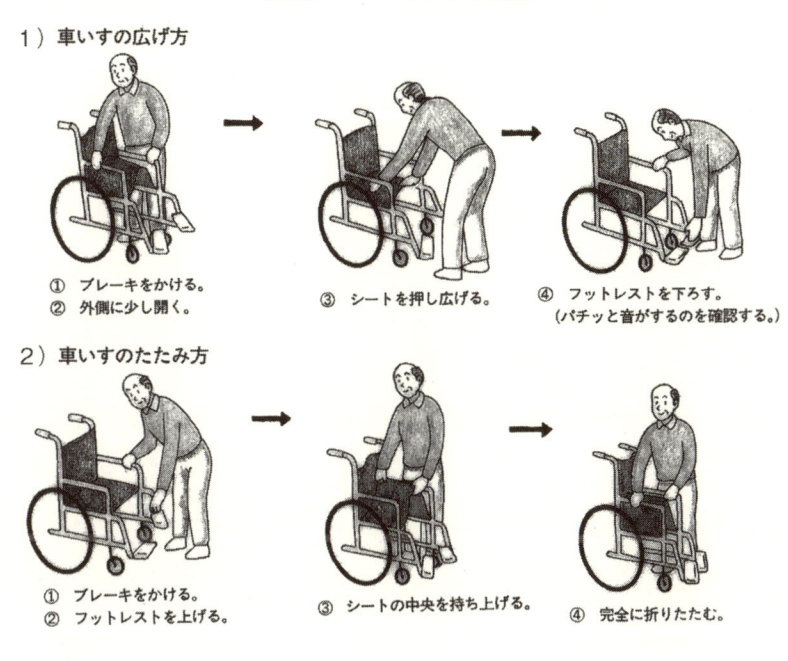

1）車いすの広げ方
① ブレーキをかける。
② 外側に少し開く。
③ シートを押し広げる。
④ フットレストを下ろす。（パチッと音がするのを確認する。）

2）車いすのたたみ方
① ブレーキをかける。
② フットレストを上げる。
③ シートの中央を持ち上げる。
④ 完全に折りたたむ。

●ポイント
① 車いすのタイプによって，折りたたみ方が違うものや，折りたためないものもあるので注意。
② 車いすを折りたたんだり，広げたり，あるいはしまう時には必ず中腰で両足を肩幅くらい広げて行う（腰痛の予防）。

②杖歩行

片麻痺の場合，杖は健側の手で持つ。介護者は利用者の患側の斜め後方に立ち，杖の運び，足の出し方を確認しながらゆっくり歩行介護する。

図表7－7　歩き方（三点確保）

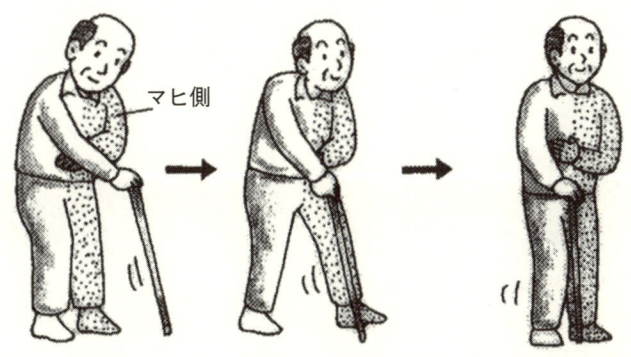

マヒ側
① 杖を出す。
② 悪い方の足を出す。
③ 良い方の足を出す。慣れたら①②を同時に。

③視覚障害者の移動の介護
・手引き歩行：介護者の肘を親指が外側になるように握る。狭い場所では，誘導している腕を背中に回す，または肩に手を置き，介護者の一歩後ろに入り一列になって歩く。
④補助機器の種類

図表7－8　補助機器

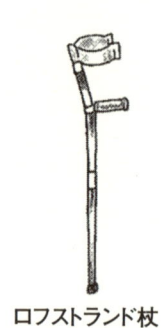

1）杖

T型杖　　　四脚杖　　　三脚杖　　　ロフストランド杖

2）歩行用具

交互歩行器　　　歩行器　　　シルバーカー

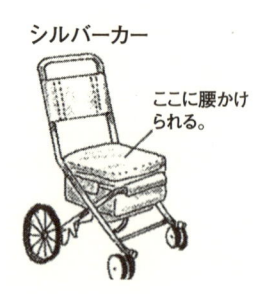

ここに腰かけられる。

3）車いす

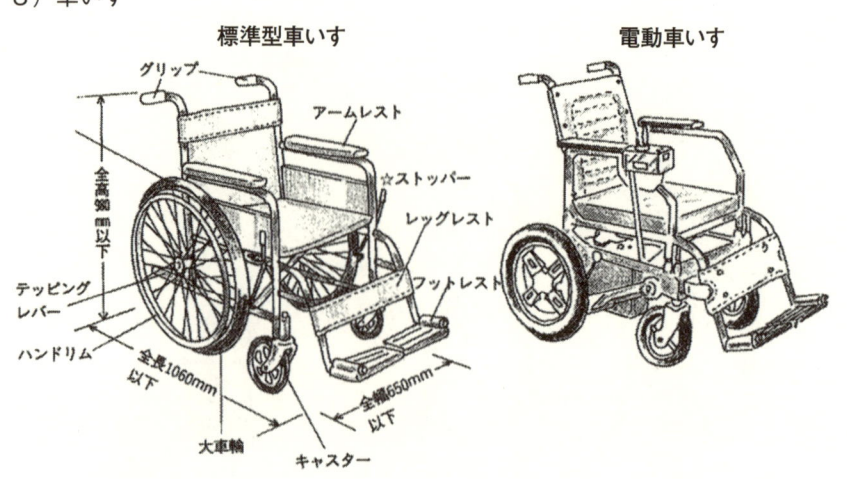

標準型車いす　　　電動車いす

グリップ
アームレスト
☆ストッパー
レッグレスト
フットレスト
全高980mm以下
テッピングレバー
ハンドリム
全長1060mm以下
全幅650mm以下
大車輪
キャスター

2) ボディメカニクスの活用

①ボディメカニクスの意義

　ボディメカニクスとは，解剖学，生理学，運動力学等を活用して人間の姿勢や動作を分析し，もっとも効果的な身体の使い方の相互作用を科学的にみることである。

　介護におけるボディメカニクスは，利用者にとって安全と安楽を図り，心身の自立促進を効果的にするものである。また，ボディメカニクスを活用することによって，介護者が不自然な姿勢や動作によって起こる筋肉の負担や損傷，身体各部の疲労を予防することができる。

②ボディメカニクス活用のポイント

・重心は低く，支持基底面積を広くとる。

　膝を軽く曲げて腰を低くすることで重心は低くなり，また両足を前後左右に広げることで基底面積は広くなり安定性を保持できる。

・できるかぎり利用者や対象物に近づく。

・利用者の身体を小さくまとめる。

　仰臥位から側臥位へ身体の回転をする場合，腕を腹部にのせたり足を組む等なるべく身体を小さくまとめる。

・大きな筋肉群を使用する。

　一方の腕だけで持ち上げたり長時間同じ作業を継続すると，疲労を招きやすくなる。一部分に負担がかからないように体のバランスをとり，大きな筋肉群を使って作業する。

・身体をねじらない。

　身体は作業方向と同じ向きになるように足を配置し身体をねじらない。中腰姿勢は腰痛発生の原因となるため避ける。

・てこの原理やトルクの法則等，物理学を応用する。

・次の作業動線を考えて物品の配置に留意し，無駄な動作をしない。

> **重心**
> 重心は，身体を左右，前後，上下に分けたときの面の交点である。その高さは，立位の場合第2仙骨部（臍の下部）にあたるが，体型や姿勢，物を持ったときの重量によって変わる。

3) 食事の介護

　食事は，栄養補給として直接生命の維持や健康の保持・増進のために欠かせないものである。しかし，食事を通して，おいしく食べて満足感を得ること，家族と団らんの場であり知人との交流の場であること，四季折々の食材や行事食により刺激が得られること，生活リズムがつけられること等心理的にも重要な役割を果たす。

＜アセスメント＞

①摂取量，治療食，調理形態，嗜好，偏食

②食事動作，把持力，使用自助具，

③食事場所・環境，食卓を囲む人びと

④食欲，開口，咀嚼・嚥下，体重，BMI，消化機能
＜食事介護の技法＞
①環境を整える
・可能な限り食堂へ移動する（寝食分離）。居室の場合は，ベッド周辺を整える。
・楽しい雰囲気づくりと演出：会話が弾むようリラックスした関わり，音楽を流す，花や絵を飾る，ランチョンマットで明るい食卓の工夫をする。
・色や形で楽しむ食器，利用者の状態・障害に応じた食器やスプーンや箸等自助具を活用する。
・四季を感じられる食材の準備や行事メニューを取り入れる。
・咀嚼や嚥下が容易な調理方法を工夫する。
②身体的状況を整える
・可能な限り座位姿勢：椅子に深く腰かけ前傾姿勢をとる。臥床状態の場合は，上体を起こして顎を引き腹部に圧迫がかからないようにクッション等を使って姿勢を整える。
・身体活動量を増やし，食欲亢進，消化機能を高める。
＜介護のポイント＞
①利用者にあったペースで口に運ぶ。
②大きな食物はあらかじめ小さく切っておく。
③患側の口に食物が残っていないか確認する。
④脱水や誤嚥に注意する。
⑤目の前にある食事を認識できない，食べ方がわからない等失認や失行のある場合，直接利用者の手をとり説明する。

4) 排泄の介護

　排泄は，食べた物が老廃物となって体外に排出されるもので，人間にとって生理的現象であり，身体の健康状態のバロメーターともいえる。しかし食事と違い，誰にも見られたくないという羞恥心が存在しケアを受けることに躊躇してしまう。介護する場合，尊厳を保つ援助が必要である。
＜アセスメント＞
①移動，姿勢保持，排泄方法
②排泄回数，量，痛み，健康状態，治療薬
③心理的状況，排泄環境，衣服の着脱困難
④食事内容，水分補給状況
＜自力でポータブルトイレを使用する場合の技法＞
・ベッド柵を持って立ち上がり，ポータブルトイレの座る位置まで身体の向きを変える。
・立位が安定したらズボンを下げる。

BMI (body mass index)
体格指数で肥満度の判定評価に用いられる。計算方法は，体重(Kg)÷身長(m)² で算出し，標準値は22と定めている。

18.5未満	やせ
18.5～25未満	標準
25～30未満	肥満
30以上	高度肥満

誤嚥
飲み物や食べ物の一部が誤って気道に入ること。嚥下反射の低下，認知症高齢者，意識障害のある場合は注意を要する。通常誤嚥すると咳き込むが，このようなことが起こらず気がつかないことがあり，誤嚥性肺炎を引き起こすこともある。

失認・失行
高次脳機能障害のために，感覚機能に異常はないが，目の前にある人物や物品を認識することができない状態を失認という。失行とは，運動機能に異常はないが，袖が通すことや，箸の持ち方がわからない等行為が困難となること。

・上体を前に倒しながらゆっくりと便座に腰をおろす。
・排泄後臀部を前にずらして後始末を行い、ズボンを膝の所まであげて立ち上がる。

＜介護のポイント＞
①環境を整える
・トイレまでの移動時間と方法を考慮して居室の配置をする。
・取り出しやすいペーパーやてすりの位置、開閉が容易なドア、緊急時の連絡機器の配置、清潔で明るく室温の温度差の少ない環境づくりをする。
②身体を整える
・腹圧をかけやすくするための姿勢は座位姿勢が望ましいが、臥床状態で排泄する場合は、できるだけ上体をあげ膝を曲げて膝を合わせて足を左右に開き「ハの字」にするとよい。
・利用者のADL、障害に応じた排泄用具や機器を選択する。
・身体状態が悪い場合、排泄物（量・回数、色、混入物等）や痛みの有無等を観察する。
③心理的・意欲に配慮する
・排泄回数を減らすために故意に水分補給を控えたり、援助が必要であるにもかかわらずためらって声をかけないことがある。遠慮せずに気軽に関われるような人間関係づくりに努力をする。
・テレビをつけて消音したり、排泄後は速やかに片付ける等消臭への配慮をする。
・肌の露出は最小限で行いプライバシーを保護する。
・オムツの使用は最小限とし安易に用いない。

5）入浴の介護

　入浴は、皮膚の生理作用や新陳代謝を促し、褥瘡や感染予防等健康の維持・増進を図る。また、リラックスや気分爽快感など精神的効果をもたらす、爽やかさは利用者の印象を良好にして人間関係形成に影響を及ぼす。

＜入浴の介護のポイント＞
①身体状況
・利用者のADL状況に合わせた入浴の種類（特殊浴、リフト浴、一般浴）を選択する。
・利用者の体力と健康状態に応じた方法（全身浴、シャワー浴、部分浴、清拭）がある。
・入浴前後は健康状態を観察する。
・入浴の湯温は、38℃（夏）～40℃（冬）、時間は10分前後が適切である。
・清拭は50℃～55℃の湯を準備し末梢から中心の方向へ拭き、適度の圧力や

ADL（Activities of Daily Living）日常生活動作
　リハビリテーション領域で取り上げられた用語で、食事、排泄、入浴、移動等日常行われている生活動作のこと。代表的なADLの評価方法に、バーセルインデックス（Barthel Index）とカッツインデックス（Katz Index）がある。

感染予防
　感染予防の3原則は、①病原体を除去する（消毒、滅菌、換気）、②感染経路を断つ（手洗いやうがい、マスクや手袋の着用、履物の区別）③抵抗力、免疫力、回復力を高める（健康管理、予防接種）。

マッサージをすると皮膚への刺激や血液循環を促す効果が高い。洗髪する際にお湯を用いない場合は，スキンドライを利用する。
・終了後は，水分補給を行う。
②環境の整備
・室内の温度を調節する（エアコン，季節）。
・すべりやすく転倒の危険が多い作業のため安全な環境づくりを工夫する。

6）身だしなみを整える

　私たちは，一日の始まりとして朝顔を洗い，歯を磨いて髪を整え，男性は髭を剃り女性は化粧をする。夜になれば寝衣に着替え，入眠のための身じたくを整える。これらの行動は，身体に清潔感や爽快感を与えるだけでなく，精神的自立を促し生活にメリハリをつけ生活リズムの活性化に効果的である。

＜アセスメント＞
①健康状態，皮膚症状（かゆみ，発赤），臭い
②清潔感覚，生活習慣，おしゃれと嗜好
③1日の生活の流れ

＜身だしなみを整える介護の技法＞
①整容
・洗顔：移動が可能な場合は洗面所で，ベッド上の場合でも座位姿勢をとり洗面器を使用して行う。臥床状態の場合は蒸しタオルを利用して拭くと爽快感が得られる。
・ひげそり：熱い蒸タオルで皮膚をやわらかくすると剃りやすい。終了後はローション等で水分や油分を補給する。空間無視のある利用者が自力で行う場合はそり残しがないか確認をする。
・化粧：　なるべく肌の色に近いファンデーションを選び均一に塗る。眉や唇等下がってみえる部分ははっきりと描く。手の震えがあるため細やかな動作ができない場合は介護する。
②口腔ケア
・含嗽：市販の含嗽薬やレモン水を使用すると消毒効果は高くなる。
・歯磨：自分でできる利用者は，ブラシは鉛筆を握るように持ち，歯と歯ぐきの境目は斜めに当て前歯の裏側は縦にして磨く。歯肉マッサージは唾液分泌を促す効果がある。舌の汚れはスポンジブラシや舌専用の清掃器具を使用するとよい。
・義歯の手入れ：外した義歯は，ぬめりがなくなるまで流水でよく洗い，就寝時には乾燥を防ぐため水または義歯洗浄剤の入った容器に保管する（図表7－9，図表7－10）。

図表7-9　舌の清掃用具

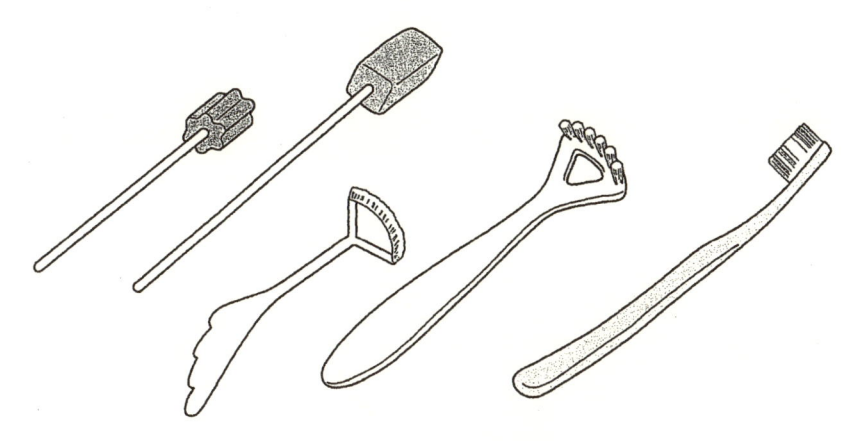

さまざまな舌清掃器具

図表7-10　歯の清掃用具

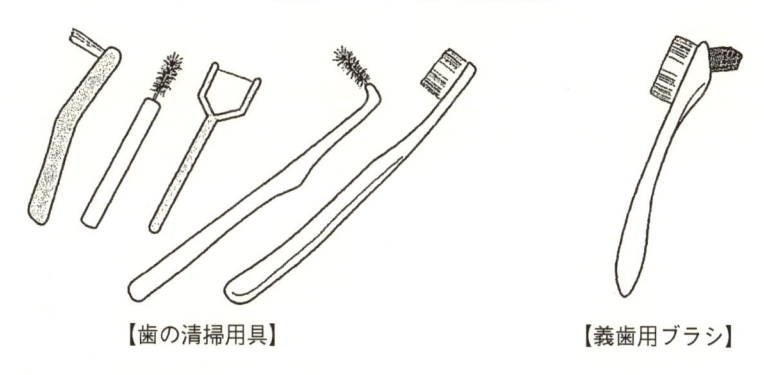

【歯の清掃用具】　　【義歯用ブラシ】

③洗髪・髪型を整える
・洗髪は入浴の時に行うことがほとんどであるが臥床している利用者に洗髪する場合，寝衣やベッドが濡れないように防水シートとバスタオルを敷き，洗髪用パットを置く。
・ブラッシングをした後お湯を注ぎ，爪を立てずに指腹で洗い，かゆみがないか確認する。
・整髪は鏡を見ながらブラッシングすると生活行動のよい刺激となる。
・一人ひとりの好みを取り入れ，束ねたり，ヘアネットを利用し変化を楽しむ。
④爪の手入れ
・爪の周囲の皮膚や爪（白癬）に異常がないか確認する。
・深爪や爪が割れないように注意して切る。
・切った後，やすりで磨きなめらかにする。

図表7－11　自力で着換える場合

(1) 上衣の着方

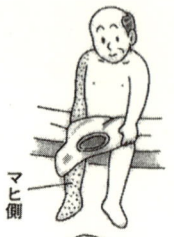

① シャツの背中を上に首を膝の上にくるようにおく。

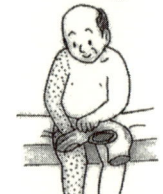

② 良い方の手で不自由な方の手を持ち上げ、袖ぐりに入れる。

③ 良い方の手をシャツの袖に入れる。

④ 不自由な方の袖を良い方の手で上に上げる。

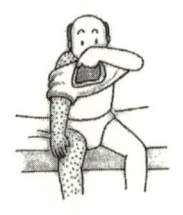

⑤ 後ろの襟ぐりとすそを良い方の手でつかみ、頭を下げてシャツを着る。脱ぐ時は逆にする。

(2) 下衣のはき方

① 不自由な足の方を良い方の足の上に重ねる。

② まず不自由な方の足を通す。

③ 次に良い方を通す。

④ 良い方を通したら、立って引き上げる。

⑤ 座ってファスナーを閉める。脱ぐ時は逆にする。

⑤衣類の着脱
＜自力で着る技法＞（図表7－11）
＜介護のポイント＞
・原則的に健側から脱ぎ患側から着る。
・ベッド上で寝たままズボンを着脱する場合，可能であれば利用者は膝を曲げ，声をかけて足を下の方向へ力を入れると同時に臀部を浮かせズボンの上げ下げを行う。
・バスタオルや掛け物を利用して，なるべく露出部分を少なくしプライバシーを保護する。同様に脱いだとき身体に寒冷刺激が起きないように保温にも注意する。
・筋肉や関節の拘縮がある場合，着替える前に軽く関節を動かすと苦痛が少なくスムーズとなる。
・座位姿勢が安定しているか確認する。

④衣類の工夫と自助具の活用
　高齢者や関節可動域に制限のある障害者は，袖に腕をとおしたり，小さなボタンを掴んで穴に入れる等細やかな手先の動作は困難となりやすい。ファスナーやマジックテープをつけて工夫したり，ボタンエイドやリーチャー等自助具を活用すると便利である（図表7－12）。

図表7－12

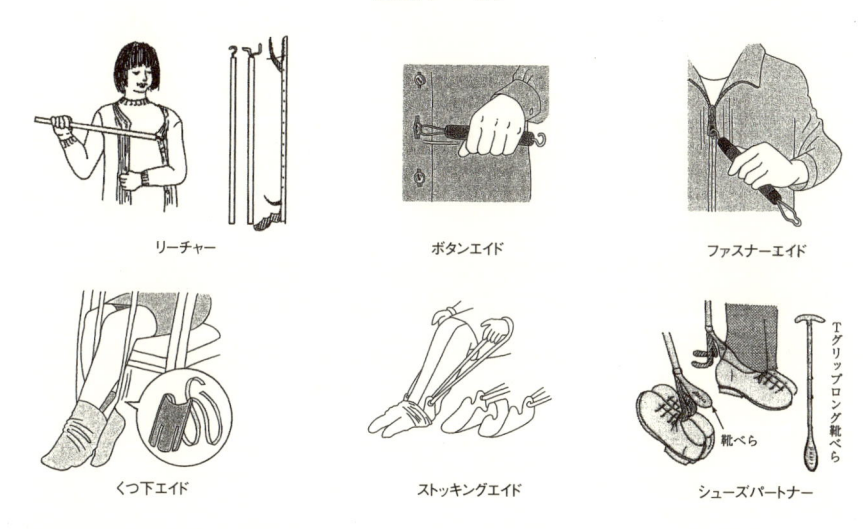

リーチャー　　ボタンエイド　　ファスナーエイド

くつ下エイド　　ストッキングエイド　　シューズパートナー（靴べら／Tグリップロング靴べら）

⑤衣類・靴下・靴の選択
・外反拇指やリウマチ等足に変形がある場合型やサイズにあった靴，軽くて脱いだり履くことがスムーズな履物を選択する。歩行時の疲労の軽減や安定した姿勢を保つことができる。また伸縮性がよく転倒防止のために滑り止めのある靴下を準備するとよい。

・衣類は，本人の好みや趣味に合った色や柄，デザインを重視し，肌ざわりの良いもの，体温調節が自由で明るくおしゃれに配慮された衣類を選択する。
・寝衣や肌着は，洗濯に丈夫であること，水分や汗の吸収性がよいこと，身体を締め付けずゆとりがあり着脱が容易なもの，経済的に安価であるものを選択する。

(2) 生活援助技法

私たちの日々の生活は，安全と安心が保障され健康で自分らしい活動を繰返しながら営まれている。家の中だけでなく外出して人と交流する，心身がリラックスできるように習い事や趣味を活かして充実感を得る，調理や洗濯等家庭内の整理・整頓に心がける等。これらは生活の価値観，生活様式，文化によって一人ひとり違っている。援助者は，生命の確保だけでなく，利用者のこれまでの暮らしを大事にすること，人間として尊厳性が保たれるように生活を援助することが重要である。

1) 家事援助の意義と技法

調理，洗濯，買い物等普段当たり前のように行われている家事は，生き生きとした家庭生活を送ることができるための欠かせない役割があり，生命維持，介護予防，自立支援さらにQOLの向上に目指した生活支援が必要とされる。

＜アセスメント＞

IADL，生活用具，生活習慣，生活様式，価値観，住まいの快適性，経済状況，地域とのつながり

＜家事援助の技法＞

①衣類の洗濯
・衣類の洗濯表示に従った洗剤を選択する。
・汚れの少ない物からひどい物へと汚れの程度や色物・柄物は区別し順番を考えて洗濯する。
・衣類の素材によっては手洗い，ドライクリーニングを利用する。乾燥機を使用する場合，熱により衣類が損傷しないように留意する。
・柔軟材の使用は，柔らかな仕上がりと静電気を防止する。
・糊づけは，強すぎると皮膚を刺激するため使用量に注意する。
・次亜塩素酸ナトリウムは，漂白作用だけでなく，消毒効果も期待できる（ノロウイルス，B型肝炎ウイルス）。

②衣類の保管と管理
・防虫剤や防湿剤を使用し大切に保管する。
・使う頻度，利用者のADL状況に合わせて収納場所を決める。
・内容別に名前を明記し見えやすい箇所に表記する。
・取り出しやすい収納箱の利用，仕切り板の活用は，乱雑になることを防止す

IADL (instrumental activities of daily living) 手段的日常生活動作

手段的ADL，道具的ADLとよばれ，入浴や食事等のADLに関わる広義な生活動作のこと。ロートン(Lawton,M.P)のIADLの評価方法では，電話をかける能力，買い物，食事の準備，家事，洗濯，移送の様式，自分の服薬管理，財産取り扱い能力の項目がある。

ノロウイルス

1年を通して発生するが特に冬に多い。手指や食物を介して口に入り，腸管で増殖し嘔吐，下痢，腹痛を起す。ワクチンがないため糞便や吐物は適切に処理し，調理器具使用後は充分に洗浄・殺菌をする。

る。
③買い物
・高齢者の場合，購入量，経済性を考慮して購入する。
・必要な期間分の食材が無駄なく使用できるために事前に献立をたてる。
・鮮度の高い食品，加工食品，惣菜等区分して整理し，冷凍食品は購入した期日を明記しておく。
・地域での関わりや近隣との付き合いのある店舗等事前に情報を収集しておく。
④保存・調理
・賞味期限や消費期限を確認する。
・食べやすく嚥下が容易で栄養のバランスがとれていること，嗜好を取り入れて調理する。
・健康状態に配慮し，塩，砂糖，油等の調味料の使用量や調理方法を工夫する。
・季節の食品を用い，変化に富んだ献立や五感を活かした調理になるように心がける。
・料理の色どりや食器の色や形，盛り付けは，食事を楽しませ食欲を促す。
・視覚障害者の配膳は，クロックポジションを用いて献立の説明をする。
⑤掃除・ゴミ捨て
・汚れやすい部屋や場所は，常に清潔にしておく。
・掃除方法は，先ず散在した物品を片付ける，埃やゴミを掃く・すいとる，雑巾で拭く作業がある。汚れ方や素材，場所によって適切な方法を選び洗剤を使用する。
・清掃方法は，その家独自の方法があることを念頭にいれておく。
・ゴミ出しは，地域のルールに従って出す。
・認知症高齢者や障害者にとって，ゴミ出し場所までの移動，出し方，分別方法，収集日の理解が困難なことがある。近隣の人の協力を得る，カレンダーに目印をつける，見えやすい位置にポスターを貼る等様々な解決方法で支援する。

> **クロックポジション**
> 視覚障害者に時計の文字盤にみたてて位置や方向を説明すること。

2) 生活の活性化の意義と技法

普段の私たちの一日の生活は，身体活動時間の流れがあり，場所を変え，人と出会い，心を動かして身体的，精神的，社会的活動をしている。これらの活動は，生きていく意欲や建設的な思考を生み出し，生きがいを創り，生活の活性化をもたらす重要な役割である。

＜アセスメント＞
生活リズム，生活空間，趣味・関心，人間関係，ストレス，地域とのつながり
＜休養と安眠のための介護のポイント＞
①物理的環境を整える
・快適な室温と湿度を保持する。

・不快な音，臭，照明は改善する。
・リラックスできるベッドや布団を使用する。

②心身の状況を整える
・きつすぎない，しめつけない寝衣を着用する。
・眠りやすい体位，体のかゆみや痛みの確認をする。
・感情の興奮や不安を除去する。
・就寝時の儀式，口腔ケア，入浴，足浴，排泄への声かけをする。
・入眠に関する薬物服用の確認をする。

＜適度な運動と娯楽の技法＞
・散歩，ゲーム，ダンス，映画やテレビ鑑賞，演劇活動，音楽・美術工芸的活動，収集活動などを行う。
・外出，買い物，集団活動への参加を促す。お花見や森林浴の自然探訪やスポーツ観戦，買い物外出，行事への参加等は心地よい刺激が得られ気分転換となり，人との交流を図るよい機会である。

3 介護過程の展開

1) アセスメント

①情報の収集

　アセスメントを行うには，利用者の介護に必要な情報を意図的に収集するとから始まる。収集する情報の量や質によって次のアセスメントが的確にできるかどうかに影響を及ぼす。

　利用者が，これまでどのような生活を送ってきたのか，現在はどのような状況にあるのかなどについて，事実をありのままに観察したり，コミュニケーションによって利用者の願いや思いを感じ取ったり気づいたり，利用者の生活全体を把握することが求められる。利用者の基本的な情報について把握する必要がある（図表7－13）。

　介護は，利用者の生活支援をすることから利用者の生活意欲や生きがい，価値観などの人生（Life）に関する情報（図表7－14）と暮らし（Daily）に関する情報（図表7－15）を提示する。

②情報の解釈・関連づけ・統合化

　収集した情報の意味を解釈し，複数の情報を関連づけ・統合化して課題を明確化する。介護過程のなかで最も思考能力を問われるところである。収集した情報の意味づけや解釈，情報同士がどのように有機的な関係があるかを関連づけ統合化して，利用者の全体像を描くことが重要である。情報の解釈・関連づけ・統合化のイメージを提示する（図表7－16）。

図表7－13　利用者に関する「基本的な情報」とその必要性

項　　目	必要な理由
1　氏名	「おじいさん」「おばあさん」ではなく，人格をもったひとりの人間としてとらえる。利用者は自らの名前に誇りをもっており，正しい呼び名で呼ぶことが大切
2　性別（男・女）	一般的に男女は身体的にも精神的にも異なる特徴があり，さらに社会的・文化的に役割が異なることもある。他の基本情報と重ね合わせることで，その人となりを理解する鍵となる
3　生年月日／年齢	生年月日は，利用者が生まれ育った時代の政治・経済の動向，当時，流行した文化・風俗等利用者が影響を受けながら生きてきた道程を知る手がかりになる。年齢は発達段階を示すため，人生のどのステージにいるのかを知る。またエイジング（加齢）とともに起こるさまざまな出来事・変化を予測する
4　サービス開始時期・サービス利用に至った理由	サービス利用の開始時期，利用の背景，利用は本人の意思か家族の勧めか，本人は納得しているのかいないのか等を把握し，生活への影響に配慮する
5　要介護度・認知症高齢者の日常生活自立度・障害高齢者の日常生活自立度　など	加齢や疾病による状態の変化に伴い，区分変更が必要な場合がある
6　家族構成・家族関係・キーパーソン	家族の有無，同居家族，家庭内における人間関係について把握し，生活への影響に配慮する。本人との信頼関係が最も強く，また，職員との連絡や相談が可能な人（キーパーソン）を把握する
7　利用者と家族の内面的感情	利用者と家族がお互いにどのような思いを抱いているのかを把握する。感情のずれがある場合は，調整方法を検討する
8　地域の環境・活動　現住所または入所前の住所	住んでいた（住んでいる）地域の様子，なじみの関係などを知る手がかりとなる。商店街・住宅街・農村地など，利用者が生活していた地域の特徴を把握する
近隣との付き合いまたは入所前の近隣との付き合い	近隣とはあいさつ程度の付き合いなのか，親しくしている決まった人がいるのか等，社交性や人間関係について把握する
地域での活動または家庭で行っていた活動	町内会や老人会，そのほかの地域行事（お祭り等）への参加，家庭内の行事（墓参り，誕生日）など，地域や家庭における，参加・役割について把握する
9　生活歴	利用者が歩んできた人生を知る。人とのかかわりのなかで表現される言葉や動作，表情には，生活歴・教育歴・職業歴などが影響する

出所）図表7-1に同じ，p.22

③課題の明確化

　課題を明確化することをアセスメントといい，課題分析や事前評価とも表現されることもあるが，最近ではアセスメントという表記で用いられることが多い。このアセスメントを行うことによって，個々の利用者に合わせて個別化したケア計画にすることができる。

　介護過程のアセスメントの段階では，①ケアに必要な情報を意図的・系統的に収集できる　②情報を解釈・関連づけ・統合化して課題（ニーズ）を明確化できる　③課題（ニーズ）の優先度を確定できることが重要である。

図表7－14　人生（Life）に関する情報

項　目		必要な理由
1　意欲・生きがい		「生きがい」とは，生活のなかで，自分でなければならない役割と責任があることをいう。それによって生きることに張り合いをもつことができる
2　安らぎ		施設での生活においても，利用者個人がやすらぐことのできる場所や時間を確保する必要がある
3　楽しみ	趣味や特技	アクティビティは人の遊び心をくすぐり，自分から何かをやろうという自発性を発揮する動機になる。環境が変化しても利用者が活動を諦めずに継続できるよう支援が必要である
	嗜好品	酒やタバコなどの嗜好品は，QOL（生活の質）の面から考えると，残された人生を本人の希望するように生きるために必要である場合もある。一方で，健康面への影響も考え，利用者と十分に検討する
	行事・催し物への参加	施設では，誕生会やお彼岸，お正月，盆踊り，亡くなった人の弔いなどさまざまな行事や催しが行われている。これらの行事への参加の有無は，その人の価値観の表れとも考えられる。参加している場合は，利用者同士の人間関係も観察する
4　憧れや夢		介護が必要な状態になっても，自分だけのために，自由に時間を使うことができる。利用者の能力に目を向け，向上心，夢，未来設計，学習意欲，好奇心を把握し，支援する
5　誇り・価値観		誰もが長い年月を生きてきた歴史をもっている。どのようなことを誇りに思っているか，どのような価値観をもっているかを把握し，敬意を払い，尊重する姿勢が大切である
6　自己決定		人はどのような状況でも，自らの意思で自らの生活の方向を選択したいと思うものである。たとえ自分の意思を言葉で表すことができなくても，ほかの手段を用いて伝達できる可能性を把握する
7　他者とのかかわり（社会的役割）		高齢の利用者の場合は，加齢による感覚器，特に聴覚や視覚機能が低下するため，テレビや新聞などから情報を得ることや人間関係を築くことに困難をきたす。他者とかかわる際に有効な手段を把握する
8　利用している制度		福祉制度は，利用者の生活を支えるものである。現在，どのような制度を利用しているかを把握し，その過不足について検討する
9　経済状況		生活上で不足しているものなどから経済的に困っていることがないかを把握する

出所）図表7-1に同じ，p.23

　介護過程のなかでもアセスメントが最も重要であり，アセスメントが的確にできれば次の段階である計画も適切で個別的なものになる。

2）計画の立案

　アセスメントによって明確にされた生活上の課題を解決するために，利用者一人ひとりの支援計画として個別援助計画を立案する。個別援助計画の目標は，ケアマネジャーが立案する居宅サービス計画または施設サービス計画の目標と連動し同一の方向を目指した計画になっていることが重要である。生活におけ

3. 介護予防の必要性

図表7－15　暮らし（Daily）に関する情報

		例
1 ADL	姿勢	立位，端座位，座位での姿勢は安定か否か　など
	移動，身じたく，食事，排泄，入浴における各動作	自分でできるのか，補助具など環境を整えればできるのか，家庭や介護職などの介助があればできるのか，全介助が必要なのか　など
	睡眠	困っていること，してほしいことはないか　など
2 ADLの行為に関するこだわり	生活に影響を及ぼしているこだわり	動作，身じたく，食事，排泄，入浴等についてのこだわりはないか　など
3 暮らしにおける危険	室内・室外の生活環境	手すり，段差，スロープ，階段　など
4 IADL	食事の支度，薬の管理，身の周りの整理整頓，入浴の準備，洗濯，居室の掃除，ごみだし，火の始末，金銭管理，外出，買い物，電話の対応，読み書き	自分でできるのか，補助具など環境を整えればできるのか，家族や介護職などの介助があればできるのか，全介助が必要なのか　など
	施設内の電化製品の活用	電気ポット，テレビ　など
5 視覚や聴覚	視覚に支障はないか	新聞の文字が見える・読める，カレンダーの文字が見える，部屋や時計の文字が見える・読める　など
	聴覚に支障はないか	補聴器を使っている，大きな声で話すと聞こえる，テレビやラジオの音声が聞こえる，電話の音が聞こえる，電化製品の電子音が聞こえる　など
	コミュニケーションの状況	コミュニケーション障害の有無，有効なコミュニケーション手段，自ら話しかけるなど，コミュニケーションの特徴　など
6 病気	疾患	病名，通院している病院・医院，診察時期　など
	処方されている薬	内服薬，座薬，点鼻薬，点眼薬，パップ剤，軟膏類など
	病気に関する思いや感じていること	自分で感じている具合の悪いところ，病気への不安や落ち込み　など

出所）図表7-1に同じ，p.24

る目標の設定とは，利用者自らが自分の望む生活に向けて，一定期間に実現できることを段階的に進めていくことができるように意志決定をする。利用者主体の目標を設定する際の留意点は，①生活習慣や価値観を尊重した個別的なものである，②家庭での役割や社会参加を可能にして利用者の自己実現をめざす，③利用者が自己の能力を最大限発揮し，自分自身が取り組むことができること，を考慮する。

　介護は，利用者の日々の生活を継続的に支えることから，日常生活動作（ADL）だけでなく，生活の質（QOL）の向上を考えておく必要がある。とくに個別援助計画は，一人の利用者に複数の介護職が関わることを想定して，より個別的，具体的に記述し，利用者本人や家族を中心に支援者全員が共有化できるようにしておく必要がある。

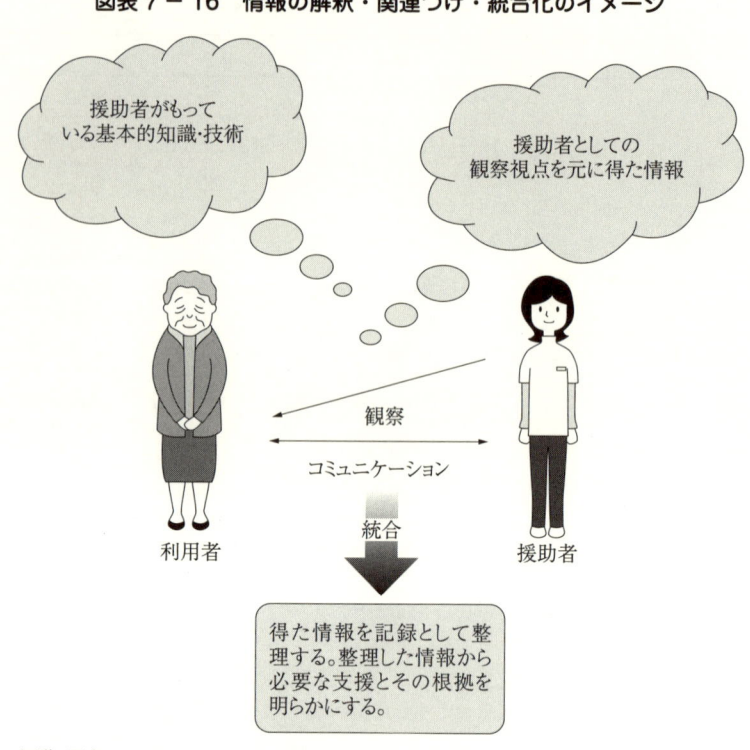

図表7－16　情報の解釈・関連づけ・統合化のイメージ

援助者がもっている基本的知識・技術

援助者としての観察視点を元に得た情報

利用者　　観察　　援助者
　　　コミュニケーション
　　　　　統合

得た情報を記録として整理する。整理した情報から必要な支援とその根拠を明らかにする。

出所）図表7-1に同じ，p.29に一部改変

3）実施

　介護過程の展開における「実施」は，計画立案の次の段階にあたる。個別援助計画に基づいた支援をする際には，介護目標を明確に把握しておくことが重要である。目標を把握せずに支援を実施すると，目指すべき方向性がわからないままで介護することになり，何のために支援しているのかわからなくなってしまう。さらに期待した結果が得られないばかりか，最終的に「評価」ができないという状況が起こる。

　介護目標を意識して支援することで，観察を効果的に行うようになり，利用者の新たな課題や可能性の発見につながったり，計画していない状況が起こっても，利用者の個別性に応じた対応が可能になる。

　実施の際には，どのような場面であっても，利用者の自立支援，安全と安心，尊厳の保持の視点を常に意識して関わる必要がある。利用者にとって適切だと思って立案した計画も実施する段階で，利用者が思わぬ反応を示すことがある。実施の際の利用者の反応や状況の変化を客観的に把握し，記録しておく必要がある。利用者の反応は，介護過程の評価をする場合の貴重な資料であり，チームケアに必要な情報となる。

4) 評価

利用者に対する生活支援は，個別援助計画に沿って実施される。介護過程における評価は，提供している介護が，利用者の望むよりよい生活を実現するために，つまり目標達成のために効果を上げているかどうかを確認するために行う。評価の視点としては，①計画どおりに実施しているか，②目標に対する達成度はどうか，③支援内容・支援方法は適切か，④実施上の新たな課題や可能

図表7−17 「ケアマネジメント」と「介護過程」の関係

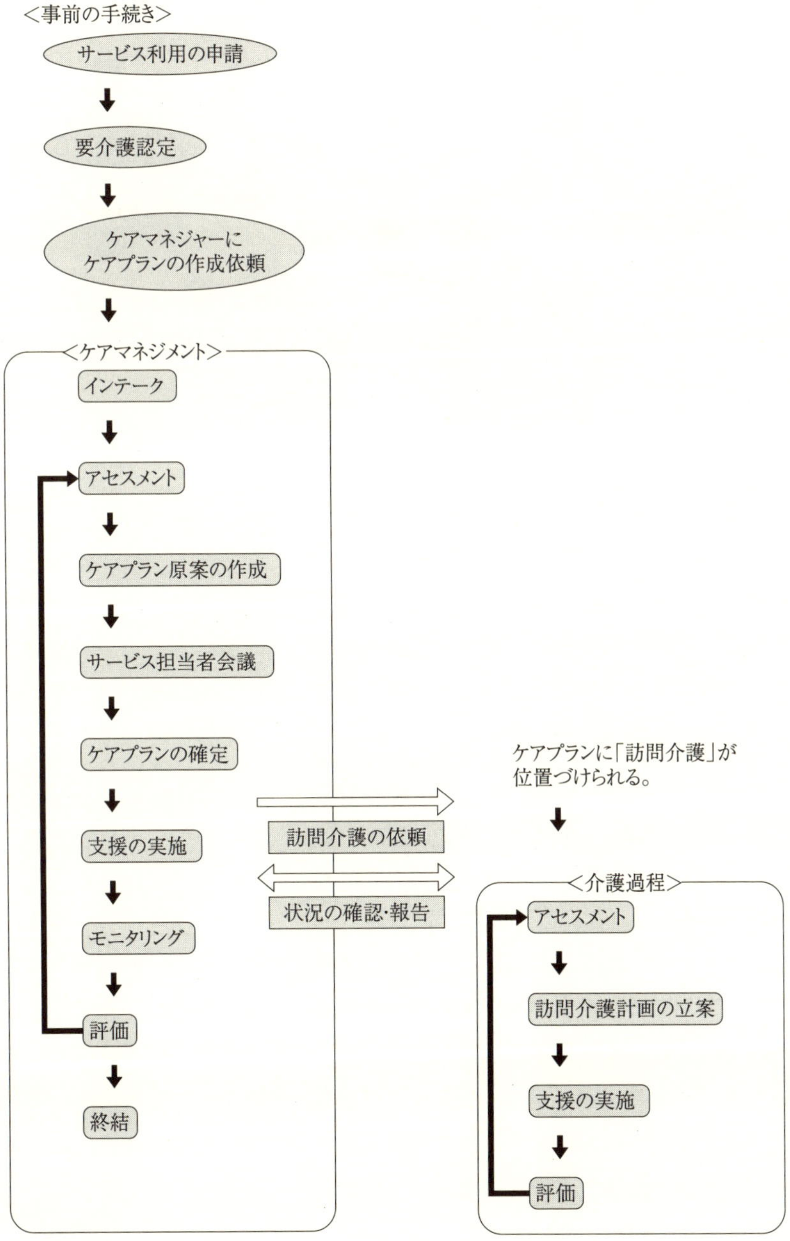

```
<事前の手続き>
  サービス利用の申請
      ↓
   要介護認定
      ↓
  ケアマネジャーに
  ケアプランの作成依頼
      ↓
 ┌─<ケアマネジメント>──────┐
 │     インテーク          │
 │        ↓              │
 │  →  アセスメント         │
 │  │     ↓              │
 │  │ ケアプラン原案の作成    │
 │  │     ↓              │
 │  │ サービス担当者会議     │
 │  │     ↓              │
 │  │  ケアプランの確定  ==訪問介護の依頼==>     ケアプランに「訪問介護」が
 │  │     ↓              <==状況の確認・報告==  位置づけられる。
 │  │   支援の実施                                  ↓
 │  │     ↓                                 ┌─<介護過程>──┐
 │  │  モニタリング                          │  → アセスメント │
 │  │     ↓                                 │  │    ↓      │
 │  └──  評価                                │  │ 訪問介護計画の立案│
 │        ↓                                 │  │    ↓      │
 │       終結                                │  │ 支援の実施  │
 └──────────────────┘    │  │    ↓      │
                                             │  └── 評価     │
                                             └──────────┘
```

出所）図表7-1に同じ，p.200

図表 7 － 18　ケアプランと個別援助計画の関係

(中心)ケアプラン（基本計画）
(周辺の歯車)介護計画／ボランティア計画／看護計画／治療計画／栄養計画／リハビリテーション計画／口腔ケア計画

出所）図表7-1に同じ，p.201

性はないかなどさまざまな角度から客観的な評価を行う。

「アセスメント」「計画の立案」「実施」「評価」の一連のプロセスを積み重ね，評価することで利用者により適した支援をすることにつながるだけでなく，介護の質を高めることになる。

4　ケアマネジメントと介護過程の関係

1）ケアマネジャーが立案するケアプラン

　ケアマネジャーが作成するケアプラン（居宅サービス計画・施設サービス計画）は，利用者の生活全体を支える計画である。ケアプランは，在宅サービスにおいては，居宅サービス計画，施設サービスにおいては，施設サービス計画といわれて，介護保険上では，ケアマネジャーが責任をもつことになっている。ケアマネジメントにおけるサービス計画（ケアプラン）と介護過程における介護計画は密接な関連性をもち，同一の目標に向けて連動させて支援することが重要である。（図表 7 － 17，図表 7 － 18）

2) ケアマネジメントにおけるモニタリング

　ケアマネジャーは，ケアプランに位置づけた目標の達成に向けて，①計画どおりに支援が実施されているか，②目標に対する達成度はどうか，③サービスの種類や支援内容・支援方法は適切か，④利用者に新しい課題や可能性が生じていないか，⑤サービスの質と量に対する利用者・家族の満足度はどうかを確認する。このモニタリングを繰り返すことによってケアマネジャーが，継続的に利用者の生活全体について責任をもつことになる。

5　医療と介護の機能分担，連携強化

1) チームアプローチの必要性

　20世紀後半より，医療・保健・福祉の連携の必要性が叫ばれている。急性疾患が医療の中心課題の時代では，医師が命令を下し関連職種が定められた任務を果たすことで医療チームは動いていた。しかし，疾病構造の変化により慢性疾患が医療活動に占める比率が高くなると，医療だけでは解決できない課題が出てくる。つまり慢性疾患をもつ人びとは，医療を受けつつ生活上の困難が生じる。高齢者人口の増加に伴い慢性疾患や障害をもつ人びとが増え，生活を支援する介護の必要性が高くなった。急性疾患対応の医療モデルから慢性疾患対応の生活モデルへの転換を余儀なくされている。

　生活は多様な構成要素から成り立っており，住居，教育，労働，余暇活動など他分野の専門家と機能を分担し，連携しなければ支援ができない状態になり，チームアプローチの必要性が生じる。

　利用者の生活支援のためには，多様なニーズに応える総合的な力を必要とし，各専門職が互いの能力と限界を知り，知恵と力を合わせて利用者のために協働する考え方で連携強化することが求められる。

2) 他職種の連携

　筒井孝子は，「連携とは，異なる専門職や機関が，よりよい課題解決のために，共通の目的をもち，情報の共有化を図り，協力し合い活動すること」と定義している。

　医療職と介護職の連携について具体的な事例から考えてみよう。

　医師は，心臓病の高齢患者に「心臓が弱っているので，今は少し安静にしておくように」と指示したとする。それに対して，介護職員がその情報を十分に把握していなければ，「家に閉じこもって安静にばかりしていると，廃用症候群になってしまうから外を歩きましょう」と散歩に誘ったりすれば，健康状態の悪化の危険性や利用者自身の戸惑いが生じることが予測される。利用者主体のサービスを提供するためには，利用者のニーズに即した支援体制を組み，ネットワークが強化されることにより，各職種の「総合力」が発揮され，問題

解決に向けた効果が期待できる仕組みをつくらなければならない。

前田信雄は、連携の仕組みの3段階について述べている。1段階は、「連絡」であり、別個の組織が随時の情報交換によりコミュニケーションをとることで「点」でつながる。連絡することでの見返りを期待するのではなく、自らの存在と組織を宣伝し、利用者に関する情報をこちらから発信することである。2段階は、異なる組織が定期的な業務提携することで線で結ばれ、ネットワークが形成されることである（コーディネーション）。3段階は、それぞれの組織が恒常的なつながりをもち一つの組織として「面」というシステムとして機能することで利用者の複合的な生活課題をスムーズに解決できるようになる。

介護職員は、生活支援の専門家として医療職をはじめとする他職種と連携して、利用者の生活がより安定し、生活の質（QOL）の向上をめざすことが求められる。

参考文献
介護福祉士養成講座編集委員会編集『新・介護福祉士養成講座9　介護過程』中央法規，2009年
野中猛『図説ケアチーム』中央法規，2007年

プロムナード

2000年の介護保険制度の開始に伴い、介護支援専門員（ケアマネジャー）が設置され各種介護サービス利用に関する責任をもつようになっています。介護過程における介護計画（個別援助計画）は、居宅であれ、施設入所であれケアマネジャーの立てた介護サービス計画の目標に沿って、利用者の尊厳や自立支援をするための個別の計画を立案する必要があります。この介護計画に基づいて介護を実施し、介護実践の評価を行うことが、エビデンス（根拠）のある質の高い介護を提供するために欠かせません。介護過程のなかでも介護に必要な情報収集を行い、その情報の解釈や統合化によって課題を明確化するアセスメントが重要です。

介護を必要とする高齢者や障害者のよりよい生活を実現するためには、医療・保健・福祉に携わる専門職のチームアプローチが求められます。

学びを深めるために

竹内孝仁・白澤政和・橋本泰子『ケアマネジメントの実践と展開』中央法規，2000年
　　本書はケアマネジメント講座3巻シリーズの2巻でケアマネジメントの歴史的な背景や高齢者や障害者のケアマネジメントの基本的な考え方や、サービス提供事業所の事例が紹介されている。
介護福祉士養成講座編集委員会編集『新・介護福祉士養成講座9　介護過程』中央法規，2009年
　　介護福祉士養成カリキュラムの改正に伴って、新たに介護過程として独立した科目のテキストとして出版されたものであり、介護過程の展開が事例をもとに紹介さ

れている。

福祉の仕事に関する案内書

大熊由紀子『「寝たきり老人」のいる国いない国』ぶどう社, 1990年

第 8 章

認知症ケア・ターミナルケア

1 認知症ケアの基本的考え方

わが国の高齢者福祉における中心的な課題の1つに認知症対策がある。今日，認知症高齢者は200万人ともいわれ，65歳以上の要介護（要支援）認定者のおよそ2人に1人は「何らかの介護・支援を必要とする認知症がある高齢者」（認知症である高齢者の自立度Ⅱ以上）である。これらの高齢者は，図表8-1の将来推定によれば，2015（平成27）年までに250万人に，2025（平成37）年には323万人と大幅な増加が予想されている。居宅，施設，病院等での認知症高齢者やその家族の介護支援の実施がますます重要となっている。

(1) 認知症とは何か

認知症とは，世界保健機関（WHO）のICD-10（世界保健機関国際疾病分類第10版）によれば，「通常，慢性あるいは進行性の脳疾患によって生じ，記憶，思考，見当識，理解，計算，学習，言語，判断などの多数の高次大脳機能の障害からなる症候群」と定義されている。認知症は1つの病気の名称ではなく，さまざまな原因により知能が低下した「状態」の総称である。すなわち，脳の器質的な障害によって，記憶力や判断力，実行能力や会話能力等，正常に発達した知的機能が持続的に低下し，日常の生活に支障を来たした状態である。

(2) 認知症の原因

認知症はさまざまな疾病が原因となり引き起こされる。代表的なものは，アルツハイマー型認知症と脳血管性認知症である。この両者で老年期にみられる認知症の約75～80％を占める。その他，ビンスワンガー病，レビー小体認知症，前頭側型認知症（ピック病），ハンチントン舞踏病，慢性硬膜下血腫，等がある。

ここでは，アルツハイマー型認知症（Alzheimer's dementia：AD），脳血管性

図表8-1 要介護（要支援）認定者（第1号被保険者）における認知症高齢者の将来推計

(単位：万人)

	2002年	2005	2010	2015	2020	2025	2030	2035	2040	2045
認知症である高齢者の自立度Ⅱ以上	149 (6.3)	169 (6.7)	208 (7.2)	250 (7.6)	289 (8.4)	323 (9.3)	353 (10.2)	376 (10.7)	385 (10.6)	378 (10.4)
（参考）認知症である高齢者の自立度Ⅲ以上	79 (3.4)	90 (3.6)	111 (3.9)	135 (4.1)	157 (4.5)	176 (5.1)	192 (5.5)	205 (5.8)	212 (5.8)	208 (5.7)

注1)（ ）内は65歳以上人口比(％)である。
 2) 2002(平成14)年9月末について推計した「要介護(要支援)認定者における認知症高齢者」と「日本の将来推計人口（平成14年1月推計）」から算出したもので，治療や介護に関する技術の発達など政策的な要素は織り込まれていない。
出所）厚生統計協会『国民の福祉の動向』2007年，p.109

認知症（Vascular's dementia：VD）の特徴について取り上げる（図表 8 − 2）。

1) アルツハイマー型認知症

　発症が潜在性であり，初老期から老年期にかけて発症し，人格の変化や随伴精神症状をともない，比較的緩慢に進行する認知症疾患である。原因不明の脳萎縮により，老人斑やアルツハイマー神経原線維変化が多数認められる。初症は男性に比べて女性に多い。最初に気づかれるのは「もの忘れ」である場合が多い。当初，記憶障害が目立ち，即時記憶・短期記憶の障害が主であり，最近のことをすぐに忘れる。また，同じことを何度も尋ねたりする等，記銘力（新しいことを覚えること）が低下する。その進行とともに次第に長期記憶の障害があらわれる。さらに，時間・場所・人物等に対する見当識に障害がみられ，理解力，計算力，判断力の低下が次第に進行する。しかし，「手続き記憶」（からだが覚えている動作等）や感情反応は疾病が進行しても保持されていることが多い。

2) 脳血管性認知症

　脳動脈硬化をもとに，脳血管障害，その多くは脳梗塞や脳出血を起こし，広範囲に脳組織が障害を受けることにより発症する認知症疾患である。梗塞が 2 ヵ所以上にわたり生じていることが多く，この場合は多発梗塞性認知症とよばれることがある。女性より男性に多い。記憶障害，とくに同じことを何度も尋ねたりする等，記銘力障害が目立ち，日時，場所，人物の見当識の障害がみられ，発症に気づくケースが多い。脳血管性認知症では，記憶障害は顕著であるにもかかわらず，対人対応等の理解力や判断力の知能機能の一部は保たれる状態がある。このため，この認知症は「まだら認知症」とよばれる。また，感情は変化しやすく，少しのことで泣いたり，怒ったりする感情失禁がみられる。この認知症は脳卒中（脳出血，脳梗塞）の発作を繰り返し，段階的に症状が増悪していく。神経症状として，片麻痺，言語障害，知覚障害，構音障害をしばしばともなう。

　なお，認知症に間違えられやすい状態には，「加齢による変化」（ふつうのもの忘れ），「うつ状態による変化」（抑うつ症状：気持が沈む，何をしても楽し

図表 8 − 2　アルツハイマー型認知症と脳血管性認知症の鑑別

	アルツハイマー型認知症	脳血管性認知症
発病年齢	70歳以上に好発する	50歳以後，加齢とともに増加
性別	女性に多い	男性に多い
人格	早期より崩れる	比較的保たれる
感情	平板化，上機嫌	易変性，情動失禁
認知症	全般的認知症	まだら認知症
神経症状	少ない	あり（錐体路，錐体外路，巣症状）
経過	動揺が少なく緩徐に増悪	段階的に増悪
CTスキャン	脳萎縮（脳室拡大，脳溝の拡大）	病巣に一致した低吸収域

出所）介護支援専門員テキスト編集委員会『支援専門員基本テキスト第 3 巻　高齢者保健医療・福祉の基礎知識（三訂）』長寿社会開発センター，2005 年，p.156 を一部改変

> **せん妄**
> 意識障害に錯覚，幻覚をともない，不安，恐怖感を抱いている状態が急性に発生し，数時間から数日続く。意識障害の程度としては軽度から中程度で変動性がある。幻覚には主に幻視が多くみられる。とくに，夜間や夕刻に増悪することが多い（夜間せん妄）。

> **長谷川式簡易知能評価スケール（HDS-R）**
> 質問項目は，①年齢，②日時の見当識，③場所の見当識，④3つの言葉，⑤計算，⑥数字の逆唱，⑦3つの言葉の想起，⑧5つの品物銘記，⑨野菜の名前：言葉の流ちょうさの9項目である。最高得点は30点で，20点以下であると認知症の疑いがある。

めない，気力が湧かない等），心気的症状（自律神経症状などの身体症状が現れ，身体的な不安感が強まる等），「せん妄」（注意障害をともなう軽度の意識障害）があり，認知症の基本症状である記憶機能とその他の認知機能の障害と臨床検査による診断により的確に区別する必要がある。

(3) 認知症の診断と判定

認知症の症状を診断する，スクリーニング法として代表的なものがいくつかある。「精神疾患の分類と手引き」（改訂第4版；DSM-Ⅳ，米国精神医学会）は，認知症の第1の原因疾患であるアルツハイマー型認知症の診断に広く使用されている。現在日本で使用されるものに「長谷川式認知症スケール」（改訂版長谷川式簡易知能評価スケール；HDS-R）がある。その他に「柄澤式老人知能の臨床的判定基準」等がある。これらは診断の効率性と客観性を図るために一定の質問項目からなっている。

また，図表8-3の「認知症（旧痴呆症）老人日常生活自立度判定基準」（1993（平成5）年，厚生省（現厚生労働省））は，医師により認知症と診断された高齢者の日常生活の自立度を，その高齢者を支援する在宅・施設サービスの現場に携わる専門職が客観的にかつ短時間に判定し，適切に対応できる目的で作成された。

(4) 認知症の症状

アルツハイマー型認知症と脳血管性認知症によって代表される認知症疾患の症状は，「中核症状」と「周辺症状」に分けることができる。

認知症の中核症状は，認知症の患者に必ず認められる知的機能（記憶ならびに認知）障害で，認知症の診断，判定の目安となる。すなわち，この知的機能には，記憶に加え，見当識，思考，知覚，判断，計算，推理，言語等の認知

図表8-3 認知症（旧痴呆症）老人日常生活自立度判定基準

ランク	判定基準
0	非該当（認知症なし）
Ⅰ	何らかの認知症を有するが，日常生活は家庭内および社会的にほぼ自立している。
Ⅱ	日常生活に支障をきたすような症状・行動や意思疎通の困難さが多少みられても，誰かが注意していれば自立できる。
Ⅱa	家庭外で上記Ⅱの状態がみられる。
Ⅱb	家庭内でも上記Ⅱの状態がみられる。
Ⅲ	日常生活に支障をきたすような症状・行動や意思疎通の困難さがときどきみられ，介護を必要とする。
Ⅲa	日中を中心として上記Ⅲの状態がみられる。
Ⅲb	夜間を中心として上記Ⅲの状態がみられる。
Ⅳ	日常生活に支障をきたすような症状・行動や意思疎通の困難さが頻繁にみられ，常に介護を必要とする。
M	著しい精神症状や周辺症状あるいは重篤な身体疾患がみられ，専門医療を必要とする。

2. 認知症ケアの実際

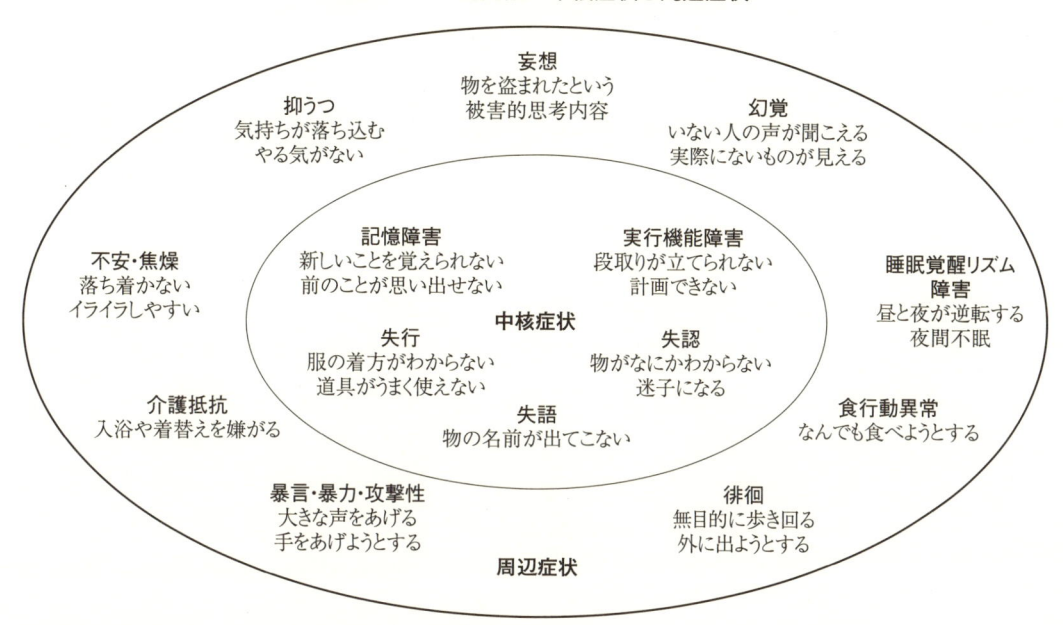

図表 8－4 認知症の中核症状と周辺症状

中核症状：
- 記憶障害：新しいことを覚えられない／前のことが思い出せない
- 実行機能障害：段取りが立てられない／計画できない
- 失行：服の着方がわからない／道具がうまく使えない
- 失認：物がなにかわからない／迷子になる
- 失語：物の名前が出てこない

周辺症状：
- 妄想：物を盗まれたという被害的思考内容
- 幻覚：いない人の声が聞こえる／実際にないものが見える
- 抑うつ：気持ちが落ち込む／やる気がない
- 不安・焦燥：落ち着かない／イライラしやすい
- 介護抵抗：入浴や着替えを嫌がる
- 暴言・暴力・攻撃性：大きな声をあげる／手をあげようとする
- 徘徊：無目的に歩き回る／外に出ようとする
- 食行動異常：なんでも食べようとする
- 睡眠覚醒リズム障害：昼と夜が逆転する／夜間不眠

出所）長谷川和夫編『やさしく学ぶ 認知症のケア』永井書店，2008年，p.13

（高次精神）機能が含まれる。

　この症状の中心に位置するのは，記憶機能障害（新しい記憶が非常に困難である。同じことを繰り返す，直前の体験を覚えていない，物忘れの自覚がない）である。また，高次精神機能障害である，実行機能障害（自覚的に計画や目的をもって，段取りよく行動ができない），さらに，大脳の高次機能障害によって引き起こされる失行・失認・失語（それぞれ運動，感覚，言語の障害）等がある。

　認知症の周辺症状（行動障害）は，その中核症状にともなって出現する，さまざまな精神症状や行動異常で，随伴症状・行動異常，BPSD（behavioral and psychological symptoms of dementia：認知症の行動・心理症状）と表現されることもある。これらは，中核症状の背景のもと，不安感や不快感，焦燥感，ストレス等の心理的要因が作用して現れると考えられている。ここには，妄想，幻覚，徘徊，暴言・暴力・攻撃性，抑うつ等がある。これらの周辺症状は認知症の患者に特有の症状ではないが，もっとも近くにいる家族が気づくケースが多く，日々の生活において問題となりやい。これらの周辺症状の出現には環境的な要因もあることも忘れてはならない。医学的な治療法はまだ確立されていないが，薬物療法，心理療法が試みられている。

周辺症状（BPSD）

認知症高齢者の一連の行動はかつて「問題行動」とよばれていた。しかし，問題なのはケアを提供する側の視点であるとの批判から，認知症が，認知機能障害等が原因で起こる行動上の障害という考え方のもと認知症の周辺症状はBPSDという用語にて専門家の間で国際的に用いられている。

薬物療法

認知症には完治や発症の抑制，予防を目的とした治療薬はない。現在は，認知症状の進行を遅らせる可能性をもつ薬剤として，アリセプト（主成分：塩酸ドネペジル）がわが国唯一のアルツハイマー病に対する保険適応を受けた抗認知症薬として有効とされている。

2 認知症ケアの実際

(1) 認知症ケアの考え方

認知症ケアを展開するにあたり大切なことは、たとえ認知症の症状が進行し、記憶や言葉、動作の理解が困難となり、社会生活に支障をきたす状態となっても、人としての尊厳が保持されることである。そして、これまでの生き方や生活の継続のもと、できる限り自らの意思に基づき自立した質の高い生活を送ることができるように支援していくことが望まれる。

認知症ケアの原則としては次のような項目をあげることができる。①高齢者の主体性の尊重、自己決定の尊重、②高齢者の生活の継続性の保持、③自由と安全の保障、④権利侵害の排除、⑤社会的交流とプライバシーの尊重、⑥個別的対応、⑦環境の急激な変化の忌避、⑧その人のもっている能力に注目し、生きる意欲、希望の再発見を可能にするような自立支援、⑨人としての尊厳性の保持、⑩身体的に良好な状態の維持と合併症の防止、である[1]。

認知症ケアは個別性を重視し、その人らしさを尊重するケアである。近年、認知症ケアの領域において「パーソンセンタードケア」(person-centered care)が注目されている。このケアはパーソンフッド(personhood：個人性、その人らしさ)という概念のもと、利用者を中心に据えた介護を強調し、認知症である本人の「内的体験」や「物語」(ナラティブ)を大切にするケアである。

(2) 認知症ケアの取り組み（心理療法）

認知症の高齢者の症状が緩和され、社会生活に適応できるようになるためのさまざまな療法や方法が開発され実施されている。認知症の症状の改善には薬物療法の他に次のような心理療法がある。

1) リアリティオリエンテーション (reality orientation：RO)

1958年、米国の精神科医のフォルサム(Folsom, J.)によって開発された。現実感を取り戻すことを意図したプログラムで、認知症高齢者の名前、時間、場所などについての、見当識障害の改善に焦点を当てたケアとして知られている。

2) 回想法 (reminiscence therapy)

1963年、米国の精神科医のバトラー(Butler, R. N.)によって提唱された。回想とは過去を思い出す行為や過程をいう。人生を振り返り、過去の出来事や行為の意味付けをサポートする。専門家は回想に共感的、受容的姿勢をもって意図的に介入し、支持するコミュニケーションを基盤とする技法を用いる。回想法は、介護施設やデイサービス等のアクティビティやレクリエーションに取り入れられている。

パーソンセンタードケア

英国の臨床心理学者であるキッドウッド(Kitwood, T.)が1997年に提唱した。疾病あるいは症状を対象としたケアではなく、暮らしをする個人に重点をおく。訓練を受けた評価者が「認知症介護マッピング」(DCM)のツールを用い、認知症の人びとの詳細な観察を行う。その中で、「良い状態」(well-being)と「悪い状態」(ill-being)を明確にし、新しい認知症介護の指針を示していく。

3）音楽療法 (music therapy)

音楽療法とは「身体ばかりでもなく，心理的にも，社会的にもよりよい状態の回復，維持，改善などの目的のために，治療者が音楽を意図的に使用すること」（全日本音楽療法連盟による定義）である。治療のためのセッションや日常のアクティビティにて，音や音楽，リズムを媒介とし，言葉や記憶を呼び覚ます効果がある。

4）バリデーションセラピー (validation therapy)

米国のフェイル (Fail, N.) により開発された。アルツハイマー型認知症および，それと類似する認知症の高齢者とコミュニケーションを行うための1つの方法である。認知症高齢者が経験の中で感じている感情や感覚レベルで応えることを大切にし，尊敬と共感をもって関わることを基本とするコミュニケーション法である。

その他，認知症の高齢者への心理療法として，園芸療法，アニマルセラピー，ダンス療法，動作法などがあげられる。

(3) 認知症の高齢者を支援する介護サービス

認知症の高齢者にとって安心して生活できる生活環境の整備は不可欠である。認知症の高齢者の生活を支援するために，さまざまな介護支援サービスが整備され活用されている。この介護サービスは本人のみならず，認知症高齢者を介護する家族をサポートし，介護負担やストレスの軽減を図ることができる。

介護保険制度においては，居宅介護支援，介護予防支援，施設サービス，地域密着型サービス，居宅サービスと多様な介護サービスが提供されている。その中で認知症高齢者のケアにおいて特徴的な居宅介護サービスをいくつか取り上げてみる。

1）認知症対応型通所介護

認知症の利用者がデイサービスセンター等に通い，入浴，排せつ，食事，その他の日常生活上の世話を受けるサービスである。

2）小規模多機能型居宅介護

利用者の状況や環境に応じて，居宅において，あるいは居宅から拠点に通い，また短期間宿泊できるなど，柔軟な対応が可能な介護サービスである。

3）認知症グループホーム（認知症対応型共同生活介護）

認知症の利用者が小規模なユニット（少ない人数の単位）で家庭的な雰囲気のもと生活できる空間を提供している。

その他，特別養護老人ホーム（指定介護老人福祉施設）等の施設サービスにおいてもユニットケアが導入され，「新型特養」として普及している。このように認知症の介護は集団ケアから個別ケアの改革がなされている。

ユニットケア→P.138

(4) 認知症高齢者の権利擁護（虐待の防止）

認知症高齢者は，その病状や症状のゆえに十分に理解されず，本人の生きる権利が侵害される状況が起こっている。そのため，介護現場では利用者への身体拘束や行動を制限する行為，在宅では，家族の介護負担やストレス等から起因する各種の虐待を予防するための取り組みがなされている。

高齢者の尊厳の保持をはかる目的で，2006（平成18）年には「高齢者虐待の防止，高齢者の養護者に対する支援等に関する法律」（高齢者虐待防止法）が施行された。また，「成年後見制度」（判断能力が低下した人を保護・支援するためのもの）や「日常生活自立支援事業」（旧・地域福祉権利擁護事業：全国各地の社会福祉協議会が提供する福祉サービス利用援助事業）等の事業が提供するサービスの活用により，認知症高齢者の権利擁護の実現がさらに望まれる。

> **日常生活自立支援事業**
> 認知症や知的・精神障害により判断能力が低下したために，福祉サービスを利用するための選択・手続きや利用料の支払いなどが自分自身でできない人を代行・代理する制度である。

3 ターミナルケアの基本的考え方

高齢者の多くは，人生の総決算というべき最期のライフステージにおいて「自分の死」と向き合うことになる。近年，介護・福祉現場での終末期ケア，つまり，ターミナルケアが重要になってきている。医療や介護を受けながら，高齢者がいかにその人らしく死を迎えることができるか，そのための終末期におけるケアのあり方について考える。

(1) ターミナルケアとは

ターミナルケア（terminal care）とは，身体的な健康のレベルが低下し，医療的な処置によっても回復が困難で不可逆的な状態となり，死を迎える時期に提供されるケアのことである。そこで提供されるケアはターミナル期の特徴を踏まえたものである必要がある。

ターミナルケアには，明確な定義はないが，旧厚生省・日本医師会は，ターミナルケアを一般に，難治性の疾患を患い，現在のあらゆる医療技術を駆使しても治癒の見込みがなく，死期が近いと考えられる末期状態（おおよそ6ヵ月の期間）にある患者に対する，看護，介護のほか，痛みやその他の身体的症状の治療や，患者や家族に対する精神的対応であるとしている[2]。

これまでのターミナルケアは，急性末期がんの患者などが病院の病棟で受ける緩和医療やホスピスケア（hospice care）という性格が強かった。しかし，高齢者のターミナルケアを想定した場合，それは必ずしもがん末期疾患とは限らず，さまざまな慢性疾患を罹患しつつ，疾患の治癒を第1の目的にするのでなく，積極的な治療（cure）が不適切であると判断された終末期を過ごす高齢者に対して，死ぬまでの期間・時間（おおむね半年以内）を，その人なりに納得して最後まで生を生き抜くことを支援していくケアということができる。

> **ホスピスケア**
> 治療的効果が期待しにくい患者に対し，できる限り痛みや苦しみを除去し，患者とその家族を身体的・精神的・社会的な側面からケアすること。また，ホスピスケアではさまざまな症状の緩和をめざし，患者の残された時間を意義ある生活が送れるようケアすることに力点があることから，人生の量より質が重視される。

図表8－5　緩和ケアの利点

① 生きることを尊重し，誰にも例外なく訪れることとして死にゆく過程にも敬意を払う。
② 死を早めることも死を遅らせることにも手を貸さない。
③ 痛みのコントロールと同時に痛み以外の苦しい諸症状のコントロールを行う。
④ 心理面のケアや霊的な（spiritual）面のケアも行う。
⑤ 死が訪れるまで患者が積極的に生きていけるよう支援する体制をとる。
⑥ 患者が病気で苦しんでいる間も，患者と死別した後も，家族の苦難への対処を支援する体制をとる。

出所）世界保健機関編『がんの痛みからの解放とパリアティブケア』金原出版，1993年，pp.5-6

（2）緩和ケア：痛みのコントロール

ターミナルケアの目的の1つに「患者の苦痛を和らげる」ということがある。その意味でこれを「緩和ケア」（palliative care）と同義にとらえる考え方がある。

WHO（世界保健機関）は，緩和ケアを，「生命を脅かす疾患による問題に直面している患者とその家族に対して，疾患の早期より痛み，身体的問題，心理社会的問題，スピリチュアルな問題に関してきちんとした評価を行い，それが障害とならないように予防したり，対処したりすることで，クオリティ・オブ・ライフを改善するためのアプローチである」[3]（2002年，日本ホスピス協会翻訳）と定義している（図表8－5）。

すなわち，緩和ケアとは，治癒の見込みがない患者に対して，無理な延命等を行わず，さまざまな痛みや痛み以外の苦痛の症状をコントロールし，それらを緩和し，人として尊重し，その人らしい最期を迎えることができるように支援する専門的なケアである。そのためのケアには，患者本人のみならず，家族への支援も含まれる。

このような観点から，近年は医療施設以外の特別養護老人ホーム等の社会福祉施設や在宅サービスの現場においても，ターミナルケアが展開され，「看取りケア」とよばれ実践されている。

> **クオリティ・オブ・ライフ（QOL：quality of life）**
> 「生活の質」「生命の質」「人生の質」等に訳される。QOLは「自分自身に対する満足感，充実感，安心感，幸福感」など個人の意識面を中心にとらえる立場と，「人びとの幸福，満足な生活にするための社会システムの創造」として生活の質を社会環境から考える立場とがある。

（3）介護施設でのターミナルケア

近年，利用者の要介護度が重度化し，施設入所の期間も長期化する傾向があり，利用者が人生の最期を迎える場所の選択肢の1つとして特別養護老人ホーム等の介護施設を加える必要性が出てきた。そして，施設側も「終の棲家」としての体制が求められ，特別養護老人ホーム等が看取りのケアを行っていく際の制度面の整備が行われた。

2006（平成18）年4月の介護保険制度改正にともない，指定介護老人福祉施設（特別養護老人ホーム）において，一定の条件を満たし利用者の看取り介護（ターミナルケア）を実施した場合に，その介護に対して「看取り加算」が算定されるようになった。

なお，この新規加算と併せて，介護施設での看取りを想定して，看護職員や病院等の関係機関との24時間の連絡体制の確保などを要件とする「重度化対

> **看取り加算**
> 介護保険施設の入所者の重度化等にともなう医療ニーズの増大等に対応する観点から，医師が回復の見込みがないと判断した入居者について，医師，看護師，介護職員などが共同して，本人またはその家族に対し十分な説明を行い，合意を得て看取り介護を行った場合に，死亡日前30日を上限として，死亡月に加算される。

図表8－6　施設における「看取り」に関する手順（全体図）

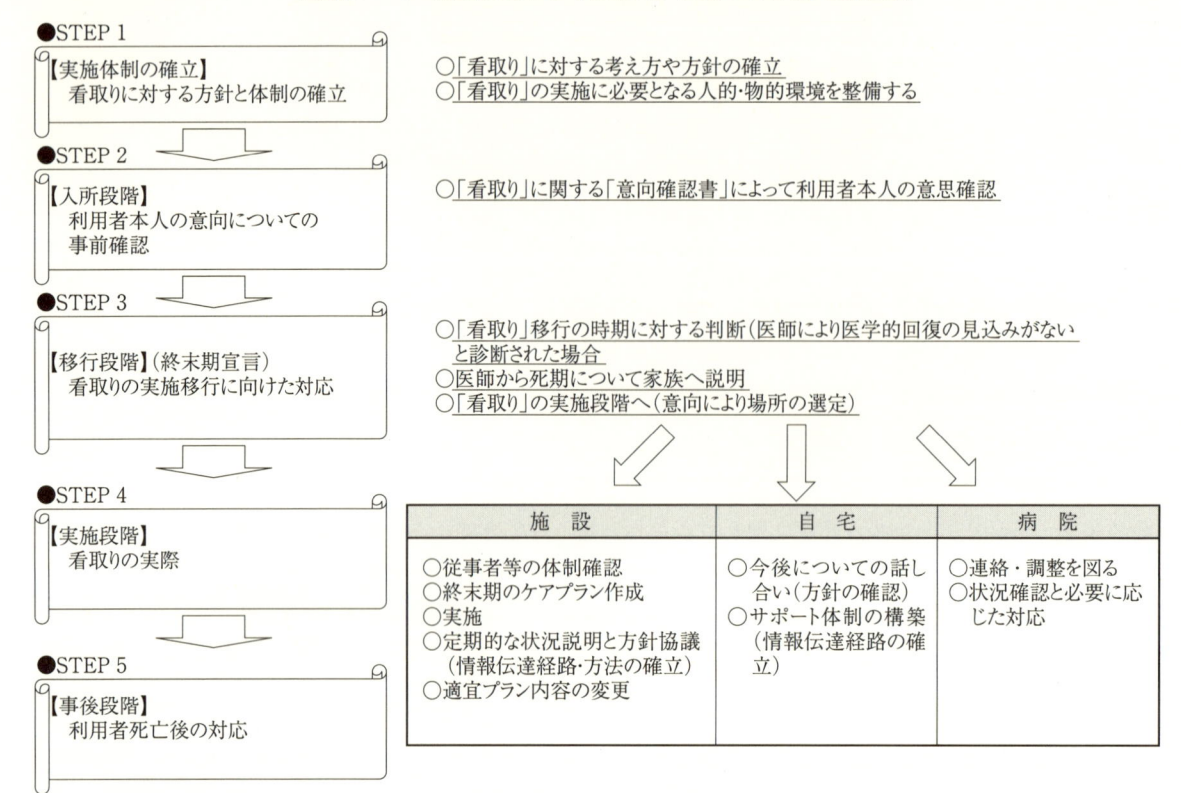

- ●STEP 1　【実施体制の確立】看取りに対する方針と体制の確立
  - ○「看取り」に対する考え方や方針の確立
  - ○「看取り」の実施に必要となる人的・物的環境を整備する

- ●STEP 2　【入所段階】利用者本人の意向についての事前確認
  - ○「看取り」に関する「意向確認書」によって利用者本人の意思確認

- ●STEP 3　【移行段階】（終末期宣言）看取りの実施移行に向けた対応
  - ○「看取り」移行の時期に対する判断（医師により医学的回復の見込みがないと診断された場合
  - ○医師から死期について家族へ説明
  - ○「看取り」の実施段階へ（意向により場所の選定）

- ●STEP 4　【実施段階】看取りの実際

- ●STEP 5　【事後段階】利用者死亡後の対応

施　　設	自　　宅	病　　院
○従事者等の体制確認 ○終末期のケアプラン作成 ○実施 ○定期的な状況説明と方針協議（情報伝達経路・方法の確立） ○適宜プラン内容の変更	○今後についての話し合い（方針の確認） ○サポート体制の構築（情報伝達経路の確立）	○連絡・調整を図る ○状況確認と必要に応じた対応

出所）全国社会福祉協議会・全国社会福祉施設経営者協議会『指定介護老人福祉施設における看取りに関する指針の策定にあたって（全国経営協版）』2006年, p.7

応加算」，その他，認知症グループホーム等においても「医療連携体制加算」が創設されている。

（4）在宅でのターミナルケア

わが国では，死亡場所は圧倒的に病院が多くを占める。しかし，近年，高齢者の終末期の対応を病院だけでなく，長年にわたり住み慣れた自宅にて療養を続け，家族とともに最期を迎える在宅でのターミナルケアの取り組みがなされている。

図表8－7　在宅ホスピスケア実施基準（提供されるケア）

(1) 医師の訪問診療，看護師の訪問看護，必要に応じたその他の職種の訪問サービス
(2) 患者の家を中心とした24時間，週7日間対応のケア
(3) おもに患者の苦痛を対象とした緩和医療
(4) 遺族を対象とした死別後の計画的なケア
(5) 患者と家族を1つの単位とみなしたケア
(6) インフォームドコンセントに基づいたケア
(7) 病院や施設ホスピスと連携したケア

（在宅ホスピスケア協会作成）

出所）柏木哲夫・藤原明子編『系統的看護学講座　別巻10 ターミナルケア（第3版）』医学書院, 2001年, p.321

在宅ホスピスケアは、主にガン患者の人が在宅で終末期ケアを受けることを可能とするケアである。このケアの形態はさまざまである。緩和ケア病棟を併設する病院の医師の往診や訪問看護ステーションあるいは訪問看護部門の活動がある。また、一般病院の在宅ケア部門が訪問看護を実施し、そこでは往診や医療ソーシャルワーカーが関わることもある。さらには、開業医あるいは診療所からの往診、その診療所の看護師が訪問する場合もある（図表8－7）。

　2006（平成18）年、第5次医療法改正が行われ、在宅医療の充実が内容に盛り込まれた。また、同年、医療報酬改定では、在宅部門に関して、24時間体制を敷き、訪問看護ステーションとの連携を取り、在宅での看取りが行える「在宅療養支援診療所」に対し実施に取り組める厚い内容が盛りこまれ、高齢者に対する在宅のターミナルケアも一層の推進が図られようとしている。

(5) チームケアによる支援

　終末期を迎えている患者・利用者は複合的なニーズを抱えている。特定の職種だけでは、そのニーズは充足できない現状がある。そこで、ターミナルケアでは、異なった専門領域の職種のメンバーがチームを構成し、全人的な苦痛のケアやQOLの向上をめざし患者や家族の支援を行う。その構成メンバーには、医師、看護師、保健師、薬剤師、心理士（臨床心理士）、ソーシャルワーカー（社会福祉士）、ケアワーカー（介護福祉士）、等がいる。また、宗教家（牧師、僧侶等）やボランティアの存在も重要である。実際のケアでは、チーム内でのコミュニケーションを円滑にし、情報を共有し、他職種で構成されるチーム内でカンファレンスを開催し、支援のための調整を図り、連携と協働を図っていく。

(6) 患者・利用者、家族・遺族への死の受容への援助

　終末期の過程にあり死を意識する患者・利用者の本人、またかれらとともに過ごす家族、あるいは、残された遺族は、深刻かつ心理社会的なストレスを抱えている。ターミナルケアにおいて家族や遺族に対して支援を行うことは大切な働きである。

1) 患者・利用者への心的ケア

　エリクソン（Erikson, E. H.）は、人間の発達段階における老年期を「統合と絶望」とし、この統合と絶望の間の葛藤の中で、死に関する関心を獲得していくとしている。死の受け止め方は個人により相違があるが、ターミナル期にある高齢者の中には、死に対する不安や恐怖、寂しさといった感情や気持ちを有する人がいる。精神科医のキュブラー－ロス（Kübler-Ross, E.）は、死が間近に迫った人の経験する「死への受容過程」を5段階（①否認、②怒り、③取引き、④抑うつ、⑤受容）に示している。高齢者に対するターミナルケアに

在宅療養支援診療所
24時間体制で、自宅あるいは有料老人ホーム、老人保健施設等に対して往診や訪問看護のサービスを提供する在宅診療の中核を担う医療機関である。他の病院、診療所、薬局、訪問看護ステーション等との連携を図ること、緊急入院先である医療機関の体制の確保、介護支援専門員（ケアマネジャー）等と連携があること等の要件がある。

キュブラー－ロス（Kübler-Ross, E. 1926-2004）
200人の末期がん患者と面談し彼らの死に逝く過程における克明な心理状況を分析した。その詳細を医師などの教育の一環としてまとめ上げた On Death and Dying（『死ぬ瞬間』1969年）が世界的なベストセラーになった。研究の中でも特筆すべきは、死のプロセスの5段階を示したことである。

おいても死をめぐって揺れ動く感情の変化をとらえ，これらを受容してケアにあたる必要がある。

2) 家族，遺族のケア

終末期の高齢者本人と生活をともにする家族は，患者自身に先立って病状や余命に関する事柄を知ることが多い。それゆえ，家族は患者の死を予期したときから準備的悲嘆（anticipatory grief）を経験する。また，看取りとその介護などの過程で体験する喪失感に陥ったり，あるいは，死別後において，本格的な苦痛と悲嘆を経験する。このような家族に対して，ターミナルケアに従事するワーカーによる，死への受容に向けた遺族ケア（grief care）が望まれる。

> **遺族ケア**
> 大切な家族との死別を体験した人びとがその悲嘆や苦痛を受け入れ，乗り越えていけるように，また，遺族が自らの役割を果たし，故人のいない生活に適応できるためのサポートをする。さらに，低下した自尊感情を修復し，自己のイメージを確立できるよう支援する。英文では死別ケアを意味するビリーブメントケア（bereavement care）と表現されることがある。

4　ターミナルケアにおける人間観と倫理

従来の医学は，患者の死は敗北であり，人がいかに長く生きるか（生かすか）という時間的延命に重きが置かれてきた。しかし，ターミナルケアの考え方では，人生の時間的な長さよりもむしろ，患者自身の死に対する自己決定を尊重し，患者の苦痛の緩和を中心として，患者のクオリティ・オブ・ライフ（QOL）を高めることに重点が置かれる。

(1) 人間観：全人的理解から

ターミナルケアは，その実践の基盤に，「全人的な」（wholistic）人間理解を据える。すなわち，「身体的」（physical），「心理的」（emotional），「社会的」

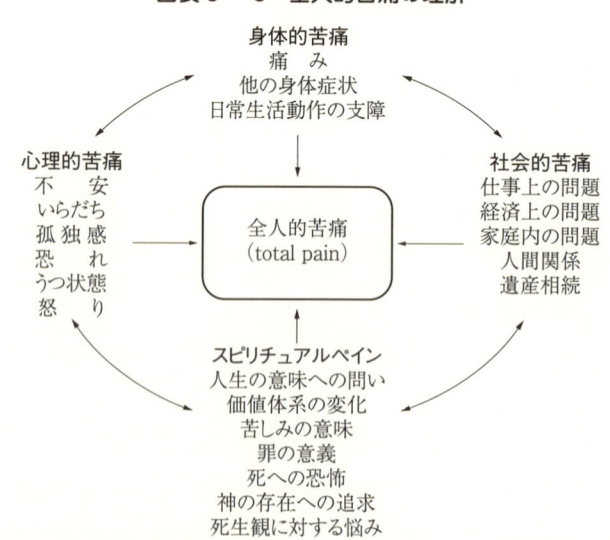

図表8－8　全人的苦痛の理解

```
              身体的苦痛
                痛　み
              他の身体症状
            日常生活動作の支障
                  ↕
  心理的苦痛              社会的苦痛
    不　安                 仕事上の問題
    いらだち   全人的苦痛   経済上の問題
    孤独感   (total pain)   家庭内の問題
    恐　れ                 人間関係
    うつ状態               遺産相続
    怒　り
                  ↕
            スピリチュアルペイン
              人生の意味への問い
              価値体系の変化
                苦しみの意味
                罪の意義
                死への恐怖
              神の存在への追求
              死生観に対する悩み
```

出所）淀川キリスト教病院ホスピス編『緩和ケアマニュアル　ターミナルケアマニュアル改訂第4版』最新医学社，2001年，p.34を一部改変

(social),「霊的」(spiritual) の側面を，すべての人間が有する側面と考え，これらの側面を全体として人間を理解する。したがって，ターミナルケアは，この全人的な理解のもと，人間が経験する苦痛を「全人的痛み」(total pain) と表現し，ケアの実施にあたって，患者や利用者のこれらの苦痛や苦悩の軽減や緩和をめざす。

　全人的痛みを構成する痛みとは，① 身体的な痛み（体の痛み：疾患による疼痛や呼吸困難，不快感，身体的機能の低下や障害），② 心理的な痛み（心理的・精神的な痛み：死の不安，いらだち，孤独感，恐怖，うつ状態），③ 社会的な痛み（生活問題にともなう痛み：治療費・遺産相続等の経済的な問題，家族や職場の人間関係の問題，役割の喪失），④ 霊的な痛み（生きる意味の喪失：苦しみの意味や罪の意識，死生観，宗教に関する悩み）であるといえる。

(2) 死をめぐる倫理的課題

　ターミナルケアはその人らしさ，その個人の生と死の実現に関わる臨床における実践である。その支援の実際の場面では生と死をめぐるさまざまな倫理的な課題に直面する。

①インフォームド・コンセント (informed consent)

　ケア従事者によって，終末期にある本人とその家族に対して，治療の経過と死に関しての選択肢とそれにともなう問題等，十分な情報の提供と適切な説明がなされる必要がある。そこでは，自己決定が尊重されなければならない。これにともない，死の「告知」（真実を伝えること：truth telling）をする場合には本人の病状や精神的な苦痛を少なくする倫理的配慮が重要である。

②尊厳死とリビング・ウィル

　尊厳死とは，患者が「不治かつ末期」になったとき，自分の意思にて延命治療を中止してもらい，安らかに人間らしい死を遂げることである。この延命治療の是非をめぐる倫理的な課題がある。近年，患者の尊厳死の意思が尊重されるために，生前において，リビング・ウィル (living will) を文書で表明しておく動きが広がりをみせている。

> **リビング・ウィル**
> 治療が困難な病気にかかり，延命のための治療を望まない場合に，文書でその意思を表すこと，またそれを記録したもの。死んだ後に効力を発するのではなく，生命があるうちに効力を及ぼす。リビング・ウィルは「健やかに生きる権利」「安らかに死ぬ権利」を自らの意思でまもるものだといえる。

注
1) 認知症ケア学会編『認知症ケア標準テキスト　認知症ケアの基礎』ワールドプランニング，2004年，p.93
2) 厚生省・日本医師会編『末期医療のケア：その検討と報告』中央法規，1989，p.4
3) 日本ホスピス緩和協会ホームページ　http://www.hpcj.org/what/definition.html
　（検索日：2009年1月27日）

参考文献

認知症介護研究・研修東京センター他監修『図表で学ぶ　認知症の基礎知識』（認知症介護実践研修テキストシリーズ3）中央法規，2008年

日本認知症ケア学会監修『地域における認知症対応　実践講座Ⅰ』ワールドプランニング，2002年

奥田いさよ他編『ターミナルケア　保健・医療・福祉の連携による援助』川島書店，1995年

嶺学他編『高齢者の在宅ターミナルケア—その人らしく生きることを支える』御茶の水書房，2002年

鈴木志津枝・内布敦子編『成人看護学　緩和・ターミナルケア看護論』ヌーヴェルヒロカワ，2005年

プロムナード

　先日，元職場の特別養護老人ホームを半年振りに訪れました。その時，入居者の女性Aさんが，わたしに近づいて来られ，「久しぶり，あんたどこに行っとんたん！」と声を掛けてくださいました。Aさんは，直前の食事や外出したこと自体を忘れるような方です。わたしはAさんにこのように声を掛けていただき，驚きと同時に嬉しさを覚えました。ともに生活をする中での人格的な交わり，感情の部分でのつながりの重みを感じました。ちなみに，Aさんは元教師でわたしを同僚の教師と思ってくださっています。その話題で話をすると心穏やかに，楽しい様子を見せられます。
　認知症の方とのコミュニケーションにおいては，単なる「事実」の正確さを求め指摘するのでなく，その方自身の心のうちの「物語」，換言すれば，生きてこられた，あるいは，生きておられる，その心のうちにある「真実」を受けとめ，それに共感を示し寄り添うこと，これが認知ケアの第一歩であり，その中で支援に必要な信頼関係が深まっていくのではないかと考えます。

学びを深めるために

長谷川和夫編『やさしく学ぶ　認知症ケア』永井書店，2008年
　認知症ケアの理念や医療，実際的な技法，基本アセスメント，ICFの視点からみた認知症ケア等について最近の認知症ケアの動向を知ることができる。

金子克子・野口美和子監修，天津栄子編『高齢者看護プラクティス　高齢者認知症ケア・ターミナルケア』中央法規，2005年
　認知症の基本的理解，在宅における認知症ケア，高齢者の死生観を踏まえ，病院・介護施設，在宅でのターミナルケアについて学ぶことができる。

▶認知症の原因と症状，そして，認知症ケアの実際について理解しましょう。
▶ターミナルケアの基本的考え方を踏まえ，そのケアのあり方，倫理的課題について理解しましょう。

福祉の仕事に関する案内書

日本認知症ケア学会編『認知症ケア標準テキスト　認知症ケアの基礎』ワールドプランニング，2004年。その他，同標準テキストのシリーズ

櫻井紀子編『高齢者介護施設の看取りケアガイドブック』中央法規，2008年

第 9 章

高齢者と居住環境

1 高齢者にとっての居住環境

　古くから「衣・食・住」と表現されてきたように，住宅は人間らしい生活を営むための基本条件の1つである。住宅は人びとの生活を外環境から守るシェルター（shelter）であり，住み手が健全な生活を確保するためには安全で快適な住宅が欠かせない。また，住宅は人びとが日常生活を送る場所でもある。人は住むという行為を通して"住まい"を確立する。それは，自らのアイデンティティ（identity）を形成する場として，住み手である個人とその扉の外に広がる社会との接点となる。このような住まいは，伝統的な住文化を背景に，それぞれの家族や社会との関係を繋ぐ精神的な拠り所となる。これらの点において，人間生活にふさわしい住宅，さらには住み手がその人らしい生活を送れるような住まいは，生活基盤として必要不可欠なものであり，たんなる物質以上の意味をもつことは明らかである。

　とくに，高齢期になると，身体的に機能が衰えたり，経済的にも現役世代と比べて収入が低下したり，社会的にみて人とのつながりが希薄になりやすく，日常生活の大半を過ごす在宅での生活を支える住まいや居住環境のあり方が高齢者の生活を大きく左右する。たとえば，住宅の構造が在宅生活を阻むような状況にあれば，そこに手を加えて，高齢者やその家族がともに暮らしやすい環境をつくるための支援が必要となる。また，低所得の高齢者にとっては，家賃，税金，住宅維持費など住宅に関する経済的負担は重くなる。そのため低い居住水準や，立ち退き，建て替え，入居差別など，居住権を脅かされるような状況もある中で，高齢者が安全で安心な暮らしができるような住宅供給の仕組みも欠かせない。加えて，施設に入居する場合には，高齢者にとって生活を取り巻く環境が大きく変化することから，できるだけ住み慣れた地域で，また在宅での生活に近いかたちで過ごせるような居住環境を整えることが大切となる。

2 在宅における居住環境—"宅なし"福祉の見直し—

　わが国における高齢者ケアは，家族による在宅介護（1960年代）から，介護問題を背景とした"寝たきり老人"の長期入院（1970年代），"社会的入院"の増大と医療再編としての在宅ケアの推進（1980年代），そして自治体（地域）を中心としたケアシステムの整備（1990年代）へと変遷を重ねてきた。一方では医療費をはじめとする社会保障費の抑制を目的に，他方ではノーマライゼーション思想の普及のもと"できるだけ住み慣れたところで暮らす"ことを実現するため，福祉先進諸国と同様に，施設から在宅へとケアの場を移してきた[1]。

　しかし，これまでわが国においては市場原理に基づく住宅供給のもとで形成

された貧しい住宅事情にあって、人間生活を根底から支える居住への視点を欠いたまま在宅ケアが論じられてきたために、"宅なし"ケア（福祉）という言葉に代表されるような高齢者居住を脅かす住宅問題の実態が指摘されてきた。2000年以降は、介護保険施行のもとで在宅福祉が推進されているが、高齢者の生活の拠り所として住宅が十分に整備されているとは言い難い。2003年度には、自宅内で不慮の事故でなくなった1万1千人のうち8割を高齢者が占めており、つまずきによる転倒や、階段からの転落、浴槽での溺死など、住宅構造に関連した事故発生の要因が報告されている[2]。2006年内閣府の「高齢者の住宅と生活環境に関する意識調査」によると、60歳以上の高齢者が虚弱化した時に望む居住形態として、「現在の自宅にそのまま住み続けたい」が37.9％、「現在の住宅を改造し住みやすくする」が24.9％を占めており、6割以上の人が現在の住宅に住むことを希望している。また、2005年の同調査では、現在、住宅で困っていることについて、「何も問題点はない」と答えた人が56.4％と半数を占めるものの、2001年の調査結果（63.7％）と比べてその割合は低くなっている。困っていると答えた人の理由では、「住まいが古くなりいたんでいる」が15.8％ともっとも高い割合を占め、次いで、「住宅の構造（段差や階段など）や造りが高齢者には使いにくい」が10.8％、「日当たりや風通しが悪い」が9.8％、「台所、便所、浴室などの設備が使いにくい」が8.3％の順になっており、住宅の構造や設備について支障を感じていることがわかる。2006年内閣府の「高齢者の生活と意識に関する国際比較調査」によると、60歳以上の高齢者が、身体機能が低下した場合の住宅の住みやすさについて、「多少問題がある」が47.3％、「非常に問題がある」が18.9％を占めており、7割近くの人が現在住んでいる住宅に何らかの問題があると考えている。これらの結果から、高齢期に在宅での生活を継続することを希望する人が多いものの、現状として多くの住宅は高齢化に十分対応したものになっていないことがわかる。

加齢等による身体機能の低下や障害が生じた場合にも、高齢者が安心して住み続けることができるよう、「高齢者が居住する住宅の設計に係る指針」（平成13年国土交通省告示第1301号）の普及など住宅のバリアフリー化に向けた施策が積極的に展開されている[3]。代表的なものとして、高齢者の自立支援をめざす介護保険法では、居宅要支援被保険者に対する介護予防住宅改修費、居宅要介護被保険者に対する居宅介護住宅改修費の支給が規定されており、身体状況に応じて、手すりを取り付けたり、床段差を解消したり、滑り防止や移動を円滑にするための床材変更、引き戸等への扉の取替え、洋式便器等への取り替えなどを対象に、住宅改修の費用について、在宅サービスの支給限度額とは別に、20万円を上限として給付される（費用の1割は自己負担）。この他、介護保険法における住宅改修費の支給以外にも、自治体独自の住宅改修補助制度などが

バリアフリー

バリア（障壁、障害）を取り除くこと。障害者や高齢者をはじめ、すべての人びとの活動や社会参加をめざして、物理的バリアフリー、心理的バリアフリー、制度的バリアフリー、情報のバリアフリーなど、物心両面におけるバリアの除去が求められている。

ある。

こうした施策が展開する中にあって，今日，住宅改修に関連しては，高齢者を中心に悪質住宅リフォームの被害が深刻化している。2005年9月，政府は，全市町村にリフォーム相談窓口を設置すること，各都道府県に関係業界と消費者団体が共同で「住宅リフォーム推進協議会」を設置すること，また契約者自身が工事内容の適切さを判断するための「住宅性能評価方法」を開発するなどの強化策を提示した。今後，判断能力が衰えた人の財産，権利を守るための成年後見制度の活用と合わせて，高齢者が悪質な住宅改修工事によって不利益を被ることがないよう相談・実施体制を整備し，個々のニーズに応じたリフォームが行われるような仕組みが必要となっている。

3 施設における居住環境—居住形態の見直し—

高齢者居住への取り組みとして，重度の介護が必要となり，在宅での生活が困難となった場合，介護を受けられるような施設の存在もまた不可欠である。わが国では，高齢者保健福祉推進十ヵ年戦略（通称，ゴールドプラン）（1989年）以降，在宅福祉を推進する一方で，介護サービス基盤の1つとして施設を整備することもまた重要であった。しかし，サービスの質よりも量的充足が緊急の課題であったため，多くの施設では，施設形態のあり方が十分に検討されないまま，たくさんの入居者を1つの集団として，効率的にサービスを提供せざるをえない状況であった。その結果，4人部屋を主流とする相部屋や，決まった時間に食堂で一斉にとる食事など，施設での限られた居住空間における画一的な生活リズムとなり，個々の生活の嗜好やリズム，またプライバシーが守れない状況であった。入居者一人ひとりの個性を尊重した暮らしが展開されにくく，施設の居住環境の改善が必要であるといわれてきた。

このような施設居住の状況をできるだけ在宅に近いかたちで整えていくため，2002年に厚生労働省が特別養護老人ホームの設備や運営基準を改正し，プライバシーの確保と他の入居者との良好な人間関係の形成などをめざす，全個室でユニットごとの小規模生活単位型特別養護老人ホーム（通称，新型特養）を創設し，このような個室タイプでないと新規の特別養護老人ホームへの補助を適用しない方針を明らかにした。これにより，従来型の大規模な空間における集団的なケアは，家庭的な雰囲気の小規模な空間における個別的なケアへと見直され，個別の生活様式やプライバシーに配慮した「生活の場」として，施設の居住性の向上が図られている。2002年には新設84施設であったが，2003年には約200施設がユニットケアを推進している。この他，施設機能を地域で活かす方向で，特別養護老人ホームを中心に，小規模多機能施設サービス展開や一部のユニットをまちなかに整備するなど本体施設を拠点としたサービスの地

ユニットケア
従来の高齢者施設での集団処遇を見直し，少人数で，家庭的な雰囲気の中で入居者の特性や個々の生活ペースに合わせてケアをする試み。

域展開が今後，期待されている[4]。

施設における居住形態は，入居者の生活空間確保という点においては前進したといえるものの，ユニットケア導入をめぐってはさまざまな議論が交わされている。その焦点として，個室を利用する際に支払わなくてはいけない高い利用料，つまりホテルコストの問題がある。介護保険の施設給付については，在宅と施設の利用者負担の公平性の観点から，介護保険3施設（特別養護老人ホーム，老人保健施設，介護療養型医療施設，ショートステイを含む）における居住費用や食費を保険給付の対象外とし，入居者から徴収するよう見直された（2005年10月施行）。被生活保護者の利用については，居住費の負担を軽減する仕組みがあるが，原則として，居住費の利用者負担について生活保護費で対応せずとも入所が可能な場合に限定されているのが現状であるため，ユニット型特養の建設が進められる中，居住費を払うお金がないために，特別養護老人ホームに入れない人が出ていることを危惧する声もある。サービス利用者に過剰な負担がかかることのないよう，また，低所得および生活保護を受給する高齢者が施設サービスの利用を制限されることのないよう，その負担のあり方をさらに検討していく必要があるといえる。

> **ホテルコスト**
> 介護保険法の改正（2005）にともなって，これまでの食事に係る保険給付（基本食事サービス費）が廃止され，施設入所並びに短期入所における居住費＋食費（食材料費〈改正前の介護給付でも対象外〉プラス調理コスト）が10月に施行された。この新たに設けられた利用者の費用負担（居住費プラス食費）をいわゆる「ホテルコスト」という。その負担額は居住費用については個室で月額6万円（改正前の介護保険法では，個室・ユニットケア型の特別養護老人ホームで利用者負担は月額4〜5万円），4人部屋の多床室での利用者負担は月額1万円（改正前の介護保険法ではなし），また，食費については食材料費＋調理コストで月額約4.8万円の負担となるが，ホテルコストとして一般の入所者は月額約3万円程度の負担増になる。ただし，低所得者に対しては負担軽減を図るため補足的給付が創設される。なお，施行は2005（平成17）年10月からである。

4 高齢者居住に関する課題と展望―居住の確保に向けて―

(1) 新しい「住まい」の概念

2006年度の総務省の「推計人口」によると，わが国における65歳以上の高齢者人口は，2,746万人（男性1,170万人，女性1,576万人）で，昨年より86万人増加している。その結果，高齢者数が総人口に占める割合が21.5％という高い高齢化率を示す社会となっている。さらに，75歳以上の後期高齢者人口は1,270万人で，その数が総人口に占める割合は9.9％に達している。また，厚生労働省「国民生活基礎調査」によると，2006年現在，65歳以上の高齢者がいる世帯は1,829万人世帯で全世帯の38.5％となっている。うち高齢者単身世帯は410万世帯，高齢者夫婦世帯は540万世帯を占めており，高齢者のみの世帯の割合は高齢者世帯の半数を占めている。こうした中，2007年の総務省の「家計調査（総世帯）」によれば，世帯主の年齢が65歳以上である世帯（2人以上の世帯）の家計収支は，全体でみれば黒字となっているものの，無職世帯では赤字となっている。世帯主が65歳以上で無職の世帯では，実収入のうち社会保障給付が占める割合は88.3％となっており，老後に年金だけでは生活費を十分にまかなえない現状が浮き彫りとなっている。現在の貯蓄に関する65歳以上の意識については，「現在の貯蓄額が老後の備えとしては足りないと思う」と答えた人が64.7％であり，前回調査から7.6ポイント増えている。加えて，2008年厚生労働省の「被保護者全国一斉調査（基礎調査）」によると，

生活保護を受けている者のうち 65 歳以上の者は 39.8％ と約 4 割に達しており，その割合は増加傾向にあることが報告されている。

今後，高齢化率のさらなる上昇が見込まれる中，国が老後の生活をどのように保障すべきか，またそのために国民はどの程度の負担を担うべきか，国民的議論を踏まえた社会保障システムの再構築が急がれている。とりわけ高齢者居住をめぐっては，こうした老後の不安な経済状況が住まいの確保を困難にし，また老化による心身の状態の変化によって住み替えを余儀なくさせられる中で，高齢者にとって住み慣れた地域で生活を継続するための住まいの選択が非常に重要な意味をもっている。

先に述べたとおり，わが国において，高齢者の居宅での生活を支援するための基本方針が示されたのは「ゴールドプラン」（1989 年）で，在宅福祉対策の緊急整備や寝たきり老人ゼロ作戦の実施に向けた具体的数値が打ち出された。翌年には，ゴールドプランの実施体制を整備するため，老人福祉法を中心に社会福祉関係八法が改正され，在宅および施設福祉サービスを住民に身近な市町村に一元化し，在宅福祉サービスの推進や，市町村および都道府県における老人保健福祉計画の策定の義務づけなどが盛り込まれた。

その後，厚生大臣の私的諮問機関である高齢社会福祉ビジョン懇談会が「21 世紀福祉ビジョン」（1994 年）を発表し，社会保障に占める年金・医療・福祉の割合を 5：4：1 から 5：3：2 として，公正・公平・効率的な社会保障制度の構築のもと，介護・子育て支援対策，さらには地域保健医療福祉システムの確立などに向けた提言を行った。この報告書を受けて，「ゴールドプラン」を見直した「新ゴールドプラン」（1994 年），さらには「ゴールドプラン 21」（1999 年）が出され，高齢社会への計画的な対応として整備すべき公的サービスの数値目標が定められてきた。

この流れにあって，1980 年代以降，高齢者ができる限り自宅で生活できるように配慮したさまざまな施策が展開されている。国土交通省を中心とする住宅施策としては，高齢者の生活特性に配慮してバリアフリー化された公営住宅と日常支援サービスを一体的に提供するシルバーハウジング・プロジェクトをはじめ，地域高齢者住宅計画，公的住宅の供給，新築住宅のバリアフリー化，既存住宅の住宅改造の推進，ケア付き住宅など高齢者住宅の供給などがある。さらに，民間賃貸住宅居住者への支援として「高齢者の居住の安定確保に関する法律」（通称，高齢者居住法）（2001 年）を制定し，高齢者向け優良賃貸住宅への補助や高齢者世帯の入居を拒まない賃貸住宅の登録・閲覧制度などを実施している。また，厚生労働省を中心とする福祉施策としては，介護保険制度下において，先に取り上げた住宅改修や，ケアハウス，有料老人ホーム，認知症高齢者のためのグループホームなどの居宅サービスが保険給付の対象となっている。加えて，国土交通省との連携によるシルバーハウジングや高齢者向け優

シルバーハウジング
高齢者世話付き住宅。高齢者等の生活特性に配慮したバリアフリー仕様・設備の住宅と，生活援助員（ライフサポートアドバイザー）による日常生活支援サービスの提供を併せて行う公的賃貸住宅。高齢社会への対応として，1986 年に建設省（現国土交通省）（住宅施策）と厚生省（現厚生労働省）（福祉施策）との連携でシルバーハウジング・プロジェクトが発表され，翌年より実施された。

公的住宅
国や地方公共団体の補助，建設，管理によって供給される住宅をいう。なかでも，公営住宅，公団住宅，公社住宅など，より直接的に供給される住宅は公共住宅とよばれる。近年，民間住宅を活用した供給方式が打ち出されており，定義は明確ではない。

グループホーム
高齢者，障害者など 4～15 名程度の少人数が専門職員の介護・援助・支援を得て，地域の住宅に共同生活する居住形態。わが国では，従来，知的障害者の生活寮や通勤寮を意味したが，今日，高齢者，精神障害者，身体障害者をはじめ，生活支援を必要とする人びとの新しい住まい方として注目されている。介護保険法では認知症対応型共同生活介護，障害者自立支援法では共同生活援助を行う住居として位置づけられている。

良賃貸住宅への生活援助員の派遣なども実施されている[5]。

これら一連の施策展開を踏まえて，高齢者居住に関する取り組みは，新たな「住まい」の方向性を示す段階に至っている。2003年に，厚生労働省の私的研究会である高齢者介護研究会が介護保険施行後にみえてきた課題とその解決に向けて，「ゴールドプラン21」後の新たな高齢者介護のプラン策定を方向づける「2015年の高齢者介護～高齢者の尊厳を支えるケアの確立に向けて～」の報告書をまとめた。これは戦後のベビーブーム世代が高齢者となる2015年までに実現すべき高齢者介護について提案するもので，「高齢者の尊厳を支えるケア」を確立する方策として，「生活の継続性を維持するための新しいサービス体系」をあげている。そこでは，これからの高齢者介護は，施設入所は最後の選択肢であり，まずは可能な限り住み慣れた環境の中でこれまでの生活を継続することをめざした，「新しい『住まい』：自宅，施設以外の多様な『住まい方』の実現」として，自宅での生活を継続するために，個々の介護ニーズに対応した高齢者が安心して住める「住まい」に住み替えができるような"住まいの選択肢"を整えることが重要な課題とされた[6]。

実際，2005年の介護保険制度の改革においては，高齢者の住まいに関して，「居住系サービス」を充実するために，「介護を受けながら住み続けることのできるケア付き居住施設の充実」があげられている。具体的には，現行の特定施設入所者生活介護を見直し，その対象を有料老人ホーム，ケアハウス，軽費老人ホーム以外の一定の要件を満たす「住まい」にまで拡大し，民間事業者によるケア付き高齢者住宅の整備や外部の介護サービス提供事業者との連携を含めた方向が打ち出された[7]。

(2) 住宅セーフティネットの確立

2006年度国土交通省住宅局関係予算概算要求[8]においては，重点的施策のポイントとして，少子高齢化の進展，社会的弱者の多様化等といった社会経済情勢の変化を踏まえ，住宅セーフティネットの機能向上が示されている。

その取り組みの1つとして，「高齢者の持家資産活用による住み替え支援制度」，いわゆる日本版リバースモーゲージ制度の創設が盛り込まれている。リバースモーゲージとは，高齢者が自宅に住みながら，家（一般には土地付の一戸建ての中古住宅）を担保に自治体や金融機関から生活資金を借りる制度で，利用者が死亡した際に物件を売却することで元利一括して返済する仕組みである。わが国においては，財団法人武蔵野市福祉公社における導入（1981年）以降，地方自治体，福祉公社，社会福祉協議会などを中心に，いくつかの地域や一部の信託銀行で活用されてきた。

日本版リバースモーゲージ制度は，物件の賃貸契約を前提にしたもので，公的機関が高齢者の所有する戸建て住宅等を借り上げ，広い住宅を必要とする子

ケアハウス
軽費老人ホームの1つ。1989年に創設され，自炊できない程度の身体機能の低下があるため，独立した生活ができない高齢者が対象であり，食事，入浴，生活相談等の便宜が図られている。要介護状態になれば在宅サービスも利用でき，介護利用型軽費老人ホームともよばれる。

育て世帯等へ賃貸し，高齢者の高齢期の生活に適した住宅への住み替え等を促進するため，高齢者にはより利便性の高いマンションなどを提供し，その賃料を支払うしくみとなっている。万が一，借り上げた住宅の借り手がなくても高齢者に一定額を保障できるよう，また，高齢者が自宅に戻りたくなった場合にも対応できるように賃貸契約に定期借家制度を用いることも検討されている。

国の制度に先行して各地で導入されたリバースモーゲージ利用の経過から，相続に関するトラブルや，金利の変動や不動産価格の下落など経済事情の変化による担保割れ，中古住宅市場の未整備などへの対応が課題となっている。リバースモーゲージ制度の運用・解釈においては，住宅を活用した金融制度として，住宅の財産価値や市場性が着目されがちであるが，本来，この制度は高齢者の生活を維持・継続するためのものであり，経済および社会状況の変化によって担保割れを生じたり，契約締結後，高齢者自身の判断能力の減退などによって契約者の利益を損なったりすることがないよう，成年後見制度などを活用しつつ，高齢者の権利保障を十分に考慮することの必要性が指摘されている[9]。

その他，民間賃貸住宅等によるセーフティネット機能の向上を図るため，高齢者や障害者，外国人などに対する「あんしん入居支援事業」（仮称）の創設が掲げられている。同事業は，一定の要件を満たした民間賃貸住宅を「あんしん賃貸住宅」（仮称）として登録し，その情報を提供すると同時に，各自治体の福祉部局や NPO などが連携して，賃貸人に対する相談・支援体制づくりを進めるものである。

加えて，低所得者向けの住宅セーフティネットとして，公営住宅制度の改善が図られている。わが国では，1966 年以降，住宅難を解消するため，住宅計画建設法に基づき，国が 5 年後ごとに住宅建設戸数の目標を定め，地方自治体による公営住宅の建設や，民間の大規模団地の開発など，住宅の大量供給に努めてきた。しかし，少子高齢化により世帯数が減る中，既存住宅の耐震化やバリアフリー化，省エネ化が今日的な課題となっていることから，5 ヵ年計画を廃止し，「質」的供給への政策転換を図る方向にある[10]。

とりわけ公営住宅は，国民の生活保障の基盤をなすものであり，戦後，わが国においても公的な住宅供給として重要な役割を果たしてきた。現在，その数は全国で 219 万戸に達している。近年では，公営住宅制度の改善により，国民所得水準，家族形態等の社会経済情勢の変化を踏まえて，住宅困窮者向けに公営住宅の入居者資格が見直されている。たとえば，単身入居条件について，現行制度では重度・中度の身体障害者と 50 歳以上の者を対象としているが，社会福祉法人などから継続的に支援を受けることができる知的・精神障害者，DV 被害者，犯罪被害者，ホームレスだった者などを対象に拡大された。この他，収入基準や同居親族要件，家賃制度の見直しが図られるなど，社会的弱者への居住支援として公営住宅の役割がより強く打ち出されている[11]。

ホームレス

住居を失い，家族や社会とのつながりを喪失した人をいう。貧困の極限として路上での生活を余儀なくされている絶対的なホームレスと，その危険性を抱える潜在的なホームレスが存在し，その定義はさまざまである。わが国では，ホームレスの自立の支援等に関する特別措置法において，「都市公園，河川，道路，駅舎その他の施設を故なく起居の場所とし，日常生活を営んでいる者」と定義づけている。近年，ホームレス問題が深刻化する中，福祉，雇用・保健医療・住宅政策など多角的な対応策が求められている。

現状として，多くの公的賃貸住宅においては，建物が老朽化し，住宅の構造は高齢者には非常に生活しづらいものとなっており，早急な住宅改修が必要となっている。また，入居者が高齢化するとともに，孤独死の割合も増えており，隣人同士，近隣住民の協力のもと，お互いに見守りや安否の確認ができるような仕組みが不可欠となっている。さらには，公的な賃貸住宅における高齢者や生活保護世帯の家賃滞納の問題が年々深刻化している。

　今後，高齢社会にあって，人間らしい生活にふさわしい"住まい"を保障し，住み慣れた地域でその人らしく暮らせるように支援するために，社会保障や社会福祉における取り組みがますます求められている。

(3) 居住環境の整備

　高齢社会対策として，居住環境の整備が推進される中で，住まいをたんなる物理的環境として整備するのではなく，そこで展開される当事者を主体とする生活を考慮した援助，すなわち住み側のニーズをふまえた居住支援が求められている。その取り組みは，個人が日常生活で直面する住まいの問題を解消するために地域社会との関連から生活環境を創造する視点が欠かせず，居住者を主体とした福祉のまちづくりにもつながる重要な意味をもつ。

　その一例として，1995年の阪神・淡路大震災では，震災後，復興住宅の供給において，高齢者自身が"住まう"ことによって築き上げてきたコミュニティ，すなわち，今までつくり上げられてきた人間関係や，住み慣れた町並み通い慣れた病院，郵便局，商店などの生活環境から断ち切られるという問題が生じた。超高齢化社会を先取りした復興住宅では，入居者の約4割は健康に不安を訴えており，継続した見守り活動や保健指導を始め，医療・保健・福祉支援体制が必要である。また，郊外における「密閉性」の高い住宅構造の中で，以前からの付き合いも含めて人とのふれあいが少なくなり，新たなコミュニティの形成が急務となっている。その展開においては，生活環境の整備のみならず，近隣関係やボランティアの協力など地域における人的ネットワークの構築が必要となっている。

　2001年に新たに策定された「高齢社会対策大綱」においては，「高齢者等すべての人が安全・安心に生活し，社会参加できるよう，自宅から交通機関，まちなかまでハード・ソフト両面にわたり連続したバリアフリー環境の整備を推進する。また，関係機関の効果的な連携の下に，地域住民の協力を得て，交通事故，犯罪，災害等から高齢者を守り，特に一人暮らしや障害をもつ高齢者が安全にかつ安心して生活できる環境の形成を図る」[12]と示しており，その方針のもと，国土交通省は高齢者を含むすべての人が安全・安心に生活し，社会参加できるよう，公共交通機関をはじめとして地域やまち全体におけるバリアフリー環境の整備，さらにはユニバーサルデザインに配慮したまちづくりを推

進している。

　他方，民間においては，超高齢化社会を目前に，とくに高齢者や障害者など個々の生活者の視点から，住まいづくりを提案し，さらに住宅関連施設，地域コミュニティやまちづくりにも提言できるような専門的なアドバイザーとして，福祉住環境コーディネーターの資格が登場している。ノーマライゼーションの考え方に基づき，住み慣れた家，住み慣れた地域で，すべての人が自立と尊厳ある「自分らしい暮らし」を継続していくことができるよう，居住環境の側面から支援するための専門的な知識の普及が期待されている。

　これらハード・ソフト両面における取り組みは，介護予防の観点が重視される中で，高齢者が可能な限り住み慣れた地域で生き生きとした生活を送るための支援につながるものであり，今後は，高齢者をはじめ地域住民全体の自主的な活動も含めて，住み手が主体的にまちづくりに参画していけるような居住環境の整備が求められる。

＊本章は，成清美治・峯本佳世子編著『新版　高齢者福祉』（第9章）を一部修正・加筆したものである。

福祉住環境コーディネーター
1999年より，東京商工会議所主催で検定試験が実施されている。 3級試験では福祉と住環境の関連分野の基礎的な知識についての理解，2級試験では実務に活かすために，幅広く確実な専門知識を身につけ，専門職と連携して具体的な解決策を提案できる能力，1級試験では新築や住宅改修の具体的なプランニングができ，さらに安全で快適なまちづくりへの参画など幅広い活動ができる能力が求められている。

注
1) 住宅改善におけるソーシャルワークの役割と機能に関する研究会「住宅改善におけるソーシャルワークの役割と機能に関する研究―生活全体におけるニーズおよび住居改善を把握するためのチェック項目案―（中間報告）」東京いきいきらいふ推進センター，1996年，pp.6 - 7）
2) 『朝日新聞』2004年9月19日
3) 内閣府『高齢社会白書（平成17年版）』2005年，p.126
4) 三浦文夫編『図説高齢者白書』全国社会福祉協議会，2003年，p.78, 84。高齢者住宅財団，高齢者住宅財団監修，高齢者居住法活用研究会編『高齢者居住法のしくみがわかる本』厚有出版，2002年，pp.46-47。武井佐代里「介護保険法改正案と介護を受けながら住み続ける住まいについて」『いい住まいシニアライフ』Vol.66，高齢者住宅財団，2005年，pp.11-14
5) 三浦，前掲書，p.78。高齢者住宅財団，2002年，p.38。厚生統計協会『国民の福祉の動向』2005年，p.152
6) 厚生労働省老健局，2003年，p.22
7) 武井，前掲書，pp.14-16
8) 国土交通省住宅局 b，2005年，pp.58-63
9) 丸山英氣『高齢者居住法』信山社，2003年，pp.156-159
10)『朝日新聞』「住宅供給　量から質に」2005年11月14日
11) 朝日新聞』「公営住宅の入居・拡大」2005年5月9日
12) 内閣府，前掲書，p.123

参考文献・資料
「福祉の土台が心細い」『朝日新聞』2005年9月19日
早川和男『居住福祉』岩波書店，1997年

阪神・淡路大震災住宅問題研究会・住田昌二（代表）(1996)「阪神・淡路大震災による住宅被災の実態並びに住宅復興問題調査報告」住宅総合研究財団，1996年
『福祉新聞』「『リバースモーゲージ』創設へ」2005年9月12日
『福祉新聞』「悪質リフォーム対策」2005年10月3日
『福祉新聞』「65歳以上5人に1人」2005年10月3日
『福祉新聞』「受給100万世帯に迫る」2005年11月21日
国土交通省住宅局a「平成17年国土交通省・厚生労働省の高齢者居住関係予算案」高齢者住宅財団『いい住まい　いいシニアライフ』Vol.65，高齢者住宅財団，2005年
国土交通省住宅局b「平成18年国土交通省住宅局関係予算概算要求概要」『いい住まい　いいシニアライフ』Vol.68，高齢者住宅財団，2005年
厚生労働省老健局「2015年の高齢者介護～高齢者の尊厳を支えるケアの確立に向けて～高齢者介護研究会報告書の概要について」『いい住まい　いいシニアライフ』Vol.56，高齢者住宅財団，2003年
第6回全国在宅ケア研究交流集会『神戸へ神戸から』（報告資料集），1997年
田中直人『福祉のまちづくりデザイン―阪神大震災からの検証―』学芸出版社，1996年
内閣府『高齢社会白書（平成20年版）』

プロムナード

　近年，福祉分野においても，住宅やまちづくりのあり方を問う意識が高まっています。今日の社会福祉がノーマライゼーションの理念のもと，すべての人が人間らしく，尊厳をもって暮らすことができる社会の創造を目指すとき，その基盤となる住環境の整備は欠かせません。なぜなら，住宅はそこに住む人びとの暮らしを守る器だからです。健全な住宅は住み手に安心で安全な暮らしを確保し，また同時に，その人らしく生きる生活の場を創り出します。もし，その状況が不安定なものであれば，住宅はむしろ住み手の生活を脅かすものとなります。そのような住宅および住み手の生活を含めた住まいの状況は，福祉を実現するための要素として，時には日常生活の諸問題のひとつとして，社会の福祉を考えるうえで重要な意味をもちます。

　1995年に未曾有の被害をもたらした阪神淡路大震災では，被災地において高齢社会の縮図が浮き彫りとなり，被災地では，仮設住宅から復興住宅へと移る中で，とくに高齢者にとって住み慣れた地域で暮らすことの意味や，福祉の視点から住民主体のまちづくりを行うことの意義が問われました。今日，各地で震災被害が報告され，災害福祉への関心が高まる中，防災を含めた居住環境づくりが急務となっています。

　そのような中，福祉の観点から住環境づくりを目指すものとして，居住福祉の考え方があります。2000年から日中韓の研究者が居住福祉について話し合う「日中韓居住問題国際会議」が開かれてきました。2005年の第5回会議においては，「人間の尊厳を持って，安全，安心に暮らせること」という居住福祉の定義のもと，「東アジア居住福祉宣言」が採択されました。欧米の福祉先進諸外国に居住環境整備における理念や具体的政策を学びつつ，アジア諸国と連携しながら，アジア文化に根ざした社会福祉，そして住環境整備においては居住福祉のあり方を追求する試みがはじまっています。

学びを深めるために

早川和男『居住福祉』岩波新書，1997年
　　住まいの充実を21世紀の日本社会の課題として，人間にふさわしい居住の意義をわかりやすく解説している。
松岡洋子『デンマークの高齢者福祉と地域居住』新評論，2005年
　　代表的な福祉先進諸国デンマークにおける高齢者福祉の特徴として，高齢者住宅と地域居住の意義を学ぶことができる。
田中一正『北欧のノーマライゼーション――エイジレス社会の暮らしと住まいを訪ねて』TOTO出版，2008年
　　ノーマライゼーションの考え方が深く浸透するスウェーデンとデンマーク社会において，人びとがいかに暮らし，どのように住まいやまちがつくられているのかを現地訪問を通して，わかりやすく解説している。
　　わが国では，どのような高齢者住宅・施設があるのかを調べてみましょう。

福祉の仕事に関する案内書

杉本貴代栄・須藤八千代『私はソーシャルワーカー――福祉の現場で働く女性21人の仕事と生活』学陽書房，2004年
上原　文『ソーシャルワーカー　理論を実践に――現場からみたソーシャルワーカーの仕事――』ブレーン出版，2005年
久田則夫『どうすれば福祉のプロになれるか――カベを乗り越え活路を開く仕事術――』中央法規，2004年

第10章

介護保険制度

1　介護保険制度の目的と概要

(1) 介護保険制度成立の背景
1) 介護保険制度成立の社会的背景

　1990年初頭からの社会問題として，要介護高齢者の増加，女性の社会進出をはじめとする家族の介護力の低下（家族介護の限界），社会福祉サービスおよび保健サービスなど公的サービスの問題点，社会的入院の増加などがあげられる。これらの課題を打開すべく家族に依存していた介護から社会的介護の必要性が生じてきた。

　このように，①福祉サービスについては措置（行政処分）として決定されていたため，利用者の自己選択が自由に行えない，②保健医療サービスについては，社会的入院が多くみられ適切とはいえない，という2つが問題点としてあげられ，これら老人福祉と老人保健の両制度を再編成し，保険方式によって社会全体で介護を支える新たな仕組みとして，介護保険制度が創設されることとなった。

> **措置**
> 「社会福祉六法」に規定されている「福祉の措置」を実施する行政機関の措置権に基づいて，福祉サービスの提供に関する決定をすること。措置権者による入所措置は行政処分であり，措置権者による民間社会福祉施設への措置委託は公法上の契約とされている。

> **21世紀福祉ビジョン**
> 1994（平成6）年，厚生大臣（現厚生労働大臣）の私的諮問機関である高齢社会福祉ビジョン懇談会がまとめた報告書。この報告書では，少子・高齢社会に向けて，国民の誰もが安心できる福祉社会をめざすために，社会保障の再構築が必要であると述べられている。

2) 介護保険制度にいたる取り組み
① 「21世紀福祉ビジョン―少子・高齢社会に向けて」

　1994年3月に「高齢社会福祉ビジョン懇談会」の報告書として『21世紀福祉ビジョン―少子・高齢社会に向けて』が発表された。これは，社会保障制度について総合的なビジョンをまとめたものであるが，その中で，自助・共助・公助の重層的な地域福祉システムおよび誰もが必要な介護サービスが受けられる仕組みの構築が提言されている[1]。

② 「新たな高齢者介護システムの構築を目指して」

　1994年12月には，厚生省内に設置された高齢者介護・自立支援システム研究会によって「新たな高齢者介護システムの構築を目指して」という報告書が作成された。この報告書においては，新しい介護の理念として「自立支援」が提案され，これを基本理念として新介護システムの創設が掲げられている。そして，新介護システムのポイントとして，①高齢者自身による自己選択，②介護サービスの一元化，③ケアマネジメントの確立，④社会保険方式の導入があげられている。

　また，基本理念である自立支援については，①予防とリハビリテーションの重視，②高齢者自身による選択，③在宅ケアの推進，④利用者本位のサービス提供，⑤社会連帯による支え合い，⑥介護基盤の整備，⑦重層的で効率的なシステムの7点が基本項目として掲げられている[2]。

③ 老人保健福祉審議会

　1995年2月から，厚生大臣の諮問機関である老人保健福祉審議会に，高齢

者介護システム構築についての検討の場が移された。1996年6月，介護保険制度案大綱の諮問および答申が行われたが，合意が得られずその時点での法案提出は見送られた。しかし，与党3党の検討の結果，同年11月に厚生省が介護保険法案を国会に提出し，国会で1年審議され修正が加えられたうえ，1997年12月に成立し，2000年4月1日より施行された。

3) 介護保険法の目的

　介護保険法の目的は，第1条において，「加齢に伴って生ずる心身の変化に起因する疾病等により要介護状態となり，入浴，排泄，食事等の介護，機能訓練並びに看護及び療養上の管理その他の医療を要するものに対して，必要な保健医療サービス及び福祉サービスにかかる給付を行なうこと」とうたわれている。また，介護等を要するものが「その有する能力に応じ自立した日常生活を営むことができるよう」と，サービス給付の目的が記されている。そして，サービスの給付水準として第2条では「被保険者が要介護状態になった場合においても，可能な限り，その居宅において，その有する能力に応じ自立した生活が営むことができるよう配慮されなければならない」とある。

　このように，介護保険法では法自体の目的が利用者の自立した生活を営むことであり，そのために必要なサービスを給付するにあたっても，居宅における自立した生活支援に配慮しなければならないと記されている。

(2) 介護保険法改正の背景と概要

1) 介護保険法改正の背景

　介護保険法が制定された際に定められたとおり，2000年の施行から5年後である2005年に法の見直しが行われた。介護保険法が改定された背景として以下の点が明らかにされている。① サービス利用者の増加，② 介護保険財政の急速な伸び，③ 認知症高齢者および高齢者世帯の増加である。① についていえば，2000年4月当初の利用者数が149万人であったものが，2005年4月では329万人に増えている。また，② についていえば，2000年度は3.6兆円であったものが2006年度では7.1兆円にふくれあがっている[3]。さらに，軽度者も増加しており，要支援・要介護1の認定を受けたものは138%も増加している。

　これらの課題を改善すべく，介護保険制度の改革が行われた。制度改変の大きなものとして以下の点があげられる。① 予防重視型システムの確立，② 施設給付の見直し，③ 新たなサービス体系の見直しである。

2) 介護保険法改正の内容

① 予防重視型システムの確立

(1) 新予防給付の創設

　軽度者の状態像を踏まえ，予防給付の対象者，その内容，さらにケアマネジメント体制が見直されることになった。地域包括支援センターが創設されることになり，新予防給付のケアマネジメントは地域包括支援センターが担うことになった。

(2) 地域支援事業の創設

　要支援・要介護になるおそれのある高齢者を対象とした効果的な予防介護事業を介護保険制度の中に組み込み，実施することになった。

② 施設給付の見直し

　施設サービスにおけるホテルコストが問題視され，それらを介護保険から外すことになった。介護保険施設（介護老人福祉施設，介護老人保健施設，介護療養型医療施設）の居住費（ショートステイの場合は滞在費），食費，通所サービスの食費が，介護保険でまかなわれるのではなく，利用者負担となったのである。

③ 新たなサービス体系の見直し

(1) 地域密着型サービスの創設

　地域の特性に応じた柔軟なサービス提供が可能となるよう，地域密着型サービスが創設されることとなった。

(2) 居住系サービスの充実

　特定施設が拡充されることと，有料老人ホームの見直しが行われることになった。

(3) 地域包括ケア体制の整備

　(1)でも述べたが，地域包括支援センターが創設されることになり，地域ケアの中核機関の役割を果たすことになった。地域包括支援センターの役割や機能については第12章でさらに詳しく説明していく。

2　介護保険制度における保険者と被保険者

(1) 介護保険制度の概要

　介護保険制度の財源は，被保険者である加入者が支払う保険料が2分の1と，公費（国25％，都道府県12.5％，市町村12.5％）が2分の1となっており，それらの財源から90％が介護サービス提供者に支払われ，介護サービスを受けた利用者が残りの10％を負担し介護サービス提供者に支払う仕組みとなっている。

地域包括支援センター
　介護保険法の改正（2005）にともなって，新たに地域の介護支援を行う中核的機関として設立された。業務を行うのは社会福祉士，保健師，主任ケアマネジャー等であるが，各専門職が連携して介護予防ケアマネジメント，包括的・継続的ケアマネジメント等の業務を行う。

地域支援事業
　この事業は，高齢者が要介護状態となることの予防あるいは要介護状態の改善・悪化の防止を目的とする。この事業の概要は，①介護予防事業（介護予防特定高齢者施策として要支援・要介護になるおそれのある高齢者対象の転倒骨折予防教室など），②包括的支援事業（介護予防ケアマネジメントなど）である。

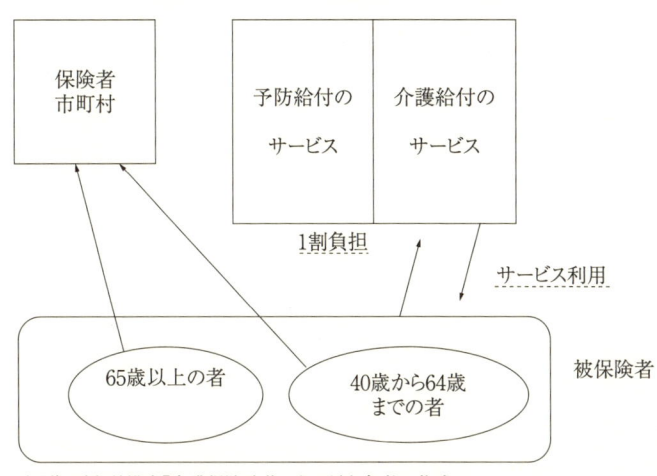

図表10-1　介護保険制度の仕組み

出所) 厚生労働省「介護保険改革の概要」を参考に作成

(2) 介護保険制度の保険者

1) 介護保険制度の保険者

　介護保険制度の保険者とは，介護保険法第3条にうたわれているとおり市町村および特別区となる。また，そのうえで，国，都道府県，医療保険者，年金保険者が市町村（特別区を含む，以下同じ）を重層的に支え合うこととしている。さらに，市町村は保険者の事務として，① 被保険者の管理，② 保険料の賦課および徴収，③ 保険給付をおもに行う。

2) 保険者の役割

　介護保険のサービスを利用するものが増加し，給付額も増加の一途をたどるようになった。そこで，自立支援に役立たないサービスの提供に関して問題視されるようになり，保険料の負担と介護サービスの給付のバランスの適正化が求められることとなった。2003年度から保険者である市町村によって介護給付適正化事業が開始され，ケアプランおよび認定調査のチェックなどを行うことになった。

(3) 介護保険制度の被保険者

　介護保険制度の保険者には，第1号被保険者と第2号被保険者がある。

1) 第1号被保険者

　第1号被保険者とは，市町村に住所をもつ65歳以上の者すべてをいい，生活保護受給者であっても第1号被保険者となる。生活保護受給者の場合，介護保険の利用者負担分は介護扶助として，保険料相当分は生活扶助に加算して支給されることになる。

　第1号被保険者で受給権者（介護サービスを受給できる者）となるのは，65

図表 10 − 2　介護保険法で定める特定疾病

① がん（医師が一般に認められている医学的知見に基づき回復の見込みがない状態に至ったと判断したものに限る）
② 関節リウマチ
③ 筋萎縮性側索硬化症
④ 後縦靱帯骨化症
⑤ 骨折を伴う骨粗鬆症
⑥ 初老期における認知症
⑦ 進行性核上性麻痺，大脳皮質基底核変性症及びパーキンソン病
⑧ 脊髄小脳変性症
⑨ 脊柱管狭窄症
⑩ 早老症
⑪ 多系統萎縮症
⑫ 糖尿病性神経障害，糖尿病性腎症および糖尿病性網膜症
⑬ 脳血管疾患
⑭ 閉塞性動脈硬化症
⑮ 慢性閉塞性肺疾患
⑯ 両膝の膝関節又は股関節に著しい変形を伴う変形性関節症

出所）厚生統計協会編『国民の福祉の動向』2007 年，p.133

歳以上のもので，要介護（支援）認定において要介護（寝たきりや認知症で介護が必要な者）および要支援者（要介護状態になるおそれがあり日常生活に支援が必要な者）の認定を受けた者となる。

2）第 2 号被保険者

第 2 号被保険者とは，市町村に住所をもつ 40 歳以上 65 歳未満の医療保険加入者となる。

第 2 号被保険者で受給権者となるのは，要介護者および要支援者でその原因となった心身の状態が，脳血管疾患等老化に起因する疾病によって生じたものであることが必要である。この特定疾病とは，図表 10 − 2 で示すとおり 16 種が介護保険法で定められている。

3　要介護認定の仕組みとプロセス

(1) 要介護認定の考え方

要介護（支援）認定とは，要介護および要支援の状態にあるかどうか，その状態がどの程度であるかを明らかにするために行われるものである。そして，市町村などに設置される介護認定審査会において要介護認定が実施される。

(2) 要介護認定の仕組み

要介護認定の仕組みでは，以下のような手順となる。
① 介護保険を利用したいと考えた利用者が市町村に申請を行う。
② 訪問調査員が利用者や家族と面接を行い，74 項目の認定調査基本項目と特記事項を記入する。

介護認定審査会

介護保険に関する審査判定業務を行うため，市町村に置かれる。原則として各市町村に 1 つ設置されるが，要介護認定者数に応じて，認定審査会の下に複数の合議体を設置して運営にあたる。合議体は保健・医療・福祉などの実務者および学識者から選出された認定審査会の委員 5 名程度で構成される。

3. 要介護認定の仕組みとプロセス

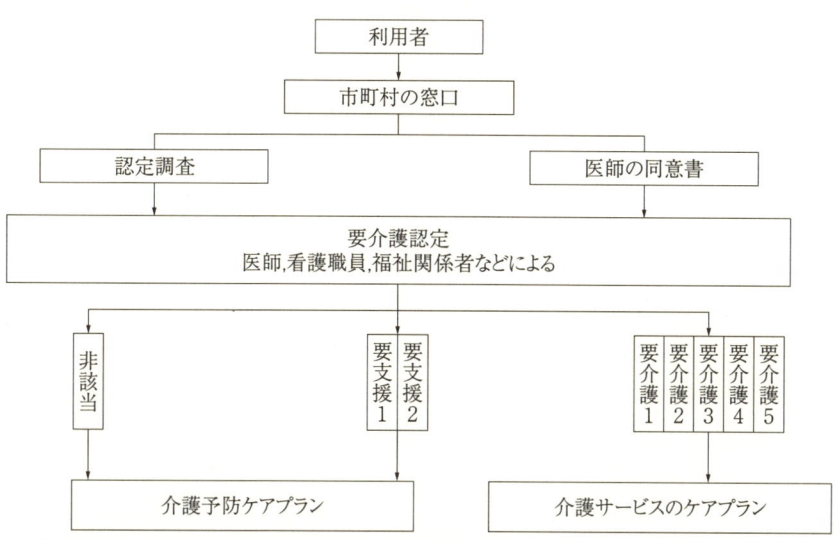

図表10-3 要介護認定の仕組み

```
            利用者
              │
          市町村の窓口
          ┌───┴───┐
       認定調査    医師の同意書
          └───┬───┘
           要介護認定
     医師,看護職員,福祉関係者などによる
    ┌────┬────┬────┬────┬────┬────┬────┐
  非該当 要支援1 要支援2 要介護1 要介護2 要介護3 要介護4 要介護5
    │    │    │    └────┬────┴────┴────┘
    │    └────┬────┘         │
    │    介護予防ケアプラン   介護サービスのケアプラン
```

出所) 厚生統計協会編『国民の福祉の動向』2007年を参考に作成

③ 認定調査の結果からコンピュータによって判定結果が出る(1次判定)。
④ 1次判定とかかりつけ医の意見書をもとに介護認定審査会が開かれ,2次判定について話し合われ要支援,要介護の結果が出る。
⑤ 図表10-4のように,要介護認定には「非該当」「要支援1,2」と「要介護1〜5」があるが,2次判定の過程で「要介護1」と判定されると,生活状況などの追加項目をもとに介護予防が適切ではない利用者には「要介護1」,予防介護の効果が期待できる利用者には「要支援2」と判定される。

(3) 要介護認定とサービス利用までの流れ

要介護認定が実施され判定結果が出された後,サービス利用までには以下のような手順がある。

介護保険においては,自己決定,自己選択が重要視され,利用するサービスを自らが決定することが基本となり,そのため,居宅介護支援事業者などは情報を提供するとともにサービス内容を広く公開することとなっている。利用者は居宅介護支援事業者と契約を結び,その事業所に所属する介護支援専門員が居宅サービス計画書を作成する場合と,直接本人や家族が居宅サービス計画書を作成する場合がある。介護支援専門員が居宅サービス計画書を作成する場合は費用に関して介護保険から10割給付となる。居宅サービス計画書を依頼された介護支援専門員は,本人の思いや家族の希望などを聞いたうえで利用者本人の状況を勘案し,その利用者の介護度に応じた区分支給限度額の範囲内でサービス原案を策定することになる。次に,介護支援専門員はサービス提供事業者と調整を行い,また利用者本人の合意を得た上で居宅サービス計画書を作

> **介護支援専門員**
> ケアマネジャーともよばれる。居宅介護支援事業者や介護保険施設に所属しケアマネジメント業務,保険支給限度額管理などを行う専門職。介護支援専門員となるための条件としては,保健・医療・福祉分野などで資格を得ており,5年以上の実務経験を有する従事者である。

図表10－4　介護サービスの利用手続き

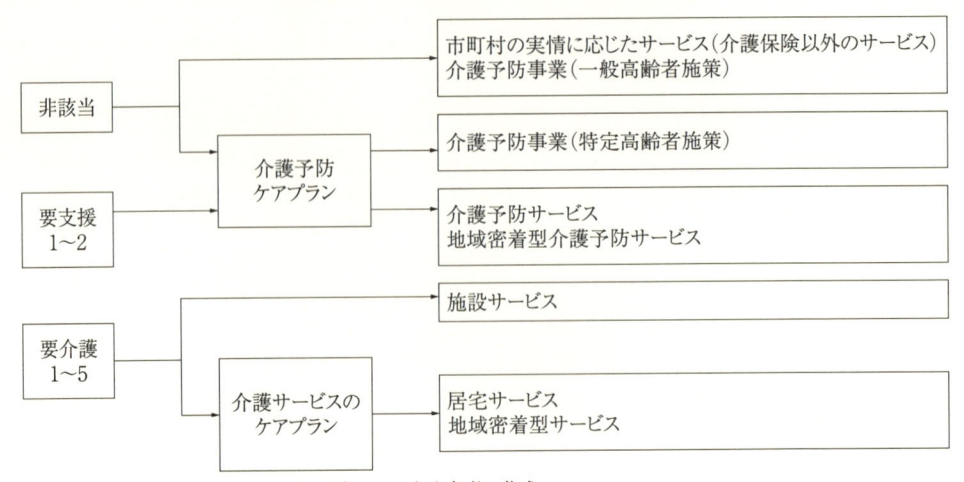

```
非該当 ─────┐
            ├──→ 介護予防    ──→ 市町村の実情に応じたサービス（介護保険以外のサービス）
            │    ケアプラン        介護予防事業（一般高齢者施策）
要支援 ─────┤                ──→ 介護予防事業（特定高齢者施策）
1～2        │
            │                ──→ 介護予防サービス
            │                    地域密着型介護予防サービス

要介護 ─────┬──→ 施設サービス
1～5        │
            └──→ 介護サービスの ──→ 居宅サービス
                 ケアプラン          地域密着型サービス
```

出所）厚生統計協会編『国民の福祉の動向』2007年を参考に作成

成し，介護サービスの開始となる。

2006年の介護保険法改定により，要支援者については，予防給付として介護予防通所介護，介護予防通所リハビリテーションなどの介護予防サービスを受けることとなり，介護予防サービスに関する居宅サービス計画書はおもに地域包括支援センターが作成することになっている。また，非該当と判定された利用者の中においても，将来介護サービスが必要となる可能性のある高齢者等に関しては，スクリーニングによって特定高齢者とされた者に地域支援事業としての介護予防サービスを受けることができる。

4　在宅サービス・施設サービスの種類

(1) 改正後のサービス体系

2005年に見直された介護保険法から，従来の介護給付に対して要支援1および2の者に対して実施されるサービスが新たに予防給付とよばれることになった。改正後のサービス体系は，以下のとおりである。

(2) 居宅サービス

介護保険法における居宅サービスは以下のとおりである。

① 訪問介護

介護福祉士等が要介護者の居宅を訪問して，入浴，排泄，食事等の介護その他の日常生活上の世話を実施

② 訪問入浴介護

介護福祉士等が要介護者の居宅を訪問し，浴槽を提供して入浴の介護を実施

③ 訪問看護

図表 10 − 5　改正後のサービス体系

サービス	介護給付	予防給付
	① 訪問介護 ② 訪問入浴介護 ③ 訪問看護 ④ 訪問リハビリテーション ⑤ 居宅療養管理指導 ⑥ 通所介護 ⑦ 通所リハビリテーション ⑧ 短期入所生活介護 ⑨ 短期入所療養介護 ⑩ 特定施設入居者生活介護 ⑪ 福祉用具貸与 ⑫ 特定福祉用具販売	① 介護予防訪問介護 ② 介護予防訪問入浴介護 ③ 介護予防訪問看護 ④ 介護予防訪問リハビリテーション ⑤ 介護予防居宅療養管理指導 ⑥ 介護予防通所介護 ⑦ 介護予防通所リハビリテーション ⑧ 介護予防短期入所生活介護 ⑨ 介護予防短期入所療養介護 ⑩ 介護予防特定施設入居者生活介護 ⑪ 介護予防福祉用具貸与 ⑫ 特定介護予防福祉用具販売
地域密着型	① 夜間対応型訪問介護 ② 認知症対応型通所介護 ③ 小規模多機能型居宅介護 ④ 認知症対応型生活介護 ⑤ 地域密着型特定施設入居者生活介護 ⑥ 地域密着型介護老人福祉施設入所者生活介護	① 介護予防認知症対応型通所介護 ② 介護予防小規模多機能型居宅介護 ③ 介護予防認知症対応型生活介護
マネジメント	居宅介護支援	介護予防支援
施設	① 介護老人福祉施設 ② 介護老人保健施設 ③ 介護療養型医療施設	

出所）全国社会福祉協議会『2006年介護保険改正のポイント　こう変わる介護保険PLUS』2005年

看護師等が要介護者の居宅を訪問して，療養上の世話または必要な診療の補助を実施

④ 訪問リハビリテーション

　理学療法士等が要介護者の居宅を訪問して，心身機能の維持回復，自立支援のためのリハビリテーションを実施

⑤ 居宅療養管理指導

　病院，診療所，または薬局の医師，歯科医師，薬剤師等が要介護者の居宅を訪問して，療養上の管理および指導を実施

⑥ 通所介護

　居宅の要介護者を老人デイサービスに通所させ，入浴，排泄，食事等の介護その他の日常生活上の世話および機能訓練を実施

⑦ 通所リハビリテーション

　居宅の要介護者を介護老人保健施設，病院，診療所などに通所させ，心身機能の維持回復を図り，日常生活の自立を助けるために行われる理学療法，作業療養その他に必要なリハビリテーションを実施

⑧ 短期入所生活介護

　居宅の要介護者を老人福祉法による施設に短期間入所させ，入浴，排泄，食事等の介護，日常生活上の世話および機能訓練を実施

⑨ 短期入所療養介護

　居宅の要介護者を介護老人保健施設，介護療養型医療施設などに短期間入所

させ，看護，医学的管理下における介護および機能訓練その他必要な医療ならびに日常生活上の世話を実施

⑩ 特定施設入居者生活介護

「特定施設」とは，有料老人ホームほか，地域密着型特定施設でないものをいい，「特定施設入居者生活介護」とは，特定施設に入居する要介護者に，当該施設の提供するサービス，入浴，排泄，食事等の介護その他日常生活上の世話，機能訓練，療養上の世話を行う

⑪ 福祉用具貸与

居宅の要介護者に，福祉用具の貸与を実施

⑫ 特定福祉用具販売

居宅の要介護者に，福祉用具のうち入浴または排泄に供するもの等の販売を実施

(3) 地域密着型サービス

2005年の介護保険法改正によって創設された地域密着型サービスは以下の6つである。

① 夜間対応型訪問介護

居宅の要介護者に夜間，定期的な巡回訪問または通報による，入浴，排泄，食事等の介護その他の日常生活の世話を実施

② 認知症対応型通所介護

認知症の居宅要介護者を老人デイサービスに通所させ，入浴，排泄，食事等の介護その他の日常生活上の世話および機能訓練を実施

③ 小規模多機能型居宅介護

居宅の要介護者に，居宅かサービス拠点通所にさせるか，または短期間宿泊させ，入浴，排泄，食事等の介護その他の日常生活上の世話および機能訓練を実施

④ 認知症対応型共同生活介護

認知症の居宅要介護者に共同生活を営むべき住居で，入浴，排泄，食事等の介護その他の日常生活上の世話および機能訓練を実施

⑤ 地域密着型特定施設入居者生活介護

定員29人以下の有料老人ホームその他の施設に入居している要介護者に，当該施設の提供するサービス，入浴，排泄，食事等の介護その他日常生活上の世話，機能訓練，療養上の世話を行う

⑥ 地域密着型介護老人福祉施設入所者生活介護

定員29人以下の特別養護老人ホーム入所者に，地域密着型施設サービス計画書に基づき，入浴，排泄，食事等の介護その他日常生活上の世話，機能訓練，療養上の世話を行う

(4) 施設サービス

介護保険施設は以下の3種類である。
① 指定介護老人福祉施設
② 介護老人保健施設
③ 指定介護療養型医療施設

5 介護報酬の概要

(1) 介護報酬

　介護報酬とは，サービス事業者が利用者（要介護者または要支援者）に介護サービスを提供した場合に，その対価として支払われる報酬のことである。これは，介護給付費単位数表に基づいており，この単位数表は，厚生労働大臣が社会保障審議会介護給付費分科会の意見を聴いて定めることとなっている。また，介護給付費単位数表は，指定居宅サービス，指定居宅介護支援および指定施設サービスの3つのサービスに対してそれぞれのサービスにかかる費用を算定する単位数表で構成されている。なお，保険者からサービス事業者に直接支払われるものは，単位数表の9割であり，残りの1割は利用者負担として利用者がサービス事業者に直接支払うこととなっている。

(2) 介護報酬の改定

　介護報酬の改定は，原則として3年に1回見直されることとなっており2006年の4月（一部は2005年の10月）に改定が実施された。これは，介護保険法等の一部を改正する法律の施行にともなったものである。

1) 施設サービス

　2005年10月より施行されている施設サービスについては，① 居住に要する費用が介護給付の対象外とされたこと（介護保険施設の体系を4類型とし，それぞれについて違いを勘案して実施されている），② 食費について基本食事サービス費等が廃止され，給食管理業務を含めた栄養管理業務に対して栄養ケアマネジメントとして保険給付となったことが見直しのおもなものである。

2) 居宅サービス

　2006年4月より改定された介護報酬については，介護予防サービスに関して ① 通所系サービス（介護予防通所介護・介護予防通所リハビリテーション）が定額制となったこと，② 訪問介護（介護予防訪問介護）の利用対象者が厳格的に定められるようになったこと，③ 福祉用具貸与・販売について特殊寝台および車椅子が給付対象から外されたことなどである。
　また，地域密着型サービスとして，① 小規模多機能型居宅介護，② 夜間対応型訪問介護，③ 認知症対応型訪問介護，④ 認知症対応型共同生活介護が創

設され，それぞれに介護報酬が定められている。

3）居宅介護支援

居宅介護支援では，①業務を反映した要介護度別報酬の設定，②ケアマネジャー1人当たりの標準担当件数の引き下げ（50件から35件に）などが実施されている。

注
1) 厚生統計協会編『国民の福祉の動向』厚生統計協会，2004年，p.184
2) 橋本泰子「介護保険法」白澤政和・渡辺裕美・福富昌城編著『福祉キーワードシリーズ　ケアマネジメント』中央法規，2002年，pp.96-97
3) 厚生労働省老健局『介護保険制度改革の概要』2006年，p.2

プロムナード

介護保険制度と自立支援
「新たな高齢者介護システムの構築を目指して」という報告書において，自立支援の考え方について，以下の点が述べられています。①従来の高齢者介護は，食事の世話や清潔保持など「お世話」を中心として展開されてきたが，それだけにとどまらない。②今後は，重度の障害をもつ高齢者であっても，車椅子で外出を楽しみ，地域社会の一員としてさまざまな社会参加をする。③自己の生活を楽しむような自立した生活の実現を積極的に支援することを，介護の基本理念としておくべきである。
また，同報告書では自立支援の正確な考え方として，自らの意思に基づいているという点が強調され，意思・意向に沿った自律的日常生活の維持を意味しているとしています。つまり，能力に応じた自立というだけではなく，自分の意志で自己の行動や生活全般について行使する姿勢を重要視していると考えられます。

学びを深めるために

岩間伸之『援助を深める事例研究の方法―対人援助のためのケースカンファレンス』ミネルヴァ書房，1999年
　同書はケースカンファレンスについて具体的に述べられている文献である。したがって，学生読者には少し内容がわかりづらいところもあろう。しかしながら，ケースカンファレンスを実施する際の意義および留意点が詳細に述べられていることから，社会福祉従事者として職に就いたとき役立つ書である。

▶地域密着サービスとはどのようなものがあるのか，具体的に答えなさい。

福祉の仕事に関する案内書

山縣文治・津崎哲郎・小山隆・荻布孝・明石隆行編『福祉の仕事』朱鷺書房，1994年

第11章

介護保険法における組織およぴ団体の役割と実際

1 市町村の役割

　介護保険を実際に運営する保険者は，住民にもっとも身近な行政単位としての市町村（特別区を含む。以下，市町村という）である。市町村は，被保険者の管理や保険料の徴収，保険給付等の介護保険におけるさまざまな業務を行う。そして，市町村等による介護保険業務が円滑に行われるよう，国は，制度全体の枠組みや各種基準の設定，サービス提供体制の確保等の支援を行い，また，都道府県は，サービス事業者の指定や指導，財政安定化等の支援を行うなど，保険者である市町村を重層的に支える仕組みとなっている。

(1) 保険者

　市町村は保険者として，介護保険における中心的な役割を担っている。市町村が保険者とされた理由は，①市町村の老人福祉や老人保健事業についての実績，および介護サービスの地域性を考慮すると，給付主体としての保険者は，住民にもっとも身近な行政主体としての市町村がふさわしいこと，②保険料の設定・徴収・管理は，給付主体が合わせて行うことが望ましいこと，③地方分権の観点を踏まえることが適当であること，などがあげられる。

　保険者としての市町村の具体的な事務は，以下のようになっている（図表11－1, 2）。

1) 被保険者の資格管理に関する事務
2) 保険料の徴収に関する事務
3) 要介護認定・要支援認定に関する事務
4) 保険給付に関する事務
5) サービス提供事業者に関する事務
6) 地域支援事業および保健福祉事業に関する事務
7) 市町村介護保険事業計画（以下，市町村計画という）に関する事務
8) 介護保険制度の運営に必要な条例・規則等に関する事務
9) 財政運営に関する事務
10) その他（統計，広報）

(2) 市町村の役割の強化

　2005年の介護保険制度の改正では，保険者である市町村の役割が強化された。これまでの市町村の事務に加え，①事業者への立ち入り検査等を行うことができ，指定の取消しに該当した事業者について都道府県への通知を行う，②新しく創設された地域密着型サービスの指定・指導監督を行う，③都道府県による事業者の指定にあたって意見を提出する，④地域支援事業を実施する，などが追加された。

1. 市町村の役割

図表11－1　改正後の介護保険制度の仕組み

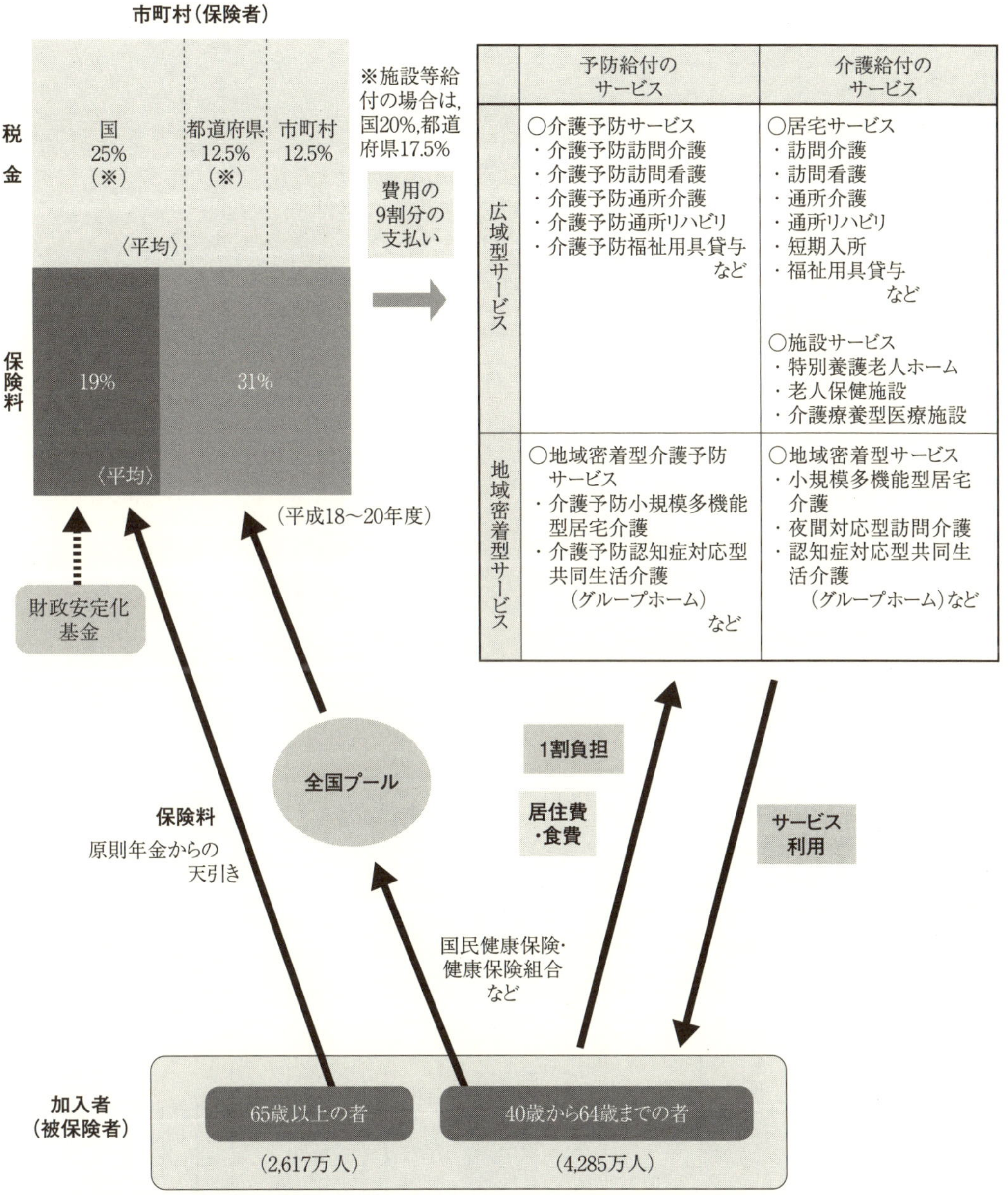

市町村（保険者）

税金
- 国 25%（※）
- 都道府県 12.5%（※）
- 市町村 12.5%

〈平均〉

※施設等給付の場合は、国20%、都道府県17.5%

保険料
- 19%
- 31%

〈平均〉

（平成18～20年度）

費用の9割分の支払い

		予防給付のサービス	介護給付のサービス
広域型サービス		○介護予防サービス ・介護予防訪問介護 ・介護予防訪問看護 ・介護予防通所介護 ・介護予防通所リハビリ ・介護予防福祉用具貸与 　　　　　　　　　　　など	○居宅サービス ・訪問介護 ・訪問看護 ・通所介護 ・通所リハビリ ・短期入所 ・福祉用具貸与 　　　　　　　など
			○施設サービス ・特別養護老人ホーム ・老人保健施設 ・介護療養型医療施設
地域密着型サービス		○地域密着型介護予防サービス ・介護予防小規模多機能型居宅介護 ・介護予防認知症対応型共同生活介護 　　（グループホーム） 　　　　　　　　　　　など	○地域密着型サービス ・小規模多機能型居宅介護 ・夜間対応型訪問介護 ・認知症対応型共同生活介護 　　（グループホーム）など

財政安定化基金

全国プール

保険料　原則年金からの天引き

国民健康保険・健康保険組合など

1割負担　居住費・食費　サービス利用

加入者（被保険者）
- 65歳以上の者（2,617万人）
- 40歳から64歳までの者（4,285万人）

注）65歳以上の者（第1号被保険者）および40歳から64歳までの者（第2号被保険者）の数は、平成18年度の見込数（国立社会保障・人口問題研究所『日本の将来推計人口（平成14年1月推計）』より）
出所）厚生労働省『介護保険制度改革の概要』2006年，p.26

　また，保険者機能が強化されたことにともない，市町村の負担が大きくなることから，事務の一部を外部委託できることとなった。

(3) 市町村が行う事務の概要

1) 被保険者の資格管理に関する事務

　市町村は，被保険者の資格管理にかかわる業務として，① 資格取得の管理，

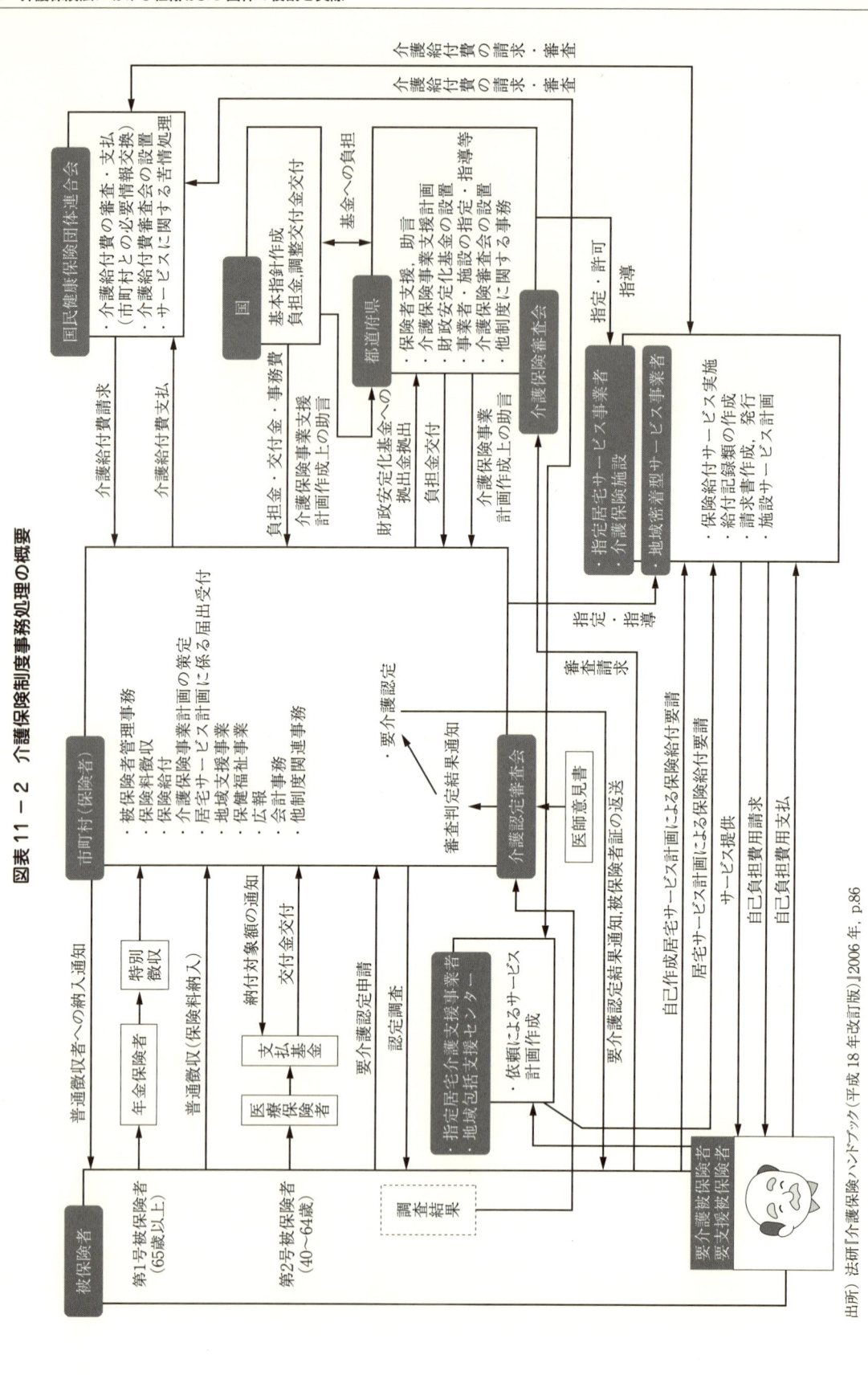

第11章 介護保険法における組織および団体の役割と実際

図表11－2 介護保険制度事務処理の概要

②氏名・住所等の異動管理，③死亡・転出等による資格喪失管理，④被保険者証の交付などを行う。資格管理の対象となるのは，第1号被保険者全員と，第2号被保険者のうち「要介護・要支援認定を受けたもの」および「被保険者証の交付申請があったもの」である。

2) 保険料の徴収に関する事務
① 保険料額の算定

　市町村は，第1号被保険者の所得額等を把握し，3年ごとに市町村が設定した保険料率（6段階の所得段階別定額保険料額）に各被保険者の所得をあてはめて保険料を算定する（図表11-3）。

② 保険料の特別徴収の管理

　第1号被保険者の介護保険料は，確実性や効率性を考慮して，年金からの特別徴収を原則とする。特別徴収は，年金保険者（社会保険庁や共済組合等）が第1号被保険者に対して公的年金を支払う際に徴収し，当該徴収額を天引きして市町村に対して納入する方法である。

　具体的には，次のようなプロセスを経て特別徴収は行われる。

① 市町村は，年金保険者（社会保険庁や共済組合等）から，年額18万円以上の老齢退職年金を受給する者の一覧表の送付を受ける。

② それを基に，市町村は各被保険者ごとの支払回数割保険料額を年金保険者に通知して特別徴収を依頼する。

③ 年金保険者は，定期支払月（偶数月）ごとに保険料を年金の支払額から天引きして徴収し，これを依頼のあった市町村に納入する。

図表11-3　保険料段階の見直し

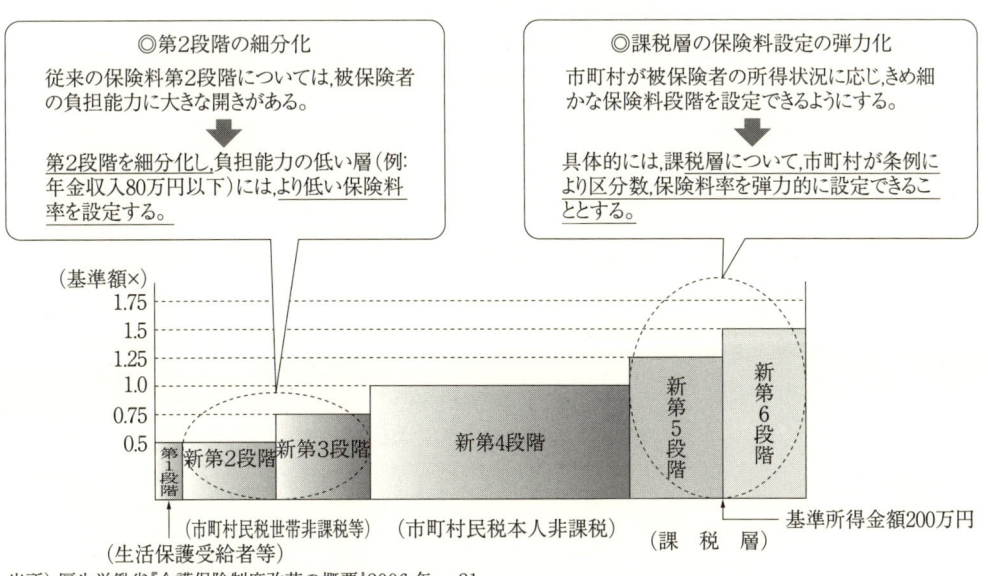

◎第2段階の細分化
従来の保険料第2段階については，被保険者の負担能力に大きな開きがある。
⇩
第2段階を細分化し，負担能力の低い層（例：年金収入80万円以下）には，より低い保険料率を設定する。

◎課税層の保険料設定の弾力化
市町村が被保険者の所得状況に応じ，きめ細かな保険料段階を設定できるようにする。
⇩
具体的には，課税層について，市町村が条例により区分数，保険料率を弾力的に設定できることとする。

（基準額×）
1.75
1.5
1.25
1.0
0.75
0.5

第1段階　新第2段階　新第3段階　新第4段階　新第5段階　新第6段階

（生活保護受給者等）（市町村民税世帯非課税等）（市町村民税本人非課税）（課税層）　基準所得金額200万円

出所）厚生労働省『介護保険制度改革の概要』2006年, p.21

③ 保険料の普通徴収

普通徴収は，特別徴収が不可能あるいは不適当な場合に，市町村が直接，納入通知書を送付し保険料の納付を求める方法である。第1号被保険者の配偶者及び世帯主に対して，保険料の連帯納付義務が法律上課せられている。普通徴収の保険料納期は，市町村が条例で定める。

④ 保険料の減免，徴収猶予処理

災害等により，一時的に負担能力の低下が認められるような場合，市町村は，条例の定めるところにより，保険料を減免，あるいは徴収を一時猶予することができる。

⑤ 保険料滞納被保険者に対する各種措置

保険料の滞納が発生した場合，市町村は一定の期間を設定して督促を行う。最終的に市町村には滞納処分を行うことにより強制的な保険料徴収権限が与えられている。

自主的な納付を促進するため，① 現物給付を償還払い化する措置，② 保険給付の支払を一時差し止める措置，③ 差し止められた保険給付から，滞納保険料を相殺する措置，が段階的に行われる。

3) 要介護認定・要支援認定に関する事務

① 要介護認定・要支援認定事務

市町村は，被保険者が保険給付を受ける要件を満たしているかどうかを確認するために，全国一律の基準を用いて，要介護認定または要支援認定（以下，認定）を行う。申請を受け付けた市町村では，調査担当者が認定調査を実施し，また，主治医（かかりつけ医）の意見を求める。

市町村の調査担当者は，被保険者を訪問して，その心身の状況やおかれている環境など，認定に必要な調査を行う。

2005年の制度改正後，新規の認定調査は市町村，もしくは市町村事務受託法人が行うこととなった（ただし一定の経過措置あり）。

市町村は，認定調査の結果，主治医の意見書等を介護認定審査会に通知し，① 要介護状態に該当するか否か，② 該当する要介護状態区分，③ 第2号被保険者については，特定疾病によるものか否かについて審査判定を求める。

介護認定審査会の審査判定の結果に基づいて，市町村が認定を行い，被保険者に通知する。通知にあたっては，被保険者証に該当する要介護状態区分，介護認定審査会の意見がある場合はそれも記載する。介護認定審査会の意見が付された場合には，市町村は介護サービスの種類について指定を行うことができる。

認定は被保険者のサービス利用の便宜を図る観点から，できる限り迅速（法律では30日以内）に行うこととされている。

現物給付

介護保険は，法律上は償還払い方式の規定になっているが，被保険者の負担を考慮し，実際には，保険者が被保険者に代わって事業者等に保険給付分の支払いを行う代理受領方式による現物給付の扱いがとられており，被保険者はサービス利用時に利用者負担のみを支払うことでサービスを受ける。

市町村事務受託法人

要介護認定申請に係る調査などの業務を委託された法人であり，都道府県の指定を受ける。要介護認定の新規申請に関しては，市町村または市町村事務受託法人が行うこととなっている。

② 介護認定審査会の設置

　市町村は，認定の公正さ，客観性，専門性の担保等のため，学識経験者からなる「介護認定審査会」を設置し，審査判定業務を行わせる。介護認定審査会は，認定にかかる審査判定を行う合議体であり，市町村の付属機関として設置される。

　認定審査会の委員は，保健・医療・福祉に関する学識経験者の中から，5人を標準として市町村長が任命し，任期は2年である。委員の定数は市町村の条例により定められる。委員には，職務上知りえた秘密について守秘義務が課せられる。

　介護認定審査会の設置が困難な場合には，広域市町村単位での介護認定審査会の共同設置，都道府県への審査・判定業務の委託ができる。

4）保険給付に関する事務

① 介護報酬の審査・支払い

　権限上は市町村が審査・支払いを行うこととなっているが，法に基づいて国民健康保険団体連合会（以下，国保連という）に委託することになっている。

② 償還払いの給付・管理

　償還払いとは，サービスの利用者がいったん事業者に全額費用の支払いを行い，事業者より発行された領収書を市町村に提出することにより，9割の保険給付の償還を受ける方式のことである。市町村は，提出された領収書等から，保険給付の対象となるべきサービスを受けているか，支給限度額の範囲内にあるか否か等を確認し，保険給付を行うべきか，および保険給付の額について決定する。

　償還払いの対象となるのは，① 福祉用具購入費，② 住宅改修費，③ 特例サービス費等である。「特例サービス費」として，償還払いの対象となるのは，① 認定申請前に緊急サービスを受けた場合，② 基準該当サービスを受けた場合，③ 離島等で相当サービスを受けた場合等に該当する場合である。

③ 居宅サービス計画の管理

　市町村は，居宅サービスを受ける被保険者より，居宅介護サービス計画または介護予防サービス計画の作成を居宅介護支援事業者または地域包括支援センターへ依頼する旨の届け出を受け付け，依頼先の事業者の情報を被保険者証に記載する。

　また，被保険者が居宅サービス計画を自己作成した場合には，居宅サービス計画の管理を行う。

④ 種類支給限度基準額の設定

　特定の種類の在宅サービスの需要に比べて，そのサービス基盤に限りがあるような場合，上限一杯のサービス利用により他の被保険者のサービス利用が妨

介護報酬
事務所や施設が介護サービスを提供した場合に，その対価として支払われる報酬。介護行為ごとに単位数で設定され，1単位数当たりの単価は10円を基本とするが，各地域における人件費等の格差を勘案して地域差が設けられている。

> **区分支給限度基準額**
> 介護保険の居宅サービスおよび地域密着型サービスについては，相互の代替性の有無等を勘案し，いくつかのサービスの種類を1つの区分としてまとめ，支給限度額を設定し，その範囲内で自由にサービスを組み合わせて利用できる仕組みとなっている。

げられるおそれがある。

公平なサービス利用に支障が生じないよう市町村は，厚生労働大臣が定める区分支給限度基準額の範囲内において，個別の種類のサービスについて支給限度基準額（種類支給限度基準額）を条例で定めることができる。

⑤ 区分支給限度額等の上乗せ

市町村は，区分支給限度基準額，福祉用具購入費支給限度基準額および住宅改修費支給限度基準額について，厚生労働大臣が定める支給限度基準額を上回る額を，当該市町村における支給限度基準額とすることができる。

⑥ 市町村特別給付の実施

市町村は，要介護者，要支援者に対し，所定の保険給付以外に，市町村独自の給付を実施することができる。これを市町村特別給付といい，給食配達サービス，移送サービス，寝具乾燥サービス等がある。

⑦ 第三者行為求償事務

市町村は，給付事由が第三者の行為によって生じた場合（第三者の起こした事故により要介護者になったような場合）において保険給付を行ったときは，その給付の価額の限度において，被保険者が第三者に対して有する損害賠償の請求権を取得する。

これに関する事務については，国保連に委託することができる。

5）サービス提供事業者に関する事務

① 地域密着型サービス事業者等の指定

市町村は，地域密着型サービス事業者，地域密着型介護予防サービス事業者，介護予防支援事業者に対する指定を行う。その際には，あらかじめその旨を都道府県知事に届け出る必要がある。また，指定更新，指導監督も行う。

② サービス提供事業者に対する立ち入り検査等

市町村は，地域密着型サービス事業者，地域密着型介護予防サービス事業者，介護予防支援事業者以外のサービス提供事業者に対し，必要に応じて報告もしくは帳簿書類の提出を求めることができる。さらに，事業所への立ち入り検査等を行うことができ，その結果，指定の取消しに該当した場合，都道府県への通知を行う。

③ 都道府県知事への意見提出

市町村は，都道府県知事が介護保険施設等の指定を行う際に，市町村の介護保険事業計画との整合性を図る見地から，意見を提出することができる。

6）地域支援事業および保健福祉事業に関する事務

① 地域支援事業の実施

2005年の介護保険法改正により，市町村は，地域における高齢者が要介護

状態等になることを予防するとともに，たとえ要介護状態になったとしても，地域において自立した日常生活を営むことができるよう支援するため，地域支援事業を実施することとなった。地域支援事業は，① 介護予防事業，② 包括支援事業（介護予防ケアマネジメント事業，総合相談・支援事業，権利擁護事業，包括的・継続的マネジメント事業），③ 任意事業の3つに大別される。

② 地域包括支援センターの設置

地域包括支援センターとは，地域支援事業の中の「包括的支援事業」などを実施する機関である。地域住民の心身の健康保持や生活安定のために必要な援助を行うことにより，その保健医療の向上と福祉の増進を包括的に支援することを目的とする施設であり，市町村が設置する。設置数については，第1号被保険者の数がおおむね3,000～6,000人に1ヵ所が原則となっている。市町村は，老人介護支援センターの設置者その他厚生労働省令で定める者に包括的支援事業の実施を委託することができる。

③ 保健福祉事業の実施

市町村は，① 要介護被保険者の家族等に対する支援事業（介護者教室，家族リフレッシュ事業等），② 被保険者が要介護・要支援状態となることを予防するための事業（介護予防教室等），③ 保険給付のために必要な事業（居宅サービス事業，居宅介護支援事業，介護保険施設の運営等），④ 利用者負担に対する資金の貸付け等，必要と思われる事業を実施することができる。

7）市町村計画の策定に関する事務

市町村は，介護サービスを確実に，また計画的に整備することを目的として，厚生労働大臣の示す「介護保険事業に係る保険給付の円滑な実施を確保するための基本指針」に即して，3年を1期とする市町村計画を，以下のような事項について定める。

　① 介護保険の対象サービスの種類ごとの量を見込むこと，および見込み量
　　 を確保するための方策
　② 地域支援事業の費用額，見込み量と確保するための方策
　③ サービス事業者相互間の連携確保その他サービスの円滑な提供と地域支
　　 援事業の円滑な実施を図るための事業

8）介護保険制度の運営に必要な条例・規則等に関する事務

条例とは，地方公共団体が，その事務を行うために議会の議決により制定する法規のことをいう。介護保険で市町村が条例で規定するのは以下の事項である。

・必ず条例で定めなければならない事項
　① 介護認定審査会の委員の定数

② 第1号被保険者に対する保険料率の算定
　　③ 普通徴収にかかる保険料の納期
　　④ その他保険料の賦課徴収等に関する事項
・実施するのであれば必ず条例で定めなければならない事項
　　⑤ 区分支給限度基準額の上乗せ
　　⑥ 種類支給限度基準額の設定
　　⑦ 福祉用具購入費支給限度基準額の上乗せ
　　⑧ 住宅改修費支給限度基準額の上乗せ
　　⑨ 市町村特別給付
　　⑩ 保険料の減免，または徴収猶予
　　⑪ 過料に関する事項
・条例に規定しておくことが望ましい事項
　　⑫ 保健福祉事業

9）財政運営に関する事務

　市町村は，特別会計を設け，介護保険に関する収入と支出の管理を行う。
　また，① 国庫定率負担，都道府県負担，調整交付金，事務費交付金の申請・収納等，② 介護給付費交付金，地域支援事業支援交付金の申請・収納等，③ 財政安定化基金への拠出，交付・貸付の申請，借入金の返済等の事務を行う。

10）その他

　統計事務・広報に関する事務を行う。

（4）複数市町村による広域的な取組み

　介護保険の保険者である市町村には，多くの業務があり，規模の小さな市町村では単独でこれらの業務を行うには大きな負担がある。その場合は，地方自治法に定める広域連合や一部事務組合が保険者となり，市町村に代わって介護保険事業を運営することができる。
　介護保険事業運営の広域実施により，① 保険財政の安定化，② 事務の効率化，③ 隣接市町村間での保険料の不均衡（保険料格差）の解消，④ サービス基盤の広域的な整備促進等が図られる。

（5）市町村への支援

　介護保険の保険者は市町村であるが，① 財政単位が小規模となるため財政運営が不安定となるおそれがあること，② 小規模な市町村においては，多様で複雑な保険者の事務を行うことが困難な場合も想定されること，③ 市町村間の保険料水準の格差が大きくなる可能性があること等の理由から，市町村における保険財政の安定化や保険者事務の円滑な実施の確保を図り，制度の健全

かつ円滑な運営を行うため，国，都道府県等が保険者たる市町村を重層的に支える仕組みとなっている。

2 都道府県の役割

(1) 都道府県の責務
都道府県の責務については，介護保険法第5条第2項に「都道府県は，介護保険事業の運営が健全かつ円滑に行われるように，必要な助言及び適切な援助をしなければならない」と規定されている。

(2) 都道府県の役割の強化
2005年の介護保険の改正において，都道府県は，保険者である市町村との一層の連携が求められるとともに，保険者を支援する役割も強化された。具体的には，①市町村事務受託法人の指定，②介護サービス事業者の調査やその結果の公表などに関する事務が新たに加えられた。

(3) 都道府県が行う事務の概要
1) 要介護認定・要支援認定業務の支援に関する事務
・市町村による介護認定審査会の共同設置等の支援
・都道府県介護認定審査会の設置（審査判定業務を市町村から受託した場合）
・指定市町村事務受託法人の指定

2) 財政支援に関する事務
・保険給付・地域支援事業に対する財政負担
・市町村の保険財政の安定化を図り，その一般会計からの繰り入れを回避させることを目的とした財政安定化基金の設置・運営
・市町村相互財政安定化事業の支援

3) サービス提供事業者に関する事務
・居宅サービス事業者，居宅介護支援事業者，介護保険施設，介護予防サービス事業者に対する指定（または許可）・指定更新・指導監督等
・市町村が行う地域密着型特定施設入居者生活介護の指定に際しての助言・勧告

4) 介護サービス情報の公表に関する事務
・介護サービス事業者の調査およびその結果の公表
・介護サービス情報の公表に関する介護サービス事業者に対しての指導監督

5) 介護支援専門員に関する事務
・介護支援専門員の登録・更新
・介護支援専門員証の交付

> **市町村相互財政安定化事業**
> 市町村は財政の安定化を図るため，他の市町村と共同して，保険給付費等の総額と収入総額とが均衡するような共通の調整保険料率を設定し，市町村相互において調整する事業を行うことができる。

・介護支援専門員の試験および研修の実施

6）介護サービス基盤の整備に関する事務

・都道府県介護保険事業支援計画（以下，都道府県計画という）の策定，変更
・市町村計画策定に対する助言

7）その他の事務

・審査請求を処理する介護保険審査会の設置・運営
・市町村に対する介護保険事業の実施状況に関する報告請求
・医療保険者が行う介護給付費・地域支援事業支援納付金の納付関係業務に関する報告徴収・実地検査
・国保連が行う介護保険事業関係業務に関する指導監督

> **介護保険審査会**
> 保険者が行った保険給付に関する処分，または保険料その他介護保険法の規定による徴収金に関する処分に対して，不服申し立ての審理・裁決を行う第三者機関として都道府県に介護保険審査会が置かれる。

3 国の役割

(1) 国の責務

国の責務については，介護保険法第5条第1項に「国は，介護保険事業の運営が健全かつ円滑に行われるよう保健医療サービス及び福祉サービスを提供する体制の確保に関する施策その他の必要な各般の措置を講じなければならない」と，規定されている。

(2) 国が行う事務の概要

1）制度運営に必要な各種基準等の設定に関する事務

・要介護認定基準，要支援認定基準
・介護報酬の算定基準
・区分支給限度基準額
・サービス提供事業者の人員・設備・運営等の基準
・第2号被保険者の費用負担率（第2号被保険者の費用負担割合）

2）財政負担

・保険給付に対する定率の国庫負担
・市町村間の介護保険に関する財政力の格差を調整する調整交付金の交付
・都道府県が行う財政安定化基金への国庫負担
・地域支援事業に対する国庫負担

3）介護サービス基盤に関する事務

・市町村計画および都道府県計画のもととなる「介護保険事業に係る保険給付の円滑な実施を確保するための基本的な指針」の策定
・都道府県計画の作成上重要な技術的事項についての助言
・市町村計画・都道府県計画に定められた事業の円滑な実施のための情報提供，助言等の援助

4) 介護保険事業の健全・円滑な運営のための指導・監督・助言等に関する事務

・市町村に対する介護保険事業の実施状況に関する報告請求
・都道府県・市町村が行うサービス提供事業者等に対する指導監督業務についての報告請求・助言・勧告
・医療保険者が行う介護給付費・地域支援事業支援納付金の納付関係業務に関する報告徴収・実地検査
・社会保険診療報酬支払基金が行う介護保険関係業務に関する報告徴収・実地検査
・国保連が行う介護保険事業関係業務に関する指導監督

4 指定事業者の役割

(1) 指定事業者の種類

　介護保険の指定事業者・施設は，要介護者・要支援者に対して，介護サービスを実際に提供するものであり，①指定居宅サービス事業者，②指定地域密着型サービス事業者，③指定居宅介護支援事業者，④介護保険施設（指定介護老人福祉施設，介護老人保健施設，指定介護療養型医療施設），⑤指定介護予防サービス事業者，⑥指定地域密着型介護予防サービス事業者，⑦指定介護予防支援事業者の7種類がある（図表11－4）。

(2) 指定事業者の責務

　指定事業者は，介護保険法上の努力義務として，要介護者の心身の状況等に応じて適切なサービスを提供するとともに，自らその提供するサービスの質の評価を行い，常にサービスを受ける者の立場に立ってこれを提供するように努めなければならないことが課せられている。
　さらに，事業所の指定基準において，サービス事業の一般原則として，①利用者の意思および人格を尊重して，常に利用者の立場に立ったサービスの提供に努めなければならない，②事業を運営するに当たっては，地域との結び付きを重視し，市町村，他のサービス事業者その他の保健医療サービスおよび福祉サービスを提供する者との連携に努めなければならないとされている。

(3) 事業者および指定制度の概要
1) 指定居宅サービス事業者
①居宅サービス事業の種類
　居宅サービス事業には，訪問介護，訪問入浴介護，訪問看護，訪問リハビリテーション，通所介護，通所リハビリテーション，短期入所生活介護，短期入所療養介護，福祉用具貸与，特定福祉用具販売，住宅改修，居宅療養管理指導，

図表11-4 改正後のサービス等の種類

	予防給付におけるサービス	介護給付におけるサービス
都道府県が指定・監督を行うサービス	◎介護予防サービス 【訪問サービス】 ○介護予防訪問介護 ○介護予防訪問入浴介護 ○介護予防訪問看護 ○介護予防訪問リハビリテーション ○介護予防居宅療養管理指導 【通所サービス】 ○介護予防通所介護 ○介護予防通所リハビリテーション 【短期入所サービス】 ○介護予防短期入所生活介護 ○介護予防短期入所療養介護 ○介護予防特定施設入居者生活介護 ○介護予防福祉用具貸与 ○特定介護予防福祉用具販売	◎居宅サービス 【訪問サービス】 ○訪問介護 ○訪問入浴介護 ○訪問看護 ○訪問リハビリテーション ○居宅療養管理指導 【通所サービス】 ○通所介護 ○通所リハビリテーション 【短期入所サービス】 ○短期入所生活介護 ○短期入所療養介護 ○特定施設入居者生活介護 ○福祉用具貸与 ○特定福祉用具販売 ◎居宅介護支援 ◎施設サービス ○介護老人福祉施設 ○介護老人保健施設 ○介護療養型医療施設
市町村が指定・監督を行うサービス	◎介護予防支援 ○地域密着型介護予防サービス ○介護予防小規模多機能型居宅介護 ○介護予防認知症対応型通所介護 ○介護予防認知症対応型共同生活介護 　（グループホーム）	◎地域密着型サービス ○小規模多機能型居宅介護 ○夜間対応型訪問介護 ○認知症対応型通所介護 ○認知症対応型共同生活介護（グループホーム） ○地域密着型特定施設入居者生活介護 ○地域密着型介護老人福祉施設入所者生活介護
その他	○住宅改修	○住宅改修

市町村が実施する事業
◎地域支援事業 　○介護予防事業 　○包括的支援事業 　　・総合相談支援事業 　　・権利擁護事業 　　・包括的・継続的ケアマネジメント支援事業 　　・介護予防ケアマネジメント事業 　○任意事業

出所）厚生労働省『介護保険制度改革の概要』2006年, p.9

特定施設入居者生活介護が該当する。

② 都道府県知事の指定

　指定居宅サービス事業者とは，居宅サービス事業を行う者として，都道府県知事に申請を行い，その指定を受けたものをいう。指定は，居宅サービスの種類ごと，かつ居宅サービス事業を行う個々の事業所ごとに行われる。

　事業者は，指定居宅サービス事業者として指定を受けるには一定の要件を満たしていることが必要である。一定の要件とは，① 事業者が法人格を有していること（個人による経営が現在認められている病院・診療所が行う居宅療養管理指導，訪問看護，訪問リハビリテーション，通所リハビリテーション，短期入所療養介護および薬局が行う居宅療養管理指導は不要），② 人員基準，設置運営基準を満たしていることである。

2）指定地域密着型サービス事業者

① 地域密着型サービス事業の種類

　地域密着型サービス事業には，小規模多機能型居宅介護，夜間対応型訪問介護，認知症対応型通所介護，認知症対応型共同生活介護，地域密着型特定施設入居者生活介護，地域密着型介護老人福祉施設入所者生活介護が該当する（図表11 − 5）。

② 市町村長の指定

　身近な市町村で提供されることが適当な地域密着型サービスは日常生活圏域

図表11 − 5　地域密着型サービスの仕組み

1：A市の住民のみが利用可能
・指定権限を市町村に移譲
・その市町村の住民のみがサービス利用可能（A市の同意を得たうえで他の市町村が指定すれば，他の市町村の住民が利用することも可能）

2：地域単位で適正なサービス基盤整備
市町村（それをさらに細かく分けた圏域）単位で必要整備量を定めることで，地域のニーズに応じたバランスの取れた整備を促進

3：地域の実情に応じた指定基準，介護報酬の設定

4：公平・公正透明な仕組み
指定（拒否），指定基準，報酬設定には，地域住民，高齢者，経営者，保健・医療・福祉関係者等が関与

地域密着型サービス	①小規模多機能型居宅介護 ②夜間対応型訪問介護 ③認知症対応型通所介護 ④認知症対応型共同生活介護（グループホーム）	⑤地域密着型特定施設入居者生活介護 （小規模（定員30人未満）で介護専用型の特定施設） ⑥地域密着型介護老人福祉施設入所者生活介護 （小規模（定員30人未満）介護老人福祉施設）

出所）厚生労働省『介護保険制度改革の概要』2006年，p.14

を単位とすることから、その地域密着型サービスについては、都道府県知事ではなく市町村長が指定を行うことになっている。指定をしようとする市町村長は、あらかじめ都道府県知事に届け出なければならず、都道府県知事は、その申請を認めると都道府県計画の達成に支障を生ずるとき、市町村長に対し、必要な助言・勧告を行うことができる。

指定を受けるには、指定居宅サービス事業者と同様の要件を満たすことが必要であるが、人員基準および設備運営基準については、厚生労働省令で定める範囲で、市町村長が地域の実情に応じた基準を決めることができる。

3）指定居宅介護支援事業者
① 居宅介護支援事業

居宅介護支援事業とは「要介護者からの依頼を受け、介護サービスが適切に利用できるよう、心身の状況、置かれている環境、要介護者及びその家族の希望等を勘案し、利用する介護サービスの種類、内容、その担当者等を定めた計画を作成し、計画に基づく介護サービスの提供が確保されるよう、サービス事業者等との連絡調整その他の便宜の提供を行うこと」をいう。

② 都道府県知事の指定

指定居宅介護支援事業者とは、居宅介護支援事業を行う者として、都道府県知事に申請を行い、その指定を受けた者をいう。

指定を受けるには、指定居宅サービス事業者と同様の要件を満たすことが必要であるが、人員基準については、介護支援専門員が必置となっている。

③ 介護支援専門員

介護支援専門員とは、「要介護者等からの相談に応じて、要介護者等がその心身の状況等に応じた適切な居宅サービス、地域密着型サービス、施設サービス、介護予防サービスまたは地域密着型介護予防サービスを利用できるよう、市町村、サービス提供事業者等との連絡調整を行うものであって、要介護者等が自立した日常生活を営むのに必要な援助に関する専門的な知識・技術を有するものとして介護支援専門員証の交付を受けたもの」をいう。

4）介護保険施設
① 介護保険施設の種類

介護保険施設には、指定介護老人福祉施設、介護老人保健施設、指定介護療養型医療施設の3種類がある。

② 指定介護老人福祉施設

指定介護老人福祉施設は、都道府県知事の指定を受けた入所定員30人以上の特別養護老人ホームであり、入所する要介護者に対して、施設サービス計画に基づき、入浴、排泄、食事等の介護その他の日常生活上の世話、機能訓練、

健康管理および療養上の世話を行う。

指定を受けるには，老人福祉法上の特別養護老人ホームの設置認可を別途受けていることが前提となる。

③介護老人保健施設

介護老人保健施設は，都道府県知事の許可を受け，入所する要介護者に対して，施設サービス計画に基づき，看護，医学的管理下における介護および機能訓練，その他必要な医療ならびに日常生活上の世話を行う施設である。

他の介護保険施設は，都道府県知事の「指定」を受けたものであるが，介護老人保健施設は「許可」を受けたものとなっている。

④指定介護療養型医療施設

指定介護療養型医療施設は，都道府県知事の指定を受けた，療養病床を有する病院または診療所であり，入院する要介護者に対して，施設サービス計画に基づいて，療養上の管理，看護，医学的管理のもとにおける介護その他の世話および機能訓練，その他必要な医療を行う。療養病床を有する病院ならびに診療所，老人性認知症疾患療養病床を有する病院が相当する。

療養病床の再編成により，介護療養型医療施設は平成24年3月末で廃止されることとなっている。

5）指定介護予防サービス事業者

①介護予防サービスの種類

介護予防サービス事業には，介護予防訪問介護，介護予防訪問入浴介護，介護予防訪問看護，介護予防訪問リハビリテーション，介護予防通所介護，介護予防通所リハビリテーション，介護予防短期入所生活介護，介護予防短期入所療養介護，介護予防福祉用具貸与，特定介護予防福祉用具販売，介護予防住宅改修，介護予防居宅療養管理指導が該当する。

②都道府県知事の指定

指定介護予防サービス事業者とは，介護予防サービス事業を行う者として，都道府県知事に申請を行い，その指定を受けたものをいう。

指定を受けるには，指定居宅サービス事業者と同様の要件を満たすことが必要であるが，人員・設備運営基準に加え「介護予防のための効果的な支援の方法に関する基準」を満たす必要がある。

6）指定地域密着型介護予防サービス事業者

①地域密着型介護予防サービス事業の種類

地域密着型介護予防サービス事業には，介護予防認知症対応型通所介護，介護予防小規模多機能型居宅介護，介護予防認知症対応型共同生活介護が該当する。

② 市町村長の指定

　指定地域密着型介護予防サービス事業者とは，指定地域密着型サービス事業者と同様，市町村に申請を行い，指定を受けたものをいう。

　指定の基準は，指定地域密着型サービス事業者と基本的に同様であるが，人員・設備運営基準に加え「介護予防のための効果的な支援の方法に関する基準」が含まれる。

7）指定介護予防支援事業者
① 介護予防支援事業

　介護予防支援事業とは「要支援者からの依頼を受け，介護予防サービスが適切に利用できるよう，心身の状況，置かれている環境，要介護者及びその家族の希望等を勘案し，利用する介護サービスの種類，内容，その担当者等を定めた計画を作成し，計画に基づく介護予防サービスの提供が確保されるよう，サービス事業者等との連絡調整その他の便宜の提供を行うこと」をいう。

② 市町村長の指定

　指定介護予防支援事業者の指定は，申請に基づき，市町村長が行う。申請者は地域包括支援センターに限定される。

　指定の基準は，指定居宅介護支援事業者と基本的に同様であるが，人員・設備運営基準に加え「介護予防の効果的な支援の方法に関する基準」が含まれる。また，介護支援専門員だけではなく，保健師その他の指定介護予防支援に関する知識を有する職員を置かなければならない。

5　国保連（国民健康保険団体連合会）の役割

(1) 国保連とは

　国保連とは，国民健康保険の保険者（市町村および国民健康保険組合）が共同してその目的を達成するために，各都道府県に設置された法人である。従来，国民健康保険の診療報酬の審査支払等の業務を行っていたが，介護保険においても重要な役割を担っている。

(2) 国保連が行う事務の概要
1）介護給付費の審査および支払い

　保険者である市町村の委託を受けて，国保連は介護給付事業費の審査および支払いを行う。サービス提供事業者からの費用請求を受けた国保連は，介護給付費（介護報酬）の算定基準およびサービス提供事業者の設備・運営基準等に照らして，ケアプランの内容や支給限度額に応じた請求内容となっているか等，その請求を審査したうえで，市町村に費用請求して支払いを受け，それをもっ

て事業者に介護報酬を支払う。

2）介護給付費審査委員会の設置

国保連には，介護給付費の審査を専門的見地から公正かつ中立的に行うため，介護給付費審査委員会を設置することとされている。給付費審査委員会は，それぞれ同数の ① 介護サービス担当者を代表する委員，② 市町村を代表する委員，③ 公益を代表する委員で構成される。

3）苦情処理等の業務

国保連は，介護サービスを利用した要介護者等からのサービスに関する苦情・相談等を処理する業務を行う。業務の中立性・広域性等の観点から，市町村の事業としてではなく，国保連の業務とされたものである。

国保連で行う苦情処理等の業務の対象として想定されているものは，事業者の指定基準の違反には至らない程度の事項に関する苦情等であり，指定基準の違反の場合における強制権限をともなう指定の取消しは，都道府県知事の業務である。

・具体的業務内容は以下のとおりである。
　① 苦情の申し立ては書面によることを原則とし，必要に応じて口頭による申し立てを認める。
　② 必要に応じて事業者・施設の協力のもと，事務局が調査を行い，苦情処理担当の委員が調査結果に基づいて改善すべき事項を提示する。
　③ 業務の中立性・公平性を確保するため，事務局とは別に学識経験者の中から苦情処理担当の委員を委嘱する。
　④ 苦情の受付窓口は，国保連事務局のほか，市町村の窓口や介護支援サービス事業者等住民に身近な窓口でも受け付ける。

4）第三者行為求償事務

国保連は，市町村が第三者行為により保険給付を行ったときに，損害賠償請求権にかかる損害賠償金の徴収・収納の事務を市町村から委託を受けて行う。

5）その他の業務

国保連は，市町村からの個別の依頼等により，市町村の行う共同電算処理等の事務を行う。また，国保連は，介護サービス提供事業や介護保険施設の運営を行う。

参考文献

厚生省高齢者ケアサービス体制整備検討委員会監修『介護支援専門員標準テキスト　第1巻（三訂）』長寿社会開発センター，2006年

厚生統計協会編『国民の福祉の動向・構成の指標』（臨時増刊第54巻第12号　通巻第851号）厚生統計協会，2007年

月刊介護保険編集部編『介護保険ハンドブック（平成18年改訂版）』法研，2006年

介護保険研究会監修『新しい介護保険制度Q&A―平成17年改正法の要点』中央法規，2006年

『介護保険制度の解説（解説編・法令編）』社会保険研究所，2006年

プロムナード

在宅での介護が困難になってきたとき，介護保険を利用して入所できる介護保険施設は，現在のところ，介護老人福祉施設，介護老人保健施設，介護療養型医療施設の3種類です。現在のところ，というのは，このうちの介護療養型医療施設は，2011年には廃止となるからです。この介護療養型医療施設は，病状が安定期にある要介護高齢者のための長期療養施設であり，現在全国に約13万床あります。今後，介護療養型医療施設は，新しく創設された「介護療養型老人保健施設」等に移行していくこととなりますが，問題は山積しています。新たな施設の介護報酬は現在のそれより低く抑えられており，移行が困難とみる施設経営者は多いのです。医師や看護師の人員配置が削減され，必要な医療が提供できないことも懸念されています。現在，この施設に入所している患者は，医療行為が必要であるため，特養など医療行為を行わない他の介護保険施設への入所は困難です。その人たちの入所先はどうなるのでしょうか。今回の廃止がさらに数万人の「介護難民」を生み出すともいわれるゆえんです。

そうでなくても介護保険施設に入所することは難しく，特養の待機者は38万人ともいわれており，入所の申し込みから2～3年待ちといった状況にあります。このような現状を，「介護保険はすでに破綻している」とみる向きもあります。

今一度，施設のあり方や，供給方法についての議論が必要ではないかと思われます。施設の入所が必要となった時期に，その人それぞれの医療や介護の状況にふさわしい施設にすぐに入所できるという安心感が，できるだけ長く在宅での生活を続けていくことにつながるのではないでしょうか。

学びを深めるために

澤田信子・島津淳・戸栗栄次・菊池和則『よくわかる介護保険制度　イラストレイテッド（第3版）』医歯薬出版，2006年

　介護保険制度創設と改正の背景や，制度の仕組み，さらにはケアマネジメントの展開方法についてもわかりやすくまとめられた手引書。見開きに，ポイントごとの解説とイラストがおさめられており，イメージしやすく工夫されている。

介護保険研究会監修『新しい介護保険制度Q&A―平成17年改正法の要点』中央法規，2006年

　2005年に行われた介護保険制度の改正の背景や要点について，Q&A方式でわかりやすく解説されている。複雑な改正のポイントも，具体的なQ&Aと図表によって，理解しやすくなっている。

介護保険制度における国，都道府県，市町村の代表的な役割を簡単にまとめてみましょう。

福祉の仕事に関する案内書

山縣文治・岡田忠克編『よくわかる社会福祉(第6版)』ミネルヴァ書房,2008年
小倉襄二・浅野仁編『新版　老後保障を学ぶ人のために』世界思想社,2006年

第12章 地域包括支援センターの役割と実際

1 地域包括支援センター

地域包括支援センターは，地域住民の心身の健康の保持および生活の安定のために必要な援助を行うことにより，その保健医療の向上および福祉の増進を包括的に支援することを設置目的としている。

地域包括支援センターの運営主体は市町村であるが，在宅介護支援センターの運営法人などに委託することもできるため，その運営状況は市町村直営が34.7％，社会福祉法人31.9％，社会福祉協議会12.4％，医療法人11.0％，公益法人2.3％，広域連合1.2％，介護支援センター0.8％，NPO法人0.4％，事務組合0.2％，その他5.1％となっている[1]。

地域包括支援センターの機能は，地域において高齢者の抱えるさまざまな生活課題を柔軟な手法を用いて解決し，地域での尊厳あるその人らしい生活を継続できるようにすることにある。そのため，日常生活圏域を対象として保健師，主任介護支援専門員，社会福祉士などの専門職種を配置し，多職種が力を合わせて各々の専門知識やソーシャルワークなどの専門技術を互いに活かしながら活動する。

地域包括支援センターの具体的な役割は，高齢者の多様なニーズや相談を総合的に受け止める総合性，多様な社会資源を有機的に結びつける包括性，適切なサービスを継続的に提供する継続性を重視した地域包括支援体制の構築である。その役割を果たすための活動は，① 介護予防ケアマネジメント，② 総合相談支援事業，③ 権利擁護事業，④ 包括的・継続的ケアマネジメント支援の4つに分類され，① は保健師，② と ③ は社会福祉士，④ は主任介護支援専門員が専門性を有するものとして，その専門性を発揮してこれらの事業を推進しなければならない。

2 介護予防ケアマネジメント

介護予防ケアマネジメントは，高齢者が要介護状態になることをできる限り予防することを目的としている。そのため，利用者の生活機能の向上に対する意欲を引き出し，利用者のできることを利用者とともに考え，利用者の主体的な活動や意欲を高める働きかけが必要となる。

介護予防ケアマネジメントの対象は，介護認定審査会において要支援（要支援1，2）と判定された予防給付の受給者と，要支援・要介護状態になる可能性の高い高齢者である特定高齢者の2つに分類される。前者は介護保険による予防給付サービスとして，後者は地域支援事業の介護予防特定高齢者施策の介護予防事業として実施されるが，その目的や基本的な考え方，介護予防ケアマネジメントを実施する過程は同じである。

社会資源

社会福祉サービスを利用する人びとの生活上のニーズを充たすために活用できる種々の制度，政策，施設，法律，人材などのこと。社会福祉的援助においては，人間を心理社会的存在として理解し，利用者と社会との関係性に注目する。両者の関係（相互作用）において，うまく機能していないところや，欠けたところを補い，関係を調整することが援助の目的の1つとなる。社会資源の活用は，そのための有効な方法である。

介護認定審査会
→ P.152

介護予防ケアマネジメントの過程は，適切なアセスメントの実施により利用者の自立に向けた目標志向型ケアプランの案を作成し，サービス担当者会議（予防事業は必要時のみ）において検討のうえ原案を固めて，利用者の同意を得て介護予防ケアプランを確定する。これに基づいて予防給付や予防事業を提供して，一定期間後にその効果を評価する（図表12－1参照）。

介護予防ケアマネジメント過程の実施については，次の3項目に留意して行う。

① 目標の共有と利用者の主体的なサービス利用

利用者とサービス提供者による生活機能向上のための目標の共有および利用者の主体的なサービス利用を進める。

② 将来の改善の見込みに基づいたアセスメント

個々の利用者ごとに生活機能を向上させるためには，状態像の変化に応じて必要な支援要素を決定し，それに対応した適切なサービスを調整し定期的に見直しをしていく仕組みを構築する。

③ 明確な目標設定をもった介護予防ケアプランづくり

個々の利用者ごとに，生活機能がいつまでにどの程度向上するのか，またはどの程度の期間維持できるのかを明らかにし，利用者・家族およびサービス提供者がその目標を共有するとともに，適切に評価する。

> **サービス担当者会議**
> 利用者の生活状況やニーズを的確に把握し適切な介護サービス計画などを立てるために，介護支援専門員や保健・医療・福祉分野の各サービス担当者や利用者とその家族等が参加して行われる会議。ケース（ケア）カンファレンス，事例検討会に該当する。居宅サービス計画の作成のさいに介護支援専門員が開催している。この会議は，共通認識をもつ機会となること，各分野の担当者からの助言を求めることができること，各担当者の役割の確認ができること，利用者や家族も含め全員が介護サービス計画の内容について合意することが可能であるという利点があげられる。

図表12－1　介護予防マネジメントの過程

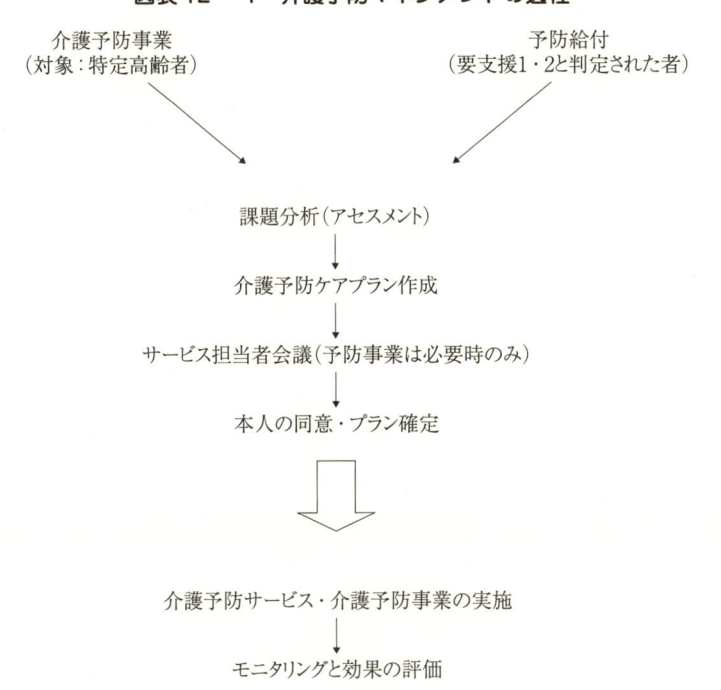

```
介護予防事業                        予防給付
（対象：特定高齢者）              （要支援1・2と判定された者）
        ↓                              ↓
              課題分析（アセスメント）
                     ↓
              介護予防ケアプラン作成
                     ↓
        サービス担当者会議（予防事業は必要時のみ）
                     ↓
              本人の同意・プラン確定
                     ⇓
        介護予防サービス・介護予防事業の実施
                     ↓
              モニタリングと効果の評価
```

3 総合相談支援事業

総合相談支援事業は，高齢者が住み慣れた地域で安心して，その人らしい生活を継続するためにはどのような支援が必要となるのかを把握し，多様なサービスや機関または制度の利用につなげるなどの支援を行うことを目的としている。

総合相談支援事業の内容は，① 担当する圏域内の高齢者の実態把握，② 地域の高齢者のさまざまな相談をすべて総合的に受け止めて支援する総合相談，③ 実態と相談内容からみえてくる担当圏域に必要なもしくは不十分なネットワークを構築していくという3つの活動に分類される。

(1) 高齢者の実態把握

総合相談支援事業を行う際は，高齢者や家族などからの相談を待っているだけでは地域に存在する隠れたニーズを発見することはできない。そのため，さまざまな手段を用いて地域の高齢者の心身の状況や家庭環境などについての実態把握を行うことが必要である。

生活実態を把握し，ニーズを予測することで問題の早期発見，早期対応が可能となり，予防的対応や未然防止的な対応を図ることが可能となる。これらを実現するためには，次の4つの留意点にそって，リアルタイムにその実態が把握できるようにする。

1) ネットワークを活用した情報が寄せられやすい体制の構築

日常的に高齢者と接触する事業所などから情報が得られるように情報ルートを作る。そのルートとしては，市町村社会福祉協議会，地区社会福祉協議会，民生委員などに加え，高齢者が日常的に立ち寄る薬局や商店街などの場所，定期的に訪問する郵便局や新聞販売店などの事業者といった地域において，多くの人と関わる立場にあるさまざまな人や機関がある。これら情報ルートとなる人や機関と関係性を構築しておいて，実態把握の必要な高齢者がいれば連絡してもらうようにする。

2) ネットワークを活用した地域活動への積極的な訪問・参加による情報収集

民生委員協議会，社会福祉協議会，老人クラブなど小地域活動，インフォーマルな会議など関係機関，団体の集まりなどへ参加し情報を収集する。会議を通しての情報収集だけでなく，地域包括支援センターの機能をアピールしながら，顔の見える関係づくりをしていく。

民生委員

厚生労働大臣の委嘱により，「社会奉仕の精神をもって常に住民の立場に立って相談に応じ，および必要な援助をおこない，もって社会福祉の増進に努める」任務をもつ，民間奉仕者のこと。その職務は，① 住民の生活状態の把握，② 援助を必要とする者に対する生活の相談，助言，援助，③ 福祉サービスの利用に必要な情報の提供，④ 社会福祉事業者などとの連携およびその事業に対する支援，⑤ 福祉事務所など関係行政機関の業務への協力，⑥ 必要に応じて住民の福祉の推進を図るための活動を行うことにある。

3) 高齢者への戸別訪問

担当する圏域の高齢者すべてを訪問することは難しいため，ある程度の抽出作業をしてから高齢者の自宅を訪問し実態を把握する。訪問先の抽出は，独居高齢者や要介護（要支援）認定を受けながらサービスを利用していない者，地域活動への参加がみられない世帯など地域とのかかわりが少ないと思われる高齢者を選び出す。

訪問時は，周囲の環境（交通の便，立地など），家屋状況，身の回りの生活空間の状況などや心身の状況，家族の状況，外出の状況，地域との交流の状況，IADL，ADLなどの情報を収集し生活実態を把握するが，一度にすべてを聞こうとする一方的な情報収集ではなく関係性が継続できるような訪問を実施する。

4) 当事者，家族，近隣からの情報収集

地域包括支援センターの広報活動を行い，高齢者本人や家族や近隣住民から電話やFAXなどで気軽に情報を提供してもらえるようにする。そのためには，地域住民に地域包括支援センターの役割や機能を理解してもらうことや，担当圏域住民と顔の見える関係づくりが必要となる。

(2) 総合相談

総合相談とは，地域に住む高齢者のさまざまな相談をすべて受け止めて，適切な機関や制度・サービスにつなぎ継続的に支援することであり，高齢者に対するワンストップサービスの拠点としての役割を担っている。その内容としては，初期段階での相談対応と専門的・継続的な相談支援がある。

1) 初期段階での相談対応

相談の内容や対象者は，当事者からの直接の相談や関係者からの間接的な相談など多種多様である。相談方法についても訪問や電話などさまざまな手段を用いるが，どのような場合でも次の5つの項目に留意して実施する。

① 信頼関係の構築

当事者や家族など相談者は，漠然とした不安や困惑を抱えている場合が多く，その不安を受け止めるためしっかりと話を聴いて，不安や困惑の原因を一緒に整理していく姿勢で相談に臨み，相談者からの信頼を得られるようにする。

② 的確な状況の把握

専門機関として，常に的確に状況の把握を行えるように，相談受付時の確認事項など状況把握体制を整えておく。

③ 緊急性の判断

的確に情報を把握した上で，緊急性を判断して適切に対応する。緊急性の判

断は，レベルに分けて考えて，共通の判断基準を設けて行う。緊急対応である危機介入の場合は関係機関とともに行い，その情報共有や役割分担，守秘義務の遵守などに留意して連携していく。

④ 情報の提供

相談者が必要とする制度・施策やサービス機関の情報を的確に提供する。そのため常に最新の情報を保有し提供できるようにしておく。

⑤ 記録

相談対応は，継続的な支援のためにも定められた「利用者基本情報」や「支援・対応経過」などの記録票に必ず記録して残す。

2) 専門的・継続的な相談支援

初期段階での相談対応の結果，専門的・継続的な関与または緊急の対応が必要と判断した場合には次の4つの段階にそって支援を実施する。

① 訪問：リーチアウトによる相談や情報収集

初期段階での相談を受けたあとは，その後の連絡を待つのではなく，当事者宅などを訪問して面接を速く行い，当事者からだけではなく家族や関連する機関からの情報も収集する。

② 支援計画の策定

初期相談で得た情報や訪問面接などで得た情報に基づき課題や主訴を明確にして，その課題を解決するための支援計画を作る。

③ サービス，制度，機関へのつなぎ

支援計画に基づき，課題を解決するためのサービス提供機関や専門的相談機関を選択してつなぎ，つないだ直後に期待された効果があったかどうか，状況の確認を行う。

④ 継続支援のためのモニタリング

期待された効果が持続しているか，当事者もしくは相談者とつないだ先からの情報を定期的に収集する。つないだ機関やサービスがうまく機能していないと判断した場合は，当事者と機関の間に介入して，より適切な機関やサービスにつなぐ。

(3) 地域におけるネットワーク構築

地域におけるネットワークの構築とは，福祉サービスや社会資源の状況を把握したうえで総合相談や実態把握からみえてくる圏域に必要な，あるいは不十分なネットワークを再構築したり新たに構築することである。地域におけるさまざまな関係者のネットワークは，適切な支援・継続的な見守り・さらなる問題の発生を予防する。その活動は，次の3つの活動に分類される。

危機介入

これまでに獲得している対処方法では問題解決を図ることができず不安定な情緒的状況（危機状況）にあるクライエント（福祉サービス利用者）に対し，積極的・集中的な援助を行い，危機状況からの脱出を目的とする援助方法である。危機介入が効果をもたらすためには，ソーシャルワーカーがクライエントの状況に応じて，タイミングよく介入することが必要である。危機状況は人の発達段階などで生じる予測できるものと身近な人の突然の死など予測できないものとに分類され，通常一定期間しか持続せず，反応・回復過程も一定の原則があるとされている。

1）地域の社会資源やニーズの把握に基づいたネットワークの構築

　担当する圏域においてどのようなサービス提供機関や専門機関があり，どのような機能や役割を果たしているのか，社会資源の実態を把握して，社会資源マップもしくはリストとして整理する。すでに機能しているネットワークも把握し，その構成，機能，構築の状況などの情報を一覧にした資料などを作成する。2008年全国の地域包括支援センターを対象とした調査では，地域資源ネットワークがあり，「機能している」が76.7％，「ネットワークはあるが機能していない」4.0％，「ネットワークがない」19.3％となっている[2]。

　地域のニーズ把握は，担当する圏域内でも小区分エリアによってニーズが異なるため，エリアごとの情報把握を行う。その方法は，エリア内にある機関や施設が把握している利用者のニーズの調査や住民の理解を得て実施する実態把握調査票による調査，戸別訪問などに加え，高齢者や高齢者に関わる人たちが声を出し合える場に参画するなどがある。

　ネットワークの構築については，次の7項目に留意して実施する。

① ネットワークの必要性の共通理解に向けた働きかけ
　地域住民のつながりを再構築するよう地域へ働きかけながら，地域のニーズや社会資源の実態に基づいて，ネットワーク構築の必要性や目的を関係諸機関・団体，住民が共通理解できるようにする。

② ネットワークの構築
　地域包括支援センター運営協議会や市町村包括ケア会議などの場を積極的に活用し，市町村行政，関係機関・団体，地域住民などへの働きかけや，市町村地域福祉計画を理解してその活用を視野に入れてネットワーク構築に取り組む。

③ 作り上げたネットワークや既存のネットワークの有効活用
　ネットワークはあるが十分その機能を発揮していない場合があるため，機能を阻害している要因を取り除き活性化する。個別事例との関わりを通じて，有効に活用できる既存のネットワークを利用する。

④ 近隣の地域包括支援センターのネットワーク情報の把握と活用
　担当圏域だけでなく近隣のネットワークも活用できるように市町村包括ケア会議などを通じて情報を把握する。

⑤ ネットワーク間の横断的組織の構築
　1人の当事者にいくつかのネットワークが横断的，重層的に関わる場合は，それぞれのネットワークが効果的に機能しているか確認し，必要に応じて介入する。

⑥ ネットワークの自発性・自立性を高めるための取り組み
　市町村社会福祉協議会や地区社会福祉協議会との連携を深めながら，地域に密着した住民グループ活動を支援しネットワークづくりを推進・後押しし，住民自身が役割意識や責任感がもてるように働きかける。

地域福祉計画

市町村を基盤とする地域住民の生活課題に対する総合的な社会福祉計画をいう。社会福祉法においては，自治体による市町村地域福祉計画とそれを支援する都道府県地域福祉支援計画策定の条項が2003（平成15）年度に施行されることになっている。その具体的な内容や手法は未定であるが，本来的には保健・医療・福祉分野にとどまらず，教育・文化・労働・通信・交通・住環境などの生活関連施策の総合化と当事者・住民の福祉のまちづくりへの参加・参画を促進する計画を含む。とくに後者では，社会福祉協議会による住民が主体となってつくる地域福祉活動計画は連動して策定される必要がある。

⑦ 社会資源の開発

社会資源の情報を集め分析したうえで，現状において活用できる資源がないと判断した場合は，既存の社会資源を地域のニーズに合わせて「改善」したり「開発」する。

2）地域住民への啓発活動

地域住民が主体となるネットワークでは，地域住民への啓発活動が重要となる。そのため，次の2項目に留意して実施する。

① 地域住民同士の互助・共助の啓発

地域の生活課題は，地域の住民同士が互助的に関わることで解決する場合が多い。そのため，互助・共助により生活課題が解決された事例を広報などを通じて紹介したり，活動の核となるリーダーを支援するなど工夫しながら実施する。

② ネットワークに関する情報提供

地域住民にネットワークに関する状況などを記載した資料を公開し，ネットワークに関する情報の周知を図る。

3）高齢者虐待防止ネットワークの構築

地域において高齢者虐待防止ネットワークを構築するためには，ネットワークを結ぶ組織や団体などが，高齢者虐待とは何か，何が発生要因でどのような状況から発見したらよいのかなどの理解が得られる情報や学習の機会を提供して共通理解を得る。そのうえで，ネットワークを構築する範囲を検討し，適切な規模の地域を対象としてネットワークを構築する。前述の全国の地域包括支援センターを対象とした調査では，「虐待防止ネットワークを有しており，機能している」と答えたセンターは全体の22.7％であった[3]。

ネットワークの構築においては，その目的を明確にしてネットワークに参画する関係機関や団体などがその役割を共通認識できるように働きかけて，チーム全体として問題解決にあたるようにする。

さらに，ネットワークの中には地域の実情に応じた規模で，次の3つの機能別のネットワークを構築していく必要がある。

① 早期発見・見守りネットワーク

民生委員や地域住民，地区の社会福祉協議会などが中心となり住民の生活に密着した位置から相談を受け止めたり，生活の変化に気づいてもらい，その情報が地域包括支援センターへ伝わるようにする。

② 保健医療福祉サービス介入ネットワーク

介護保険事業者などが中心となり今起きている虐待にどのように対応するかチームとして検討し具体的な支援を実施する。

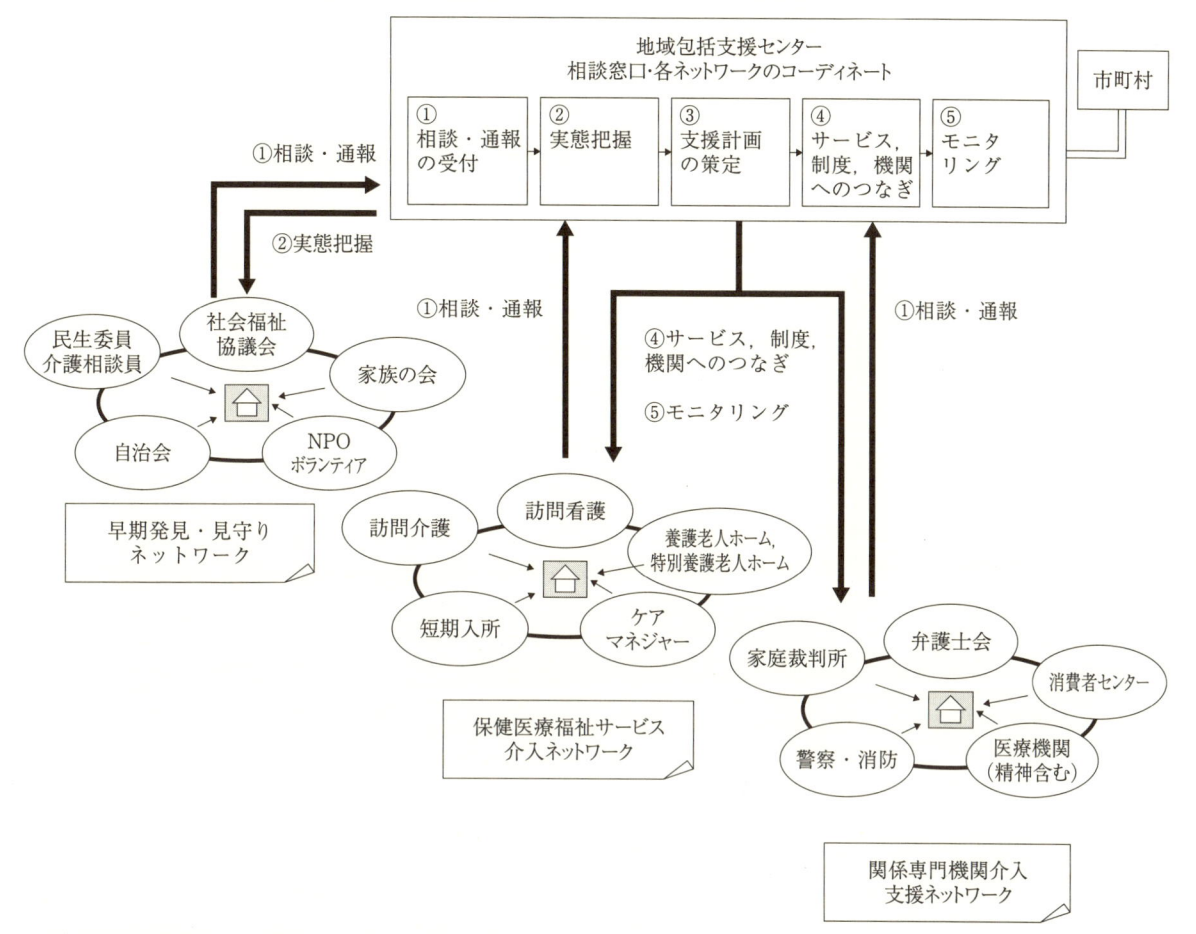

図表12－2　高齢者虐待防止ネットワーク運営事業イメージ

出所）「地域包括支援センター業務マニュアル」長寿社会開発センター，2007年

③関係専門機関介入支援ネットワーク

　保健・医療・福祉分野の対応だけでは難しい場合に協力を得るためのネットワークで，警察や消防署などの行政機関，弁護士や家庭裁判所などの法律関係者，医療機関などである（図表12－2参照）。

　高齢者虐待防止ネットワークは，市町村の権限との連結によるチームアプローチが不可欠であるが，市町村を対象とした厚生労働省全国調査では，早期発見・見守りネットワーク構築への取り組み実施は38.8％，保健医療福祉サービス介入ネットワーク構築への取り組み実施は22.9％，関係専門機関介入支援ネットワーク構築への取り組みは19.2％となっている[4]。

4　権利擁護事業

　権利擁護事業は，すべての高齢者が住み慣れた地域で，尊厳のある生活と人

チームアプローチ

　クライエント（福祉サービス利用者）の抱える課題は複雑なものも多く，ワーカー1人では対処できない場合も多い。そこで他のワーカー・専門職者と協力し，課題に対応していく試みが必要とされる。このようにチームとしてクライエントの課題に対応していく援助側の試みをチームアプローチという。チームのメンバーには，保健師・医師あるいは経済・法律・建築・教育の専門職などが考えられるが，課題に十分対応しうるメンバーが選定される必要がある。したがって多様なチーム形態が考えられ，それぞれが得意分野で機能することが期待される。

第12章 地域包括支援センターの役割と実際

生を維持することを実現していく事業である。そのため，自らの権利を理解できず必要な支援を自ら拒否する高齢者や虐待などでその権利が侵害されている高齢者などに対し，市町村の責任においてその権利が実現されるように支援する。

権利擁護事業の内容は，①成年後見制度の活用促進，②老人福祉施設などへの措置の支援，③高齢者虐待への対応，④困難事例への対応，⑤消費者被害の防止という5つの活動に分類される。

(1) 成年後見制度の活用促進

地域の高齢者が，認知症などによって判断能力の低下がみられる場合には，適切な介護サービスの利用や金銭管理，法律行為などの支援につなげるため，成年後見制度の活用を勧める。その活用については，以下の5項目に留意して実施する。

1) 制度普及の広報

地方法務局などとの連携による制度を幅広く普及させるための広報活動や，権利擁護に関する団体などと連携した住民向けの制度に関する相談会などの実施。

2) 制度の利用に関する判断（スクリーニング）

本人や家族など，関係者などからの相談や実態把握によって権利擁護の観点から支援が必要と判断した場合は，その判断能力や生活状況を把握して制度を利用する必要があるかどうかを判断（スクリーニング）する。さらに，高齢者が経済的搾取を受けているなどで緊急性がある場合は，法律関係者と連携して審判前の財産保全処分などを検討する。

3) 制度の利用が必要な場合の申し立て支援

制度の利用が必要と判断した場合は申し立てにつなげるための支援を行う。高齢者に申し立てを行える親族がいる場合は，その親族に対して成年後見制度やその手続き，方法を説明して親族による申し立てが適切にできるように支援する。申し立てをする親族がいない場合や，親族がいても申し立てを拒否する場合などは市町村長による申し立てを実施する。

4) 診断書の作成や鑑定に関する地域の医療機関との連携

成年後見の申し立てに必要な医師の診断書作成や，保佐，後見の場合に必要な鑑定がスムーズに行われるように地域の医療機関との連携を図る。

成年後見制度
認知症や精神上の障害などにより判断能力が不十分なために，介護保険や不動産売買などの契約の締結などの法律行為を行う意思決定が困難な人びとの代理人を選任し，保護する民法による制度である。従来の禁治産・準禁治産制度が，高齢社会と障害福祉の進展と措置から契約による福祉制度の変革に応じて，1999（平成11）年に自己決定の尊重や残存能力の活用などノーマライゼーションの理念のもとに改正された。後見の類型（種類）は，判断能力低下の重い度合いから順に後見・保佐・補助があり，能力低下が重いほど幅広い法律行為の代理権が後見人に与えられる。また，認知症などにより判断能力が徐々に低下する場合，判断能力低下前に後見人の選任や後見事務内容を被後見人本人が決定する任意後見制度も，自己決定を尊重した後見制度として活用が期待されている。

措置→P.148

5）成年後見人等となるべき者を推薦できる団体との連携

高齢者にとって適切な成年後見人等が選ばれるように，地域においてその候補者を推薦することができる団体と連携をはかる。

(2) 老人福祉施設などへの措置の支援

地域において家族から虐待などを受けている高齢者や，ひとり暮らしで判断能力が低下しその生活が困難になった高齢者など保護の必要がある場合は，老人福祉法における措置で対応することが必要となる。措置の実施については，次の3項目に留意する。

1）緊急対応の必要性に関する判断

高齢者が家族などからの虐待または無視を受けている場合や認知症などから意思能力が乏しく，かつ本人を代理する家族がいないため，老人福祉法の「やむを得ない事由」に該当すると判断した場合は，その対応について速やかに判断する。

2）措置が行われた後の高齢者の状況把握

介護サービスなどの措置が行われた後は，高齢者がどのような状況にあるのか把握する。

3）成年後見制度の利用などを含めた適切な支援

高齢者の判断能力が不十分な場合は，成年後見制度の申し立て支援を行い，契約によるサービスが適切に行えるように支援する。

(3) 高齢者虐待への対応

高齢者虐待への対応は，「高齢者虐待の防止，高齢者の養護者に対する支援等に関する法律」の施行によって市町村の責務として対応の実施機関の整備が求められ，地域包括支援センターはその窓口として重要な役割を担っている。しかし，現状は虐待の対応に対する知識不足，担当する職員の対応力不足などの問題が指摘されている。2007年厚生労働省による市町村の高齢者虐待対応状況調査では，地域包括支援センターなど関係者への研修実施は45.2％，独自の対応マニュアル，業務指針などの作成は22.9％，成年後見制度の市町村長申立への体制強化は50.4％，措置に必要な居室の確保のための関係機関との調整は39.9％となっている[5]。2008年全国の地域包括支援センター職員を対象とした虐待対応研修等ニーズ調査からは，今後必要と考えられる研修テーマとして，被虐待者・虐待者の介入拒否への対応や虐待の判断基準，虐待対応のための体制づくりなどがあげられている[6]。

虐待への対応については，会議を通じたチームアプローチと緊急の対応が必要でない場合，丁寧な実態把握に留意して行う。

1）会議を通じたチームアプローチ
① 受理直後の緊急性判断のためのコアメンバー会議
　受理直後に緊急性の判断と初動の体制（安否確認の方法，関係機関への確認事項の整理，担当者の決定など）を確認するための会議。構成メンバーは，市町村担当者，地域包括支援センター担当者などのほか，緊急性の判断と必要な対応を決めるための市町村担当部局の管理職である。
② 個別ケース会議
　個別事例の援助方針，援助内容，各機関の役割，主担当者連絡体制などの協議をする。メンバーは，コアメンバーのほか虐待事例に応じて必要な支援が提供できる関係機関の実務者を招集する。専門的介入支援が必要な場合には関係する専門職，機関担当者などの参加を得る体制をつくる。社会福祉士は，この会議の目的を達成するためにキーコーディネーターの役割を担う。

2）丁寧な実態把握
・虐待を受けている高齢者と虐待をしている家族の関係は，長年にわたる生活の歴史がその背景にあるため，対応にあたっては家族それぞれの事情や現在の状況を正確に把握し，丁寧に対応していく。
・高齢者虐待は，家族の過剰な介護負担から生じるストレスと深く関係しているため，家族の生活状況や介護力を丁寧にアセスメントする。
・虐待を受けている高齢者本人やその家族との信頼関係の構築につとめ，家族が虐待者であったとしても，その家族を一方的に非難したり否定的な態度や対応はしない。
・虐待者自身が精神疾患やアルコール依存症などの問題を抱えている場合もあるため，その治療や支援につなげられるように，関係機関とのネットワークを作っていく。

　養護者による高齢者虐待については，高齢者への対応とともに虐待している養護者への支援策が対応手順に含まれている（図12－3参照）。

（4）困難事例への対応
　困難事例では，自ら相談にいたることは少なく，相談にいたっても自らの状況と問題をうまく訴えることが難しく，適切な制度や社会資源を利用することが困難になっている場合が多い。そのため，困難事例の対応はより迅速で丁寧な相談対応に加えて，さまざまなネットワークや制度を活用した支援が必要となる。介護支援専門員に対する支援や介護予防マネジメントの観点も含めて，

図表 12 − 3　養護者による高齢者虐待への対応手順

養護者による高齢者虐待への対応手順

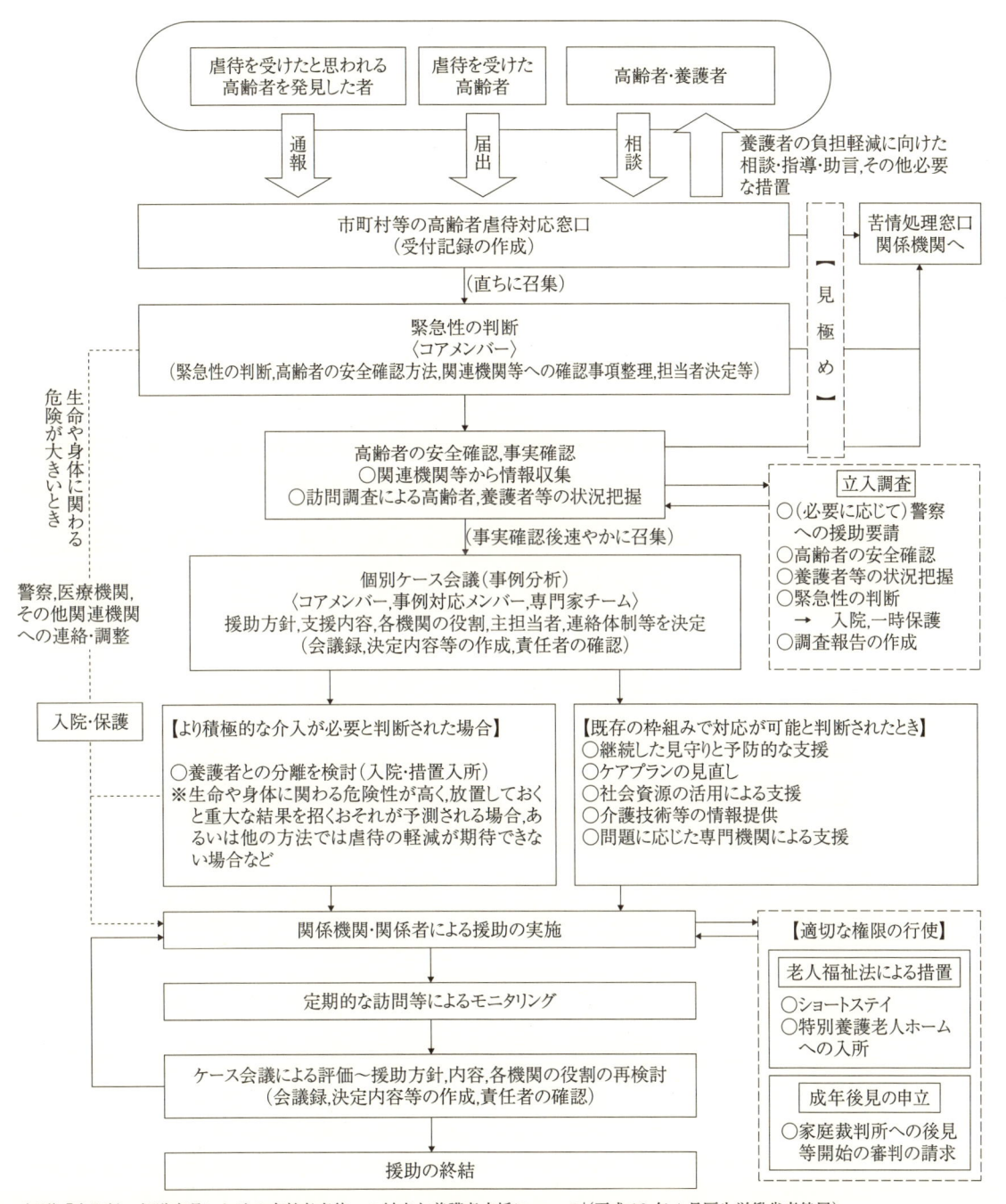

- 虐待を受けたと思われる高齢者を発見した者 → **通報**
- 虐待を受けた高齢者 → **届出**
- 高齢者・養護者 → **相談**
  - ← 養護者の負担軽減に向けた相談・指導・助言、その他必要な措置

↓

市町村等の高齢者虐待対応窓口（受付記録の作成）
　→ 【見極め】→ 苦情処理窓口 関係機関へ

（直ちに召集）
↓

緊急性の判断〈コアメンバー〉
（緊急性の判断、高齢者の安全確認方法、関連機関等への確認事項整理、担当者決定等）

↓

高齢者の安全確認、事実確認
- 関連機関等から情報収集
- 訪問調査による高齢者、養護者等の状況把握

→ **立入調査**
- （必要に応じて）警察への援助要請
- 高齢者の安全確認
- 養護者等の状況把握
- 緊急性の判断
  → 入院、一時保護
- 調査報告の作成

（事実確認後速やかに召集）
↓

個別ケース会議（事例分析）
〈コアメンバー、事例対応メンバー、専門家チーム〉
援助方針、支援内容、各機関の役割、主担当者、連絡体制等を決定
（会議録、決定内容等の作成、責任者の確認）

↓

- 【より積極的な介入が必要と判断された場合】
  - 養護者との分離を検討（入院・措置入所）
  - ※生命や身体に関わる危険性が高く、放置しておくと重大な結果を招くおそれが予測される場合、あるいは他の方法では虐待の軽減が期待できない場合など

- 【既存の枠組みで対応が可能と判断されたとき】
  - 継続した見守りと予防的な支援
  - ケアプランの見直し
  - 社会資源の活用による支援
  - 介護技術等の情報提供
  - 問題に応じた専門機関による支援

（生命や身体に関わる危険が大きいとき：警察、医療機関、その他関連機関への連絡・調整、入院・保護）

↓

関係機関・関係者による援助の実施

← 【適切な権限の行使】
- 老人福祉法による措置
  - ショートステイ
  - 特別養護老人ホームへの入所
- 成年後見の申立
  - 家庭裁判所への後見等開始の審判の請求

↓

定期的な訪問等によるモニタリング

↓

ケース会議による評価～援助方針、内容、各機関の役割の再検討
（会議録、決定内容等の作成、責任者の確認）

↓

援助の終結

出所）「市町村・都道府県における高齢者虐待への対応と養護者支援について」（平成 18 年 4 月厚生労働省老健局）

各専門職が連携し，地域包括支援センター全体で対応策を検討する必要がある。
困難事例への対応については，次の3項目に留意して実施する。

1）実態把握

困難事例は発見されにくい場合が多いため，ニーズを発見するための地域ネットワークの活用が重要となる。

2）地域包括支援センターの各専門職が連携した対応策の検討

困難事例は，問題がこじれて重大化した状態で発見される場合が多いため，初期相談の場面で緊急性を判断しなければならない。そのため各専門職が連携してその対応策を検討する。関係者による対応チームを構成してそれぞれの関係者の役割分担を明確にしつつ定期的な会議の開催などにより情報の共有，連携につとめる。

3）ネットワークを活用した見守り

困難事例への対応としては，支援計画の経過をフォローする見守りのためのネットワークの活用が重要になる。その時々の必要性によって集まった関係者，機関で見守りの役割分担を明確にして実施する。

(5) 消費者被害の防止

訪問販売や悪質なリフォーム業者などによる消費者被害を未然に防止することを目的とする。そのため，消費生活センターなどと定期的な情報交換を行うとともに，民生委員，介護支援専門員，訪問介護員などに必要な情報提供を行い，これらの関係者から消費者問題に関する情報を高齢者やその家族に伝達してもらうような体制をつくる。

高齢者が，消費者トラブルに陥らないためのアドバイスやトラブルにあった場合の相談先などを内容とするリーフレットなどを高齢者やその周辺にいる人びとに配布して被害防止策の周知をはかる。

> **消費生活センター**
> 独立行政法人国民生活センターの組織として全国に設置されている消費に関する相談機関。商品やサービスなど消費生活全般に関する苦情やトラブル，問い合わせなど，消費者からの相談に対して，専門の相談員が受け付けて公正な立場からその処理にあたる。

5 包括的・継続的ケアマネジメント

包括的・継続的ケアママジメントは，高齢者が住みなれた地域で暮らし続けることができるように，介護支援専門員，主治医，地域の関係機関の連携，在宅と施設の連携など多職種相互の協働・連携体制づくりと個々の介護支援専門員を支援することを目的としている。

包括的・継続的ケマネジメントの内容は，① 包括的・継続的ケアマネジメントの体制構築，② 介護支援専門員に対する個別支援の2つの活動に分類される。

(1) 包括的・継続的ケアマネジメントの体制構築

　高齢者が住み慣れた地域で暮らし続けるためには，主治医と介護支援専門員の連携，在宅と施設の連携などさまざまな職種や機関が連携して，高齢者の状況に応じて継続的にフォローアップする包括的・継続的ケアマネジメントの確立が必要となる。そのため，介護保険サービス以外のサービスや関わりを含めて包括的・継続的ケアを可能にする体制をつくる。

　包括的・継続的ケアマネジメントの体制構築の実施については，次の5項目に留意する。

1) 関係機関との連携体制づくり

　市町村，保健所，福祉事務所，病院など関係機関との連絡体制を構築して，地域の介護支援専門員が関係機関と連携・協働できる環境を整える。

2) 医療機関との連携体制づくり

　介護支援専門員と医療機関の専門職が連携して支援を行うことが求められるが，多忙などの理由から情報共有が十分にできていない場合が多い。そのため，関係者が容易に情報の交換や共有ができるような環境づくりに努める。

3) 地域のインフォーマルサービスと連携体制づくり

　地域にあるインフォーマルサービスについての情報を把握し，その活動内容や特徴，連絡先などの一覧表を作成するなどいつでも利用できるように情報を整理しておく。さらに，地域組織の会議への出席，地域住民・地域組織からの信頼を得られるような働きかけなどその連携を強化する。

4) サービス担当者会議開催支援

　サービス担当者会議には，利用者，家族，介護支援専門員，主治医，介護保険サービス事業者だけでなくインフォーマルサービスの提供など，利用者に関わる関係者ができる限り参加できるように支援する。

5) 入院（所）・退院（所）時の連携

　高齢者が入院（所），退院（所）して生活の場が変わっても，高齢者自身の生活は継続しており，一貫した体制で継続的にケアマネジメントが行われる必要がある。そのため入院（所）前，または退院（所）前など必要に応じて，ケアカンファレンスや居宅への訪問などを行う。利用者・家族，居宅介護支援事業所や介護保険施設の介護支援専門員，病院の医師，看護師，医療ソーシャルワーカー等と必要な支援を検討しその調整を行う。

(2) 介護支援専門員に対する個別支援

介護支援専門員は，他の専門職からの支援などを受けにくいことや専門職としての資質にバラつきがあることなどさまざまな課題を抱えている。そのため，地域包括支援センターには担当地域の介護支援専門員を支援して，そのケアマネジメント力を高めるための支援体制の構築が求められている。

介護支援専門員に対する個別支援は，次の7項目に留意して行う。

1) 相談窓口

介護支援専門員は，スーパービジョンを行うにあたり職場内にスーパーバイザーをもたない場合が多く，すべての問題を1人で解決することを求められることもある。そのため，重圧を感じている介護支援専門員が地域包括支援センターの主任介護支援専門員に悩みを相談することによって不安を解消できるような相談窓口を設ける。

2) 支援困難事例を抱える介護支援専門員への対応

支援困難事例に関しては，とくに多職種・多機関との連携による解決が必要となる。支援困難事例を抱えた個々の介護支援専門員が1人で必要な連携先を探し出し，連携をとることは，負担が大きく支援困難事例の抱え込みにつながる。そのため，地域包括支援センターは必要な連携先を確保してつないでいくなどの支援をする。

3) 個別事例に対するサービス担当者会議開催支援

介護支援専門員から相談のあった事例について，介護支援専門員が選出した会議に出てほしいメンバーに連絡をとるなどサービス担当者会議開催の支援をする。

4) 質の向上のための研修

担当地域の介護支援専門員が，能力や経験に応じて研修を受けてその能力を伸ばしていくことができるよう事業所や市町村，研修機関などに働きかける。

5) ケアプラン作成指導などを通じた介護支援専門員のケアマネジメントの指導

介護支援専門員に「気づき」を与え，高齢者に対する支援の方向をともに考える。

6) 介護支援専門員同士のネットワーク構築

スーパービジョン

対人援助の専門職者は，自分自身の考えあるいは行動に対し自信がもてない，あるいは自らでは気づかないまま好ましくない行動をとっている場合が存在する。このような時，他者からの視点で，助言を得たり指摘を受けることは，自らの行動を修正していく上で有効である。この一連の取り組みをスーパービジョンという。そのさい，自らの状況・行動を話す側の者をスーパーバイジー，指摘・助言する側の者をスーパーバイザーという。この取り組みは，グループで実施することもあり，その場合には1対1の個人スーパービジョンと区別する意味でグループスーパービジョンという。

主任介護支援専門員が1人ですべての相談を受け止めると考えるのではなく，担当地域の介護支援専門員同士の連携体制の構築を図り協力したり，互いに悩みを話し合う機会を作る。

7) 介護支援専門員に対する情報支援

　介護支援専門員の活動を支えるさまざまな情報を提供する仕組みをつくる。リーフレットの配布，説明会，情報交換会など多様な手段を考える。

注
1) 加藤昌之編著「地域包括支援センターにおける地域資源ネットワーク構築状況などに関する調査研究報告書」さわやか福祉財団，2008年，p.11
2) 同上報告書，p.14
3) 同上報告書，p.15
4) 多々良紀夫編著「地域の高齢者虐待対応におけるソーシャルワークアプローチに関する調査研究並びに研修プログラムの構築事業報告書」日本社会福祉士会，2008年，p.37
5) 同上報告書，p.36
6) 同上報告書，p.131

参考文献
　日本社会福祉士会地域包括支援センターにおける社会福祉士実務研修委員会編『地域包括支援センターのソーシャルワーク実践』中央法規，2006年
　上野谷加代子ほか編『よくわかる地域福祉』ミネルヴァ書房，2004年

プロムナード

　2007年自治体を通じて厚生労働省がまとめた高齢者虐待に関する調査では，虐待によって亡くなられた方が27人，そのうち殺人によるものが13人，親族との心中が4人，介護の放棄によるものが7人，暴行後に亡くなられたのが3人という痛ましい結果が報告されました。
　人は，この世に生を受けていつかは死を迎えます。いくら医学が発達しても人間が生死を迎える時間は，海の満潮干潮時間と一致している場合が多く自然の摂理など，人間の力の及ばないところにあります。
　だから人の生死は，人知を超えた厳かなものであり，もっとも尊厳に満ちたものであると思います。高齢者の場合は，その人生が苦難に満ちたものであったとしても，その死に際して尊厳が守られ，満足のいくものであれば，人として生まれたことを喜べるのではないでしょうか。
　もっとも尊厳に満ちた死を，虐待という人間の尊厳をもっとも傷つけられる状況で迎えなければならなかった27人の方のことを，忘れないで日々の仕事に向き合っていきたいと思います。

学びを深めるために

塚口伍喜夫編著『地域福祉論説―地域福祉の理論と実践をめぐって』みらい，2006年

　地域包括支援センターの活動と地域福祉の推進は，密接な関係にある。地域福祉推進があってその活動が成り立っている。この著書は，地域福祉の課題や取り組みが多角的，総合的に学べる。

あなたが住んでいる地域にはどのような施設や病院など，保健・福祉・医療に関する機関があるのか調べてみましょう。

福祉の仕事に関する案内書

日本社会福祉士会編『社会福祉士のしごと（改訂版）』中央法規，2002年

第13章

老人福祉法

1 老人福祉法の理念と意義

（1）老人福祉法制定の背景

　老人福祉法は，1963年7月に公布され，1963年8月に施行された。老人福祉法制定以前は，高齢者対策は救貧対策の枠の中で実施されていた。生活に困窮する高齢者に対しては，生活保護法により保護され，生活保護法を根拠法とする養老施設への収容保護が行われていたが，1950年代から1960年代にかけて高齢者をめぐる社会状況は変化していった。平均寿命の伸長，老年人口の増加，家族制度の崩壊，私的扶養の減退，核家族化といった状況により，高齢者の生活は不安定なものとなり，高齢者の福祉に対する国民の要望が強くなった。そこで，1962年に厚生省社会局で法案の作成作業が始まり，1963年に老人福祉法が制定されるに至った。

（2）老人福祉法の理念と意義

　老人福祉法では，老人の福祉に関する基本的な考え方が示され，その福祉に必要な措置に基づいて提供されるサービスについて主に規定されている。

　老人福祉法の目的については，第1条において「この法律は，老人の福祉に関する原理を明らかにするとともに，老人に対し，その心身の健康の保持及び生活の安定のために必要な措置を講じ，もつて老人の福祉を図ることを目的とする」とされている。

　老人福祉に関する原理とは，老人福祉に関する基本的理念（第2条，第3条）および老人福祉増進の責務（第4条）のことである。

　老人福祉法の基本的理念については，以下のように規定されている。「老人は，多年にわたり社会の進展に寄与してきた者として，かつ，豊富な知識と経験を有する者として敬愛されるとともに，生きがいを持てる健全で安らかな生活を保障されるものとする」（第2条）。また，「老人は，老齢に伴って生ずる心身の変化を自覚して，常に心身の健康を保持し，又は，その知識と経験を活用して，社会的活動に参加するように努めるものとする」（第3条第1項）。さらに，高齢者が心身の健康保持や社会参加を達成するための前提として，「老人は，その希望と能力とに応じ，適当な仕事に従事する機会その他社会的活動に参加する機会を与えられるものとする」（第3条第2項）とされている。

　第2条では，国や地方公共団体の施策運用に指針を与えるとともに，国民の高齢者に対する基本姿勢について述べられ，さらに，第3条1項において高齢者自身の心構えについて，第3条2項では高齢者の希望と能力に相応する仕事やその他社会活動に参加する機会が提供されるべきであることが述べられている。

　老人福祉に関する公の責務について，第4条1項において，「国及び地方公

共団体は，老人の福祉を増進する責務を有する」と規定している。このように行政が老人福祉の責任主体であることを明確にした上で，第4条2項で「国及び地方公共団体は，老人の福祉に関係のある施策を講ずるに当たっては，その施策を通じて，前2条に規定する基本的理念が具現されるように配慮しなければならない」とし，高齢者が豊かな知識や経験を有する者として敬愛され，生きがいのもてる健全で安らかな生活を保障する社会の構築に向けた公的取り組みを求めている。さらに第4条3項において，「老人の生活に直接影響を及ぼす事業を営む者は，その事業の運営に当たっては，老人の福祉が増進されるように努めなければならない」と規定し，老人福祉に関する責務は，直接，老人福祉サービスを提供する事業者にもあることを明らかにしている。

(3) 老人の日及び老人週間

老人福祉法では，「老人の日及び老人週間」について規定している。2002年の法改正により，国民の祝日である敬老の日とは別に，「老人の日」(9月15日)と「老人週間」(9月15日から21日の1週間)が老人福祉法において規定された（第5条2項）。これは国民の間に広く老人の福祉についての関心と理解を深めるとともに，老人に対し自らの生活の向上に努める意欲を促すことを目的として，「老人の日及び老人週間」が設けられた（第5条1項）。「国は，老人の日においてその趣旨にふさわしい事業を実施するよう努めるものとし，国及び地方公共団体は，老人週間において老人の団体などによってその趣旨にふさわしい行事が実施されるよう奨励しなければならない」（第5条3項）とされている。

なお，2001年の「国民の祝日に関する法律」によるハッピーマンデー制度の運用によって2003年度から9月の第3月曜日が「敬老の日」と定められている。

(4) 老人の定義

老人福祉法は老人を対象とした法律であるが，その対象となる老人の定義については規定していない。老人福祉法を立案した厚生省（現厚生労働省）は，その理由について，第48回通常国会で「老人についても児童福祉法と同様に年齢を定義することを提案したが，老人は，児童の場合と異なり相当の個人差があり，年齢で一律に区分することは適当でないという結論を得た。そこで，『老人』という文言の解釈を社会通念上把握される概念にゆだねた」と述べている。ただし，老人福祉法により提供されるサービスの多くは65歳以上の者を対象としている。

2 国および地方公共団体の責務

　老人福祉に関する施策は，国と地方公共団体の協働により実施される。その主な任務の分担は次のようになっている。

(1) 国の任務

　国は，①老人の心身の特性に応じた介護方法の研究開発ならびに老人の日常生活上の便宜を図るための用具及び機能訓練のための用具であって身体上または精神上の障害があるために日常生活を営むのに支障がある者に使用させることを目的とするものの研究開発の推進に努めなければならない（老人福祉法第13条の2）。②市町村老人福祉計画または都道府県老人福祉計画の達成に資する事業を行うものに対し，その事業の円滑な実施のために必要な援助を与えるように努めなければならない（法第20条の11）。

　厚生労働大臣は，③市町村に対する市町村老人福祉計画策定の際に参酌すべき標準目標を定めている（法第20条の8第4項）。また，②審議会の意見を聞き，養護老人ホームと特別養護老人ホームの設置および運営に関する基準を定めなければならない（法第17条1項）。さらに，③都道府県への老人福祉計画に関する助言（法第20条の10第2項），④老人健康保持事業を実施する指定法人の指定（法第28条の2第1項），⑤指定法人の業務の実施に関する規定の認可および変更の命令（法第28条の5第1・2項）を行うことができる。現在，老人健康保持事業を実施する指定法人として，財団法人長寿社会開発センターが指定されている。なお，厚生労働大臣は，⑥有料老人ホーム協会に対して，その業務や財産に関して報告もしくは資料の提出を求めることや，立ち入り検査を実施することができる（法第31条の4）。

> **有料老人ホーム協会**
> 有料老人ホームの入居者の保護と有料老人ホームの健全な発展に資することを目的とする有料老人ホームの設置者を会員とする法人（社団法人有料老人ホーム協会）である。

(2) 都道府県または都道府県知事の任務

　①老人福祉の措置の実施に関して，都道府県内の市町村相互間の連絡調整，市町村に対する情報の提供等その他必要な援助，広域的な見地での実情把握を行う（老人福祉法第6条の2第1項第1・2号）。また，②市町村に対して必要な助言を行うことができる（法第6条の2第2項）。さらに，③国や都道府県以外のものによる老人居宅生活支援事業の開始・変更・廃止または休止に関する届け出の受理（法第14条，法第14条の2，法第14条の3），④国や都道府県以外のものによる老人デイサービスセンター・老人短期入所施設・老人介護支援センターの設置または廃止・休止・変更に関する届け出の受理（法第15条第2項，法第15条の2），⑤市町村および地方独立行政法人による養護老人ホームや特別養護老人ホームの設置または廃止・休止・変更についての届け出の受理（法第15条第3項，法第16条第2項），⑥社会福祉法人による養護老人ホームや特別

養護老人ホームの設置についての届け出の認可（法第15条第4項，法第16条第3項），⑦老人居宅生活支援事業または老人デイサービスセンター・老人短期入所施設・老人介護支援センター・養護老人ホーム・特別養護老人ホームの長等に対する報告の徴収等（法第18条の2，法第19条）や改善命令等（法第18条の2，法第19条），⑧有料老人ホームを設置しようとするものから運営状況等の報告または変更・休止・廃止の届け出受理，施設への立ち入り調査，設備，帳簿書類等の検査，改善命令等（法第29条）を行う。なお，都道府県は，⑨市町村老人福祉計画の達成のために，広域的な見地から，老人福祉事業の供給体制の確保に関する計画（都道府県老人福祉計画）を定める（法第20条の9第1項）こととなっている。

（3）市町村の任務

①特別養護老人ホーム（やむを得ない事由の場合）や養護老人ホームへの入所（老人福祉法第11条1項1・2号），養護委託（法第11条第1項3号），居宅における介護等に関する老人福祉法に基づく措置を行う。福祉の措置は，高齢者の居住地の市町村が実施する。ただし，居住地を有しないか明らかでない者に対するときは，現在地の市町村が行う（法第5条の4）。その他，市町村の役割には，②老人クラブ等の老人福祉を増進することを目的とした事業を行う者への援助（法第13条第2項），③老人居宅生活支援事業および老人福祉施設による事業の供給体制の確保に関する計画（市町村老人福祉計画）を定める（法第20条の8）ことなどがある。

また，市町村の設置する福祉事務所（市は必置，町村は任意）は，老人福祉法の施行に関しては，主として老人の福祉に関し，必要な実情の把握に努めるとともに，情報提供・相談対応・調査・指導，ならびにこれらに付随する業務を行う（法第5条の5）。市町村の設置する福祉事務所には，老人福祉指導主事（社会福祉主事）が配置されており，福祉事務所長の指揮監督を受けて，福祉事務所の所員に対して，高齢者の福祉に関する技術的指導を行うとともに，福祉事務所の業務の中で，専門的技術を必要とする業務を行う（法第6条）。

3　老人福祉法の措置制度

（1）措置から契約へ

わが国の今日の社会福祉は，すべての人が誕生から死に至るまで，人として尊重され，人間らしい生活を送ることができるようにすることを目的としている。わが国の社会福祉のあり方を考えるうえで，日本国憲法の生存権保障の思想は，もっとも基本的な拠りどころであるが，人間らしい生活の意味するところは社会の変化・発展にともない変化してきた。

市町村老人福祉計画
老人居宅生活支援事業および老人福祉施設による事業の供給体制の確保に関する計画であり，市町村の区域において確保すべき老人福祉事業の量の目標，老人福祉事業の量の確保のための方策，老人福祉事業の供給体制の確保に関する必要な事項が定められている。市町村介護保険事業計画と一体のものであり，市町村地域福祉支援計画との調和が保たれたものである。

都道府県老人福祉計画
都道府県が，市町村老人福祉計画の達成のために，養護老人ホームおよび特別養護老人ホームの必要入所定員総数その他老人福祉事業の量の目標，老人福祉施設の整備および老人福祉施設相互間の連携のために講ずる措置，老人福祉事業に従事する者の確保または資質の向上のために講ずる措置，その他老人福祉事業の供給体制の確保に関して必要な事項を盛り込んだ老人福祉事業の体制の確保に関して定めた計画である。都道府県介護保険事業支援計画と一体のものであり，都道府県地域福祉計画との調和が保たれたものである。

老人福祉指導主事
老人福祉法第6条に規定する老人福祉の業務に従事する社会福祉主事のことである。

第13章　老人福祉法

　第2次世界大戦後間もなくして構築された社会福祉制度は，戦災孤児，戦傷病者などの生活困窮者の保護・救済を中心とした国民の最低生活の維持に追われ，生活保護制度に収斂されるように救貧的な性格をもつものであった。このように飢餓的貧困が広く国民生活を脅かし，他方では厳しい財政事情と社会資源が著しく不足していた状況下にあっては，社会福祉制度の運営については，政府主導の中央集権的となり，行政主導型で限られた社会資源，福祉サービスがもっともニーズの高い者へ行き届くようにするために，社会福祉六法などを中心とした措置制度をもとに推し進められてきた。また，1990年には老人福祉法をはじめとする福祉関係八法改正により，福祉の措置を含むさまざまな権限が市町村に移譲され，住民にもっとも身近な市町村において在宅福祉サービスと施設福祉サービスが一元的・計画的に提供されるようになり，老人福祉法に定められる福祉の措置は，高齢者の居住地の市町村が実施することとなった。なお，居住地を有しないか明らかでない者の場合には，その現在地の市町村が実施することとなった。また，市町村は住民にもっとも身近な基礎自治体として，計画的に高齢者福祉対策を実施することができる体制になった。

　少子・高齢化の進展，核家族化や女性の社会進出による家庭機能の変化，障害者の自立と社会参加の進展にともない，社会福祉は多様な福祉ニーズをもち，最低生活の維持を超えて，生活の質（QOL）の向上を念頭に置いたサービスが求められるようになるとともに，多様な福祉資源を公的責任で供給するだけでなく，さまざまな民間団体・事業者の参入が不可欠な状況となった。

　このような社会状況下においては，措置制度による行政主導の制度では，利用者の主体的な選択が十分に尊重されない。また，利用者の生活に大きな影響を及ぼす事柄に関して，自己決定権を尊重するという観点からみると，必ずしも適合的なものではなくなった。

　そこで，1997（平成9）年の児童福祉法の改正による保育サービス利用における契約制度の導入や，介護保険法の制定による高齢者介護サービスの利用契約化を通して，個人の自立支援や利用者による選択の尊重等が推し進められ，措置制度からの脱却の試みがなされ社会福祉基礎構造改革への第一歩となり，2000年の社会福祉事業法等改正一括法の制定により，福祉サービスの利用にあたっては，利用者の選択を尊重する方式が一般化することになった。

　介護保険法は社会保険方式により，給付と負担の関係を明確にするとともに，従来の縦割りの制度を再編成し，措置制度から契約を基本とする利用者の選択により，多様な主体から保健・医療・福祉サービスを総合的に受けられる仕組みとなった。これは，利用者が施設入所や必要なサービスを選択し，サービス提供者と契約を結び，行政は利用料について助成を行うという方式である。このように高齢者の介護サービスにおいては介護保険法の施行により，介護サービスの利用形態が「措置」から「契約」へ転換された。

> **社会福祉基礎構造改革**
> この改正の具体的内容は，①利用者の立場に立った社会福祉制度の構築，②サービスの質の向上，③社会福祉事業の充実・活性化，④地域福祉の推進などとなっている。

このような自己決定権が尊重されたシステムは，措置制度下のサービスを「与えられる」立場におかれてきた要介護高齢者などを，改めて「人生の主体者」として捉え直し，その意味において，「対象者観」を変革するものとなった。これにより，近年，「人生の主体者」として生きようとする要介護高齢者などをどのように援助するかという観点において，さらに生活の質（QOL）の向上が注目を集めるようになった。

> 生活の質（QOL）
> →P.129

(2) 老人福祉法による措置

2000年度からの介護保険制度の実施により，老人福祉法に規定されている介護サービスは，その多くが基本的に介護保険法による給付を優先して行われるようになり，契約による利用形態に転換された。ただし，介護保険法施行後も，家族の虐待等により介護保険サービスの利用や居宅において養護を受けることが困難な高齢者に対して，市町村が職権をもって必要なサービスを提供するために老人福祉法による措置制度が存続している。福祉の措置として以下のものがある。

1）居宅における介護等サービス

基本的には介護保険による給付となるが，介護保険の給付が受けられない心身の障害がある65歳以上の高齢者に対しては老人福祉法による介護等サービスが措置として提供される。

2）高齢者福祉の施設サービス

原則的に老人福祉法による入所措置の形態をとるのは，養護老人ホームのみである。養護老人ホームへの入所は，行政が公益的な配慮に基づいて実施する行政処分による。

① 養護老人ホームへの入所措置

養護老人ホームは，65歳以上の者であって，環境上の理由及び経済的な理由により居宅において養護を受けることが困難な高齢者を入所させ養護するとともに，高齢者が自立した日常生活を営み，社会的活動に参加するために必要な指導及び訓練その他の援助を行うことを目的とする施設である（老人福祉法第20条の4）。主として自立又は要支援の低所得世帯等の高齢者を入所対象としている。養護老人ホームへの入所については，市町村の職権による入所措置で行われる（法第11条第1項第1号）。入所希望者が，福祉事務所・町村役場に入所申請すると「入所判定委員」により入所判定が行われ，入所措置の決定がなされる。養護老人ホームの運営費は主に措置費（市町村が養護老人ホームなどへ高齢者を措置した場合にその事業者へ支払われる費用）によりまかなわれている。2005年度より養護老人ホーム等保護費負担金が廃止，税源移譲さ

れたことにともない，養護老人ホームへの措置費はすべて市町村による費用負担となった。

② 特別養護老人ホームへの入所措置

介護保険法による利用が優先となるが，高齢者が家族から虐待を受けたり無視されたりしている場合や，本人が認知症等により介護保険法によるサービスを受けるために必要な契約能力がない場合や認定手続きを待つことができない緊急の場合等に限り，高齢者に対して，市町村が職権をもって老人福祉法による入所措置により介護サービス等を提供することができる（老人福祉法第10条の4第1項及び第11条第1項第2号）。特別養護老人ホームへの入所に関しては，高齢者の状況により市町村に入所措置の実施が義務づけられる。

3）老人養護委託

老人養護委託は，適当な養護者のいない高齢者を一般家庭に預け，その養護を委託する制度である（第11条3項）。その費用については，養護老人ホームなどの場合と同様に公費負担される。

なお，養護老人ホームなどへの入所措置や養護委託された高齢者が死亡し，その葬祭を行う者がいない場合は，これらの老人ホームや養護受託者に対し，葬祭に必要な費用を補助し，葬儀を行うことの委託措置がとられる（第11条3項2号）。

4 在宅福祉対策

(1) 老人福祉法による在宅福祉サービス

老人福祉法に基づく措置による在宅福祉サービスには，老人居宅生活支援事業，日常生活用具の給付・貸与などがある。

「老人居宅生活支援事業」とは次のものをいう。老人居宅介護等事業，老人デイサービス事業，老人短期入所事業，小規模多機能型居宅介護事業，認知症対応型老人共同生活援助事業である。

(2) 老人居宅生活支援事業

居宅における介護等サービスの提供は，基本的には介護保険による利用となるが，介護保険の給付が受けられない心身の障害があるおおむね65歳以上の高齢者に対しては，老人福祉法に基づく介護等サービスが措置として提供される。

老人福祉法により市町村が措置として居宅における介護等サービスを行うのは次の条件を満たす場合である。①65歳以上の者であって，身体上又は精神上の障害があるために日常生活を営むのに支障があること，②やむを得ない事

由により介護保険法に規定するサービスを利用することが著しく困難であること，となっている。すなわち，老人福祉法の措置による居宅における介護等サービス利用は，高齢者が家族から虐待を受けたり無視されたりしている場合や，本人が認知症等により介護保険法によるサービスを受けるために必要な契約能力がない場合や認定手続きを待つことができない緊急の場合等に限られる。このような状況にある高齢者に対して市町村が職権をもって措置により介護サービス等を提供するのである（法第10条の4第1項及び第11条第1項第2号）。介護保険サービスの利用について家族が反対する場合や高齢者本人が拒否している場合においても，市町村が職権で利用決定可能なことから，虐待ケースの最終的な対応として有効な制度となっている。

　市町村は老人福祉法に基づいて，必要に応じ，下記の在宅福祉サービス（老人居宅生活支援事業）を措置により高齢者へ提供することが可能である。なお，老人居宅生活支援事業における介護等サービス提供に関しては，市町村の義務ではなく，実施するか否かについては市町村の任意となる。

措置→P.148

　老人居宅生活支援事業の概要は以下のとおりである。
① 老人居宅介護等事業：訪問介護員（ホームヘルパー）などが要介護高齢者などの自宅を訪問し，入浴，排せつ，食事などの介護その他の日常生活を営むのに必要なサービスを提供する事業
② 老人デイサービス事業：居宅の要介護高齢者などを日帰り介護施設（デイサービスセンター）などの施設に通わせ，入浴，排せつ，食事等の介護，機能訓練，生活指導，家庭介護教室などの総合的なサービスを提供する事業
③ 老人短期入所事業：特別養護老人ホームなどの施設に短期間入所させ，養護する事業
④ 小規模多機能型居宅介護事業：心身の状況やおかれている環境等に応じて，利用者の選択に基づき，居宅またはサービス拠点への通所，短期宿泊により，入浴，排せつ，食事等の介護その他の日常生活を営むのに必要な便宜や機能訓練を提供する事業
⑤ 認知症対応型老人共同生活援助事業：認知症高齢者が共同生活を営むべき住居において入浴，排せつ，食事等の介護その他の日常生活上の援助を行う事業

（3）日常生活用具の給付・貸与に関する措置

　市町村は，老人日常生活用具給付等事業に基づき，身体上又は精神上の障害があるために日常生活を営むのに支障がある高齢者の福祉を図るため，必要に応じて，日常生活用具を給付もしくは貸与する措置をとることができる。日常生活用具とは，① 火災警報器，② 自動消火器，③ 電磁調理器，④ 老人用電話

（貸与）の4品目で，市町村長などの判断をもとに業者からこれらの日常生活用具を受け取る現物給付となる。①火災警報器とは，屋内の火災を煙または熱により感知し，音または光を発し，屋外にも警報ブザーで知らせるものである。②自動消火器は，室内温度の異常上昇または炎の接触で自動的に消火液を噴出して初期火災を消火するものである。③電磁調理器は，電磁による調理器であり，高齢者が容易に使用できるものである。④老人用電話は，ひとり暮らし高齢者等の孤独感の解消を図るとともに，安否の確認，生命の安全のために設置される電話である。日常生活用具の給付・貸与ともに利用費用に関しては応能負担となる。なお，本事業は2006年度より一般財源化され，市町村により地域の実情に応じた取り組みが可能となっている。

5 施設福祉対策

　老人福祉施設として老人福祉法に規定されているものは，老人デイサービスセンター，老人短期入所施設，養護老人ホーム，特別養護老人ホーム，軽費老人ホーム，老人福祉センター，老人介護支援センターである。そのうち，老人デイサービスセンターや老人短期入所施設，老人福祉センター，老人介護支援センターは，在宅福祉対策としてあげられる。老人福祉施設の概要は以下のとおりである。

　①老人デイサービスセンター：おおむね65歳以上の身体上または精神上の障害があり，日常生活を営むのに支障がある者を通わせ，食事，入浴，排泄の介助，機能訓練，介護の方法の指導，その他の便宜を提供する施設。介護保険上は通所介護であり，利用手続きは当該施設との契約になるが，やむを得ない事由がある場合には老人福祉法に基づく措置となる。

　②老人短期入所施設：おおむね65歳以上の者であって，養護者の疾病その他の理由により，居宅において介護を受けることが一時的に困難となった者を短期入所させ，養護することを目的とする施設。介護保険上は短期入所生活介護であり，利用手続きは当該施設との契約になるが，やむを得ない事由がある場合には老人福祉法による措置となる。

　③養護老人ホーム：65歳以上で，環境上の理由，経済的理由により居宅において養護を受けることが困難な者を入所させて養護する施設。利用手続きは老人福祉法に基づく措置となる。従来養護老人ホームは，措置による入所のため，入所者は介護保険制度のサービスを利用することができなかったが，入所者の高齢化とともに介護ニーズが増大し，これに対応するため，2005年に老人福祉法が改正され，養護老人ホームの目的を「入所者が自立した日常生活を営み，社会活動に参加するために必要な指導及び訓練その他の援助を行うこと」と明確化し，養護老人ホームへの措置事由は「身体上若しくは精神上又は

環境上の理由及び経済的理由」から「環境上の理由及び経済的理由」に改正された。これにともない2006年度より介護保険法に規定する居宅サービスの1つである特定施設入居者介護の指定を受けることにより，入所者の介護ニーズに対しては介護保険で対応することが可能となった。

④ 特別養護老人ホーム：65歳以上の心身機能の低下などで常時介護が必要で居宅での生活が困難な者を入所させて養護する施設である。2002年度からユニットケアを提供するユニット型特別養護老人ホームの整備が推進されてきた。介護保険法では介護老人福祉施設という名称となり，利用手続きは当該施設との契約になるが，やむを得えない事由がある場合には，老人福祉法に基づく入所措置となる。特別養護老人ホームへの入所措置に関しては，高齢者の状況により市町村に措置の実施が義務づけられる。

⑤ 軽費老人ホーム：60歳以上で，家庭環境や住宅事情などの理由により居宅において生活することが困難な者を低額な料金で利用させる施設である。利用手続きは各施設との契約となる。給食サービス型のA型と自炊式のB型，さらに，車いすでの生活が可能であるバリアフリー住環境となっており，入浴・食事の提供を行うケアハウスがある。A型においては所得制限があり，利用者の生活に充てることのできる資産，所得，仕送りなどが利用料の2倍程度以下の者が対象となっている。ケアハウスに関しては，社会福祉法第62条2項の規定により都道府県知事などの許可を受けた法人によるPFI方式の設置・経営が認められている。なお，特定施設入居者生活介護事業者の指定を受けることにより，介護保険による介護サービス提供も可能となる。

⑥ 老人福祉センター：無料または低額な料金で，高齢者に関する各種の相談に応ずるとともに，高齢者に対して，健康の増進，教養の向上およびレクリエーションのための便宜を総合的に供与することを目的とする施設。利用手続きは当該施設に申し込んで利用する。

⑦ 老人介護支援センター（在宅介護支援センター）：地域の高齢者またはその家族などに対し，在宅介護などに関する総合的な相談に応じ，必要な助言を行うとともに，そのニーズに対応した各種の保健・福祉サービスが総合的に受けられるように，市町村等関係行政機関，居宅介護支援事業所，医療施設，老人クラブその他老人の福祉を増進することを目的とする事業を行う者等と連絡調整し，高齢者やその家族などの福祉の向上を図る施設。

ほかに施設対策としては，老人福祉施設ではない有料老人ホームもある。

6 老人福祉法と有料老人ホーム

(1) 有料老人ホームとは

有料老人ホームは，老人を入居させ，入浴，排せつ若しくは食事の介護，食

> **PFI**
> **(Private Finance Initiative)**
> 「民間資金等の活用による公共施設等の整備等の促進に関する法律」（PFI法）が1999年に施行された。2001年度からケアハウスについてPFIが導入され，ケアハウスの設置・運営について民間企業による参入が図られた。これは地方自治体がPFI事業者（民間企業等）の建設したケアハウスを買い上げ，これをその事業者に貸与し運営させる方式である。

事の提供又はその他の日常生活上必要な便宜であって厚生労働省令で定めるものの供与（他に委託して供与をする場合及び将来において供与をすることを約する場合を含む）をする事業を行う施設であって，老人福祉施設，認知症対応型老人共同生活援助事業を行う住居等でないものをいう（老人福祉法第29条第1項）。2006年の老人福祉法の改正により，定員要件は問われないこととなった。有料老人ホームでは，高齢者の多様なニーズにきめ細かく応えるため，各施設による独自の創意工夫を凝らしたさまざまな設備やサービスが提供されている。なお，「シルバーマンション」や「高齢者下宿」などの名称のものであっても，この法律の定義に該当するものは，すべて有料老人ホームということになる。

　有料老人ホームの設置主体は，民間営利企業が大半であるが，社会福祉法人，宗教法人，NPO法人などにより設置されている施設もある。これら民間事業者が，あらかじめ法令に定める事項を都道府県知事に届け出ることにより設置することができる。法令に定める事項とは，① 施設の名称及び設置予定地，② 設置しようとする者の氏名及び住所又は名称及び所在地，③ 条例，定款その他の基本約款，④ 事業開始の予定年月日，⑤ 施設の管理者の氏名及び住所，⑥ 施設において供与される介護等の内容，⑦ その他厚生労働省令で定める事項について，である（第29条第1項各号）。なお，「その他厚生労働省令で定める事項」とは，施行規則20条の3に規定されている14項目である。①から⑦の事項に変更を生じたときは，変更の日から1月以内に，その旨を当該都道府県知事に届け出なければならない。その事業を休止または廃止したときも，同様となる（第29条2項）。有料老人ホームの設置者は，当該有料老人ホームの事業について，厚生労働省令で定めるところにより，帳簿を作成し，これを保存するとともに，当該有料老人ホームに入居する者または入居しようとする者に対して，供与する介護等の内容その他の厚生労働省令で定める事項に関する情報を開示しなければならない（第29条3項・4項）。また，有料老人ホームの設置者は，入居者の終身にわたって受領すべき家賃その他厚生労働省令で定めるものの全部または一部を前払金として一括して受領する際には，当該前払金の算定の基礎を書面で明示し，かつ，その前払金について返還債務を負うこととなる場合に備えて必要な保全措置を講じなければならない（第29条5項）。都道府県知事は，有料老人ホームの設置者もしくは管理者もしくは設置者から介護等の供与を委託された者に対して，その運営の状況に関する事項その他必要と認める事項の報告を求め，または当該職員に，関係者に対して質問させ，もしくは，有料老人ホームや介護等受託者の事務所等に立ち入り，設備，帳簿書類その他の物件を検査させることができる（第29条6項）。さらに，都道府県知事は，有料老人ホームの設置者が入居者の処遇に関し不当な行為をし，またはその運営に関し入居者の利益を害する行為をしたと認めるとき，その他入

居者の保護のため必要があると認めるときは，当該有料老人ホーム設置者に対して，その改善に必要な措置を採るべきことを命ずることができる（第29条6項）。

なお，有料老人ホームの不当表示の防止と不当表示に対する厳正なる対処という観点から，公正取引委員会は，「有料老人ホーム等に関する不当な表示」を指定するとともに，「有料老人ホームに関する不当な表示の運用基準」を策定している。

(2) 有料老人ホームの類型

有料老人ホームは，有料老人ホーム設置運営基準指導指針によると，介護サービスの内容に応じて，① 一般型介護付き，② 外部サービス型介護付き，③ 住宅型，④ 健康型，の4類型に分類される。同指針では，有料老人ホーム事業者における適正な表示の確保および消費者保護の観点から，居住の権利形態や介護にかかわる職員体制など，有料老人ホームの表示事項に関して詳細に示されている。

① 一般型介護付き有料老人ホームは，「特定施設入居者生活介護」の指定を受けた有料老人ホームである。介護サービスが義務付けられており，また，施設職員がケアプラン作成や，安否確認を行う。したがって，要介護状態になった際にも，当該施設で介護サービスを受けながら生活することができる。ただし，介護が必要になると「自室で介護を受けられる」「相部屋に移動する」「専用の介護棟に移動する」などと各有料老人ホームによって対応が異なる。有料老人ホームの介護職員が24時間常駐しており，食事，入浴，排せつの介助や健康相談，機能訓練が提供される。有料老人ホームの職員により提供される特定施設入居者生活介護を利用しながら当該有料老人ホームで生活を継続することが可能である。一般型介護付き有料老人ホームでは，要介護者3人に対して1人以上の介護職員が配置されていなければならない。

② 外部サービス型介護付き有料老人ホームは，一般型と同様に，「特定施設入居者生活介護」の指定を受けた有料老人ホームである。介護サービスが義務付けられており，また，施設職員がケアプラン作成や，安否確認を行う。したがって，要介護状態になった際にも，当該施設で介護サービスを受けながら生活することができる。介護が必要になると「自室で介護を受けられる」「相部屋に移動する」「専用の介護棟に移動する」などと各有料老人ホームによって対応が異なる。入居者への食事，入浴，排泄の介助や，機能訓練などの提供は，当該有料老人ホームによる委託先の介護サービス事業所により行われる。外部事業者により提供される介護サービスなどについてのケアプラン作成や，緊急時の対応は当該有料老人ホームの職員が行う。

一般型介護付き有料老人ホームと外部サービス型介護付き有料老人ホームの

みが，「介護付き・ケア付き」と表記することを認められている。

　③住宅型有料老人ホームは，特定施設入居者生活介護の指定は受けておらず，施設としての介護サービスは提供されていないため，介護を必要とする場合には，入居者自身の選択によって地域の訪問介護等，外部事業者の介護サービスを個人的に利用することによって，引き続き当該有料老人ホームでの生活を継続することが可能となる。外部サービス利用型介護付有料老人ホームに類似しているが，外部サービス利用型介護付き有料老人ホームは，施設職員がケアプランを作成し，直接的な介護サービスは外部の事業者により提供される。一方，住宅型有料老人ホームは，ケアプランの作成からサービス提供まで，すべて外部の事業者により行われる。

　④健康型有料老人ホームは，要介護・要支援状態でない自立度の高い高齢者が入居する有料老人ホームである。したがって，基本的には要介護状態となったら契約を解除して退去しなければならない。なかには，併設または提携先の介護付き有料ホーム等の施設への転居が可能なところもある。

(3) 有料老人ホーム協会

　有料老人ホームの入居者の保護を図るとともに，有料老人ホーム事業の健全な発展に資することを目的として，有料老人ホームの設置者を会員とする名称中に有料老人ホーム協会という文字を用いる公益法人を設立することができる（法30条1項）。この協会の主な事業内容は，①有料老人ホームを運営するに当たり，この法律その他の法令の規定を遵守させるための会員に対する指導，勧告その他の業務，②会員の設置する有料老人ホームの運営に関し，契約内容の適正化その他入居者の保護を図り，および入居者の立場に立った処遇を行うため必要な指導，勧告その他の業務，③会員の設置する有料老人ホームの設備および運営に対する入居者等からの苦情の解決，④有料老人ホームの職員の資質の向上のための研修，⑤有料老人ホームに関する広報その他協会の目的を達成するため必要な業務，などである。入居者の保護活動に関しては，有料老人ホームの倒産等，不測の事態に備えた「入居者基金」が設置され，施設の設置者が入居者1人あたりの所定の金額を拠出することにより，倒産時等には当面の生活資金として1人当たり一定の金額が入居者に対して支払われる。また，入居・苦情相談に関しては，入居希望者の相談に応えるため「入居相談窓口」が設置されるとともに，協会加入施設における入居者と施設の間で解決できない苦情について，第三者を加えた「苦情処理委員会」の設置により，苦情処理が行われる。

参考文献
　石川一紀編『エッセンシャル老人福祉論（第四訂）』みらい，2008年

糸川嘉則総編集／交野好子・成清美治・西尾祐吾編『看護・介護・福祉の百科事典』朝倉書店，2008年
加納光子・成清美治編集代表『現代社会福祉用語の基礎知識（第8版）』学文社，2008年
関西人間学会編『解説　社会福祉六法・関係法事典（改訂版）』晃洋書房，2006年
桑原洋子『社会福祉法制要説（第5版）』有斐閣，2006年
厚生労働省ホームページ　　http://www.mhlw.go.jp
社会福祉の動向編集委員会編『社会福祉の動向2008』中央法規，2008年
硯川眞旬監修『国民福祉辞典（第2版）』金芳堂，2006年
厚生統計協会編『国民の福祉の動向』厚生統計協会，2008年

プロムナード

近年，多くの社会福祉協議会において傾聴ボランティア講座が開催されています。傾聴とは受容的態度で相手の気持ちをじっくりと聴くことです。
限られた人生の時間を，どのように生きるのかを考えたとき，「恨みやつらみに心を支配されて過ごすのか？あるいは，自分のこれまでの不遇にとらわれて悲嘆にくれて過ごすのか？　そうではなく，自分も他者をも幸せにできるように，笑顔で暮らすための道を歩むのか？」この答えはいうまでもありません。
「みんなが笑顔で暮らすための道」それは，多くの人たちによる傾聴の実践でもあります。このようなことからも，傾聴ボランティアの広がりが期待されます。

学びを深めるために

佐藤進・桑原洋子『終末期の保健福祉』信山社，2008年
　終末期の保健福祉の問題を社会福祉学，司法福祉学，社会保障法学，医事法学，医学，看護学，保健学等，多くの視座から連携して，検討がなされたものである。
児島美都子『イギリスにおける中間ケア政策―病院から地域へ』学術出版会，2007年
　イギリス医療福祉に関する歴史研究，イギリスのロイヤルフリー病院およびカムデン区の実態調査，アメリカの高齢者退院計画研究とイギリスの中間ケアとの関連性を探る理論研究などが収録されているものである。
高田敏・桑原洋子・逢坂隆子編『ホームレス研究―釜ヶ崎からの発信』信山社，2007年
　釜ヶ崎を中心とする大阪のホームレスや日雇い労働者の生活と健康，労働，保健医療福祉ニーズの実態を多角的かつ実証的に明らかにし，その効果的支援について探求されたものである。

契約によるサービス提供がなされる今も，福祉の措置が継続される意味を考えてみましょう。

福祉の仕事に関する案内書

クリス・トロッター著／清水隆則監訳『援助を求めないクライエントへの対応　虐待・DV・非行に走る人の心を開く』明石書店，2007年
　自ら進んで福祉機関，司法機関や病院のサービスを受けようとする意欲が乏しい人たちへのケースワークを体系的に論じたものである。

第14章

高齢者・家族に対する相談援助技術

1 高齢者の特性と社会福祉援助技術

（1）高齢者の心身の特性

　老化は，加齢にともなって起こる身体的機能，精神的機能の衰えであるが，個人差がみられるものである。しかし，全体としてみると，いくつかの高齢者の特徴をあげることができ，これらを知っておくことは，高齢者を理解する上で大切なことである。

　加齢とともに現れやすい身体症状として，目が見えにくくなる，耳が遠くなる，すばやい身体の反応ができなくなるなどがある。そのため転倒しやすくなり，また骨がもろくなっているため骨折も起こりやすい。さらに，廃用症候群や生活習慣病の理解も高齢者の援助においては重要である。生活習慣病には脳血管障害や心筋梗塞，高脂血症，糖尿病などがある。脳血管障害は認知症の原因になるばかりでなく，片麻痺や高次脳機能障害，嚥下障害といった後遺症を残す。このような慢性病は，治癒するというよりはむしろ，長くその病気と付き合って行かねばならず，疾患の予防や進行については，1人ひとりの高齢者の生活に直結している。このような慢性的な疾患や障害をもって生活している高齢者への援助においては，身体的なケアの技術だけでなく，心理面への影響をも理解しなければならない。

　高齢者の心理的特性として知能，記憶，性格について取りあげたい。高齢者の知能については，概ね60歳代から低下が始まるが身体機能や認知症，教育などが知能に及ぼす影響は大きく，個人差が大きい。

　記憶については，「物忘れ」などといわれるように，一般的に老化とともに低下すると考えられている。しかし，記憶の中でも以前の経験や知識を通して蓄えられた長期記憶のうち，一般的知識に関する記憶である意味記憶は，個人に関する記憶であるエピソード記憶に比べ老年期での低下が起こりにくいといわれている。

　性格の全体像をいくつかのタイプに分けたものがパーソナリティの老年期の類型化であるが，ライチャード（Reichard, S.）は適応性の観点から，高齢者のパーソナリティ特性を①円熟型（mature），②安楽椅子型（rocking-chair），③装甲型（armored），④憤慨型（angry），⑤自己嫌悪型（self-haters）の5つに分けた。しかし，実際にはこれらのどれか1つの型にぴったり当てはまるというわけではなく，複合しているものである。

　高齢者の援助においては，高齢者の心身の特性を知識として理解するとともに，高齢者1人ひとりが過ごしてきた人生と，その中ではぐくまれた人間と人生への価値観，生活文化を個別に理解することが不可欠である。何より，高齢者自身が，自らの「老い」をどのようにとらえ，直面する高齢期の変化や喪失にどのように適応していくかが重要なのである。

廃用症候群
　長期臥床などにより，各臓器が本来もっている機能が十分に発揮されなくなった状態。筋力低下，骨粗鬆症，関節拘縮や循環器系，呼吸器系の機能低下による起立性低血圧，食欲不振・便秘，息切れなどが発現する。

（2）社会福祉援助技術の基本原理と理論的枠組み

　社会福祉援助技術（ソーシャルワーク）は，利用者の生活を全体的・統合的に理解し，個人（利用者，家族）から，地域住民や組織・団体までのさまざまな対象を支援する実践活動である。

　社会福祉援助を実践していく際に，それを根底から支える重要な要素が，「価値」「知識」「技術」である。この3つは社会福祉援助の専門性を構成する要素であり，非常に重要なものである。

1）価値

　社会福祉実践における価値は1人ひとりの人間の尊厳と人権を守ること，平等主義といった人類普遍の基本原理におかれている。

　人権の尊重は社会福祉援助の基本的な原理であり，援助者としてもつべきもっとも大切な視点の1つといえる。高齢者や家族がどのような事情や状況に置かれているかにかかわらず，援助者はそれらの人びとの，人としての尊厳を尊重しなければならないということである。加齢にともなう心身の変化とそれにともなうさまざまな問題によって，結果として高齢者の人権が侵害されることがある。ADLの低下や認知症によってこれまでできていたことができなくなり，不自由な生活を強いられたり，適切な介護を受けられないことも人としての尊厳を脅かすものである。社会福祉援助の実践においては，目の前にいる高齢者をひとりの人間として尊重することをしっかりと認識し，また同時に高齢者を取り巻いている人びとや地域，社会に対しても，高齢者の人権を脅かすことのないよう，常に敏感であらねばならない。

　また，高齢者やその家族1人ひとりを個別化してとらえること，主体性を尊重すること，自己決定を促し，プライバシーを尊重することにも大きな価値がおかれている。先に述べたように，概して高齢者に特有の身体的，心理的特徴があるものの，それぞれの人の歩んできた生活の歴史や文化なども高齢者や家族の抱える問題には大きな影響を与えているものである。抱えている問題をそれぞれ独自なものとしてとらえ，個々に適した援助の方法を用いなければならないのである。また，主体性を尊重した援助を実践するためには高齢者やその家族自身に自分たちの人生をどのようにしていきたいのか，日々の生活について何を好むのか等，その意思と決定を尊重することが大切である。ときには高齢者の選択を尊重することは，効率的でなかったり，専門家からみれば最適な方法とは思えない場合もあるかもしれない。しかし，社会福祉援助における「自立」した生活とは，ADLなどの身体的自立や経済的自立だけを指すのではない。加齢や病気，障害などにより，たとえ身体的自立や経済的自立が難しい場合でも，自らの意思をその生活にどのように反映して生きるかという視点で援助をすること，つまり精神的自立を最大限に支援することが非常に重要であ

> **ソーシャルワーク**
> 社会福祉の実践活動のことであり，さまざまな専門的社会福祉援助の全体をさす。その多くが19世紀のイギリスの慈善活動に萌芽をみることができるが，その後アメリカで理論化され，近接科学の理論や視点を取り入れつつ発展した。

る。このように，高齢者の自立をめざした援助を行うためには，主体性を尊重し，選択と自己決定とを促す援助が必要となる。そして，このような援助を実践することにより，高齢者のもっている能力を最大限引き出しながら，その人の望む生活や人生の実現，人間的な生活の実現に向けた援助，自己実現をめざすことが大切である。

2）知識

　社会福祉援助においては，「価値」に加えて人間や社会，環境についての科学的な知識をもつことが必要である。高齢者，障害者といった援助の対象者に関する理解に加え，人間の心理，行動，身体についての理解，さらに家族や地域等についての理解も必要である。国際ソーシャルワーカー連盟（International Federation of Social Workers：IFSW）のソーシャルワークの定義の中に，「ソーシャルワーカーは，人間の行動と社会システムに関する理論を利用して，人々がその環境と相互に影響し合う接点に介入する」とある。ソーシャルワーカーが援助の対象となる問題をとらえる際には，対象者とその人をとりまく環境との双方に目を向け，それらの交互作用に焦点を当てることが必要なのである。ソーシャルワークにおけるシステム論に，ジャーメインとギッターマン（Germain, C. & Gitterman, A.）がエコロジカル（生態学的）な視点を加えて提唱した「生活モデル（ライフモデル）」の考え方があるが，このとらえ方はとくに重要である。

　従来の医学モデルは，医学における診断，治療というプロセスと同様にクライエントの問題を診断・評価，処遇するという考え方であった。治療を主導するのが医師であるように，援助の主体は援助者（ソーシャルワーカー）にあり，クライエントを指示，管理し，関わるべき問題はクライエント個人にあるという見方をした。しかし，貧困問題のように地域の特性や社会の構造と関連し発生する問題に対して，個人の価値観や努力，生活様式にのみ焦点を当てて援助を行うことには限界がある。またクライエント個人の問題に着目することにより，クライエントをネガティヴにとらえ，クライエントの中にある変化の可能性や力を見落としがちになる。このような医学モデルの限界に対し，生活モデルの「環境の中の個人」という視点は，クライエントの問題のとらえ方，援助方法に新たな側面を加えた。

　ここでいう環境とは大きく2つに分けられる。1つは，配偶者や家族，友人や近隣，所属する集団・組織，地域社会などの人間環境のことである。もう1つは，社会環境であり，気候，自然風土といった自然環境と，政治・経済・法律・文化・教育・医療環境や，社会福祉施策・サービスなどを含む。人はこれらの複雑な環境との相互の関連性の中で生活している。社会福祉援助においては，高齢者の1人ひとりがこのような環境と調和し均衡の取れた生活を送るこ

自己実現
　その人が自己の能力を最大限に発揮することができること，あるいはその過程。マズロー（Maslow, A. H.）の欲求階層理論では，生理的欲求，安全の欲求，所属と愛情の欲求，自尊の欲求の上に立つ最上位の欲求として位置づけられ，人間の基本的かつ内在する欲求としてとらえられている。社会福祉における1つの大きな目的といえる。

生活モデル（ライフモデル）
　従来の医学モデルと異なり，その問題となる因果関係を個人と社会環境との関係性に着目し，それらが相互に影響される関係，相互交流（transaction）としてとらえた。一般システム理論から導き出された生物体の論理を人間と環境との相互交流ととらえ人間の生態系を認識する概念である。

医学モデル
　クライエント（福祉サービス利用者）の問題を診断・評価し，次に処遇するという枠組みをもつ。医学が，疾患の特定の原因を探り，診断・治療するのと同じように，個人の心理的・社会的問題を，いわば疾患としてとらえ，その症状の発生と直接原因があると思われる原因を探り，治療・処遇しようとする立場。

と，さらに現実の生活の中でその人らしい営みができることをめざす。そのためには，高齢者やその家族が生きてきた人生や家族としての歴史，家庭の中にある文化などを広く理解することが必要となる。

3) 技術

　ソーシャルワークの専門性を構成する3つ目の要素に，技術（skill）がある。限りない人間の多様性とそれを取りまく変化する環境とに関わる社会福祉援助は，しっかりとした専門的な価値と知識の上に立つ技術によって可能にするものであり，経験と研鑽とがさらにそれを豊かなものにするのである。ソーシャルワークは多様な援助技術を含んでおり，それらは直接援助技術，間接援助技術，関連援助技術に大別することができる。

　直接的援助は，個別援助技術（ケースワーク），集団援助技術（グループワーク）から成っており，これに間接援助技術の地域福祉援助技術（コミュニティワーク）を加え，三大援助技術といわれる。この3つの援助技術については次節以降で説明する。

　間接援助技術には，さらに他に4つある。社会福祉ニーズの把握やサービスの評価を目的に利用者，サービス提供者に対し調査を行い，その結果をフィードバックしていく「社会福祉調査法（ソーシャルワークリサーチ）」，社会福祉の関係機関や団体から政策や行政のあり方において，社会福祉サービスを効率的に供給，運営，計画，活用するための過程である「社会福祉運営管理（ソーシャルアドミニストレーション）」，社会制度や福祉サービスの改善や充足を求めて，当事者らとともに行政機関や議会に対し働きかけていく「社会活動法（ソーシャルアクション）」，将来的な社会福祉のあり方を検討し，構築していくものであり，地域福祉の重要な方法の1つとして行政だけでなく住民らも広く参画して行う「社会計画法（ソーシャルプランニング）」である。

　関連援助技術には，ネットワーク，ケアマネジメント，スーパービジョン，カウンセリング，コンサルテーションの5つの手法が含まれる。ケアマネジメントは介護保険施行後日本においても急速に定着したが，ソーシャルワークが本来有している「資源やサービスをコーディネートする」という機能をより強化したものといえる。

　社会福祉援助技術は，上に記したそれぞれの手法がそれぞれ何の関係もなく存在するのではない。これらすべてが統合的に関連するものであり，一連の体系を成している。高齢者への援助においてもこれらの方法のレパートリーが統合的に実践されることが必要である。

> **ケアマネジメント**
> 介護保険法で認定された要介護者に対して，介護サービス計画（ケアプラン）の作成や，市町村や居宅サービス事業者，介護保険施設との連絡調整，権利擁護（adovocacy）などを行うこと。また，ケアマネジメントを行う専門職をケアマネジャー（介護支援専門員）という。

(3) 社会福祉援助技術の展開過程

　社会福祉援助技術の展開過程は，一般的に，インテーク，アセスメント，プ

ランニング（援助計画の立案），インターベンション（援助計画の実施，介入），モニタリング，ケースとしてのフィードバックを常に行いつつ，最終的にエバリュエーション，終結となる。

1）インテーク（受理）

インテークとは，初回面接のことを指し，その面接においては，とくにその後のアセスメントの材料となる情報収集と，利用者が援助者とともに問題解決をめざしていくことへの同意，そして信頼関係（ラポール）の礎をつくることがその目的となる。

高齢者を対象とした社会福祉サービスは年々充実したものとなっており，地域で生活する高齢者にとっても身近なものとなりつつある。しかしながら，たとえ高齢者やその家族が自ら援助者のもとを訪れたとしても，自分自身の生活のニーズをしっかりと理解していたり，サービスを利用することを納得しているとは限らない。日々の生活の中で感じている不自由さを「漠然とした困難」ととらえていたり，家族や周囲の人の勧めでサービス機関に連絡をとったものの，「できれば他者の手を借りずに，自分の力で生活していきたかった」という思いをもっていることは珍しくない。

高齢者の抱えている問題が生活問題である以上，援助者としては早急に解決すること，具体的サービスの利用につなげていくことが求められる場合が多い。しかし，バイステック（Biestek, F. P.）は，「いかなる問題も，それが物質的援助や有形のサービスを求めている場合でも，そこには深く情緒的要素が関わっていると理解している」[1]と述べている。情報収集は，利用者のADLや生活状況だけについて行われるものではない。高齢者自身が何を考え，どのような思いで援助者の前に存在しているのか，利用者が自らの言葉で語ることができるよう，面接において引き出さなければならない。

また，この段階は高齢者と援助者にとっての出会いである。高齢者や家族の抱えている問題の概要を理解し，その問題に対し援助者自身と所属する機関（施設）とがどのような援助を今後行うことができるのかを示すことが必要である。また，このまま援助を継続して受けるか否かを，高齢者，援助者の双方で合意，契約する場でもある。同時に，問題の緊急性の判断を含めたスクリーニングも行わなければならない。

加えて，そもそも地域社会の中に隠れているニーズをいかにして発見し，早く援助につなげるかということが非常に大きな課題であり，そのために有効な手段の1つとしてのアウトリーチについても常に心がけなければならない。高齢者へのアウトリーチについては，最近ではとくに地域包括支援センター等の機関を中心に積極的に取り組まれており，高齢者を支援するさまざまな機関や施設との円滑な連携のもとに，より充実したものとなるよう期待される。

ニーズ
人間が社会生活を営むうえで必要不可欠な基本的要件を欠いた場合，発生するのがニーズである。ニーズを把握することにより，サービスの方法をもミクロ的視点に立った個人，家族などの個別的援助と，集合的にとらえるマクロ的な視点の政策的対応とがある。

アウトリーチ
手を差し伸べること，より遠くに達することを意味し，リーチアウトともいう。近年では社会福祉の分野で，地域社会に出向いてケアやサービスを行ったり，公共機関が現場出張サービスをすることに用いられている。

2）アセスメント（事前評価）

　面接等を通じて収集した利用者とその環境についての情報をもとに，利用者の抱えている問題を明らかにしていく過程である。情報は，面接での聞き取りや観察から集めるだけでなく，地域の諸機関から必要な情報を収集することも必要である。そして，集めた種々の情報から，その高齢者の抱えている問題，ニーズ，高齢者と家族等の置かれている状況，それらの相互作用について整理をし，もっとも解決を要する課題は何か，あるいはそれぞれの機関がどう役割を担うかについて明確にしていく。

　主訴や困難の内容を吟味しニーズを把握することはアセスメントにおけるもっとも重要な点である。アセスメントの際には高齢者やケースのもつ問題点や困難さにばかり目を奪われないように気を付けなければならない。高齢者は，自分の抱えている困難さ（たとえば身体の不自由さや家族関係など）を訴えていても，他者から自分自身を問題のある存在と思われたくはないという感情をもっているものである。また援助の上での問題点というのは援助者だけで決めることでもない。アセスメントにおいて大切な視点は，高齢者とその家族や環境との関係性で問題を理解しようとすること，高齢者と家族の困っていることやできないことにのみ焦点を当てるのではなく，高齢者のもつ能力に目をむけることにある。援助者は，高齢者のもっている強さや力を認めるように留意しなければならない。時としてそれは非常に稀少であるため援助者からは見えにくく，またすぐには問題解決に役立たないように感じるかもしれないが，次に続くプランニング，インターベンションにおいて，できる限りそれらを強めるように働きかけていくことが重要である。

> **主訴**
> サービス利用者が援助機関に対して行う問題や援助に関する主たる訴えのこと。留意すべき点は，サービス利用者の表出された訴えや要求が，潜在的な問題や現実に対処すべきニーズと異なる場合があることである。

3）プランニング（援助計画の立案）

　問題が明確になれば，次にその問題への援助の方法を具体的に考えていく。利用者の主訴に関することだけでなく，その背後に潜在している問題や，同時に援助していかなければならない課題が複数みえている場合もある。もっとも緊急性を要する問題は何か，どのサービス機関につなげることが適切か，援助にかかる期間はどのくらいかといったことを具体的に判断しなければならない。また，援助開始時の高齢者は，適切な援助のない生活の中で心身ともに疲弊していたり，自らを無力な存在ととらえてしまい，自分の問題に積極的に取り組む意欲が低かったり，すべて援助者に任せてしまいたいと考えていることがある。しかし，どんなに無力に見える高齢者も，潜在的な可能性をもっているものである。上のアセスメントで述べたように，高齢者自身がもつ力や強さを強め，将来的に問題解決に利用できるような視点をもってプランニングを行うことが重要である。

　また，高齢者自身の意志を尊重すること，プランニングに参加することも重

要である。

4）インターベンション（援助計画の実施，介入）

　プランニングで立てた計画に沿って実際に援助を行っていく過程である。1人ひとりの利用者の援助には，多くの専門職種が関わりながら援助を行っていくことが多い。それらの専門職の連携を図るようにしなければならない。たとえば，入院していた高齢者が自宅に退院するという場合，退院する日時に合わせて在宅福祉サービスの提供が行われるよう，入院中からサービスを調整することが必要である。医療機関，ケアマネージャー，ホームヘルプサービス，デイサービス，往診，訪問看護といったさまざまな機関（専門職）の援助を利用することが想定されるこのようなケースでは，それぞれの機関のサービスが，全体としてのまとまりをもって利用者に提供されなければ利用者にとって真にニーズを満たすことにはならない。サービスが過不足なく提供され，日々心身の状態が変化しやすい高齢者に沿った柔軟な対応を各機関が行うためには，日ごろからの地域のサービス提供機関同士の連携が必要であり，カンファレンス等を適宜行うことなどにより情報交換や円滑なコミュニケーションを図るようにしなければならない。

5）モニタリング（経過観察・評価）

　援助計画通りに援助が行われているか，また，その援助がもっとも適したものであるかどうかの評価を行う。サービスを利用することによってこれまでの生活問題が軽減する場合もあるが，新たな問題が生じてくる場合もある。インターベンションにおいては常にモニタリングを行い，その結果によって再アセスメントや援助計画の変更・修正を行う。とくに高齢者の場合は，心身の状態に変化を来たしやすいので，援助経過の中で柔軟にモニタリングを行い，心身の状態と問題の変化を予測し，早期に対応していくことが必要である。モニタリングと再アセスメント，援助計画の変更・修正は繰り返し行うことにより高齢者の生活実態に細やかに対応した援助が可能となる。

6）エバリュエーション（事後評価），終結

　インターベンションにおいて行われてきた援助によって，援助目標が達せられる段階になれば，エバリュエーション（事後評価）を行う。エバリュエーションでは，これまでの援助経過の中で，問題が解決したと高齢者，援助者の双方がとらえているかどうか，問題解決に向かって高齢者や家族がどのように取り組むことができたか等について，援助者だけでなく両者で評価をすることが望ましい。

　問題が解決，軽減され，今後，高齢者や家族が自らの力で生活を営んでいく

ことができるようになれば,終結となる。また,高齢者自身が援助を終了したいと判断した場合も終結となる。他に,高齢者自身が亡くなった場合や,在宅で援助をしていたが,施設への入所や入院することとなった場合にも援助関係を終結することとなる。

いったん援助を終結しても,何か困ったことや心配なことがあればいつでも相談できるような方法を明示すると同時に,援助者からのフォローアップも必要である。

社会福祉の援助においては,これらの過程を円環的に展開し,常に高齢者とその人をとりまく環境とに働きかけることにより,高齢者の生活の質を高めることをめざさなければならない。

2 個別援助技術の基本的視点とその方法

(1) 個別援助技術の基本的視点

個別援助技術とはケースワークともいい,その援助対象となる利用者をクライエントともいう。個人や家族とその人たちが抱えている生活上の困難を対象とし,ソーシャルワーカーとクライエントの直接的な専門的援助関係を通じて社会との相互関係に着目し,クライエントのパーソナリティの発達の促進,生活環境の改善等をめざすものである。個別援助技術では,クライエントの内的変化と社会環境の変化を視野に入れて援助を行わなければならないが,高齢者への援助においては,「老化」には個人差が大きいこと,さらに高齢者1人ひとりの生活の状況が違うことをよく理解していなければならない。さらに,高齢者や家族それぞれがもっている価値観はさまざまであり,多様性と1人ひとりの個性を尊重することが高齢者援助の出発点となる。

高齢者への個別援助技術は,在宅,施設サービスにおけるあらゆる場面で活用することができる。とくに,関連援助技術の1つにあげられているが,ケースワークと同様の関わりを必要とするケアマネジメントにおいては,利用者と援助者の信頼関係(ラポール)作りに始まり,ニーズを引き出し,具体的援助へとつなげていくプロセス全体において個別援助技術の知識とスキルが非常に重要となる。

また,援助関係の基本要素としてバイステックの7原則をじゅうぶんに踏まえておかねばならない。

(2) 個別援助技術の方法

社会福祉援助技術の展開過程において述べたとおり,個別援助技術の展開過程はインテーク,アセスメント,プランニング,インターベンション,モニタリング,終結という過程をとるが,高齢者の心身状態と生活問題の変化に細や

バイステックの7原則

バイステック(Biestek, F.P.)が,ケースワーカーとクライエント(福祉サービス利用者)との間に結ばれる援助関係の基本的要素として体系化したもの。バイステックはクライエントの基本的欲求と,それに対応するワーカーとクライエントとの関係のあり方から次のようなケースワークの7つの原則を導き出した。①個別化,②意図的な感情の表出,③統制された情緒的関与,④受容,⑤非審判的態度,⑥クライエントの自己決定,⑦秘密保持,である。

かに対応するために，モニタリングと再アセスメント，援助計画の変更・修正を繰り返すことが必要である。

　また，援助者は高齢者や家族の抱えている問題に対し，初めに実際に利用できるサービスや社会資源をあてはめながら検討するいわゆる「サービス優先アプローチ」ではなく，高齢者がどのような生活を望んでいるのか，そこから引き出される生活ニーズは何かを検討する「ニーズ優先アプローチ」の視点が必要である。実際の援助においては，高齢者や家族のニーズを充足するための社会資源が十分にあるとは限らない。そのような場合，サービス優先アプローチでは高齢者や家族の望む生活は容易に実現できなくなり，結果として高齢者自身が主体性をもつことが難しくなる。まずは，高齢者や家族の望む生活のあり方を明確にし，そのためには高齢者と援助者，さまざまなサービスがそれぞれどのような役割を担うのかを検討することが重要である。

　さらに，高齢者のワーカビリティを最大限に活用することも重要である。ワーカビリティとは，利用者自身がもっている援助を活用する能力（身体的・知的・情緒的能力）を指す。高齢者は援助を活用しながら，自分自身が直面する問題に対して，適切な機会（opportunity）に，適切な動機付け（motivation）をもって，適切な能力（capacity）を発揮することにより問題を解決[2]していくのである。援助者は，高齢者のワーカビリティを尊重し，動機付けを高めることができるように援助を進めていかなければならない。

3　集団援助技術の基本的視点とその方法

（1）集団援助技術の基本的視点

　直接援助技術のもう1つの方法が集団援助技術である。集団援助技術はグループワークともいい，グループを活用して，グループメンバー個々人やグループ全体が直面している問題の解決とメンバーの成長をめざすものである。

　高齢者への実際の援助としては，デイサービスセンターや老人ホームでレクリエーションと位置付けられた場面などにおいて行われる。この場合，利用者の生活への意欲を高めること，利用者同士の関係性を強めること，心身の機能低下の防止などを目的としていることが多い。老人センターで実施されている場合には，上記の目的以外に地域福祉として住民参加を促進するという意味合いも含まれるだろう。病院においても入院患者や通院患者を対象として行われている。この場合は，疾患やその後遺症としての障害に対する理解を深め，社会復帰や在宅退院といった目的をもって行われる。

　いずれの場合においても集団援助技術においては，高齢者の成長や問題の解決を図るために，援助者と高齢者という二者の関係からではなく，高齢者相互の関係から引き出すことが重要である。集団援助技術の援助実践においては，

そこに参加する高齢者自身がグループ発達過程に対する理解をもち，またグループ全体に与える影響と他の参加者とに与える影響のそれぞれへの理解をもつことが重要な点である。しかし高齢者を対象とした場合，グループ参加への個々人のモチベーションが低かったり，認知症などの疾患から理解が上手く進まない場合も多くなる。それゆえに高齢者の主体性が引き出しにくいような場合においても，援助者が過度に主導的になることは避けなければならない。

(2) 高齢者への集団援助技術の方法

　高齢者への集団援助技術の実際を，事例を用いて，グループの発達と援助者の役割を明確にしながら説明していく。

事例：デイサービス利用者への援助
第1段階　準備期
　この段階ではこれから始まるグループワークについての計画を行う。援助の目的を明確にし，グループのメンバーにわかりやすく説明を行わなければならない。
　この事例においては，サービスを利用し始めて日が浅い利用者が，サービス利用に積極性をもち，利用者同士の仲間意識をもつことを第1の目的とした。また，利用者1人ひとりが抱えている障害を肯定的にとらえることができるように支援することも意識したグループワークを実施することとした。
　グループメンバーとして7人（男性2人，女性5人）を選定，年齢は70歳代から80歳代，いずれの利用者も脳梗塞後遺症による片麻痺やパーキンソン病，変形性膝関節症などによる身体障害を有しており，認知症については軽度というメンバーを計画した。
　グループの設定は，メンバー全員が通所してくる曜日に週に1回，40分程度の時間を使うこと，必ず同じ援助者が毎回担当することとした。
　グループのメンバーには，仲間づくりと話し合いの会を作ると説明し，他の利用者がテレビを見たり，ゲームをしている時間であっても，このメンバーで集まるよう依頼した。場所は，食堂を兼ねたデイルームに隣接した会議室を使用した。

第2段階　開始期（出会いとグループとして動き出すまでの時期）
　最初の頃は，グループメンバーは関係も薄く，それぞれに緊張し，口数が少なかった。また，グループワークについては個々の利用者に説明していたが，十分に理解できていないメンバーもあり，毎回始めにその日の集まりの目的を説明した。グループの最初の時間は必ず歌を歌うようにした。最初は童謡やナツメロなどから援助者が選曲し，カラオケを用意した。援助者への依存は強く，

グループでの話題は毎回援助者が提示しなければ会話は発生しなかった。そのような状況の中でも、「毎日の生活の中で大変なこと」といったテーマの時には、それぞれ自分の身体の不自由なところや、病気になってからこれまでの経過などを詳しく話す人が多かった。

　この段階においては、援助者はそれらの話題に対し、メンバーの気持ちに共感するような言葉をできるだけ多く口にした。次第に、グループワークの時間が終了してデイルームに戻ってからも会話をしているメンバーが現れはじめた。

第3段階　作業期（メンバーがまとまり、グループが発展していく時期）
　メンバー同士が顔なじみになったとともに、メンバーの個性が現れはじめ、メンバー相互の対立と修正がみられる時期である。毎回の歌の選曲をメンバー自身に行ってもらうことになっていたが、その際に揉めたり、援助者にえこひいきがあるのではないかと意見を言うメンバーも出てきた。話し合いの時間の中でも、他のメンバーの話に反対意見を唱えることもみられるようになった。この時期、援助者は双方の意見を肯定的に意味付けるよう努め、個人攻撃にならないように話題を調整した。

　次第に、「われわれ感情」が強くなり、まとまりが出てきた。他のメンバーの好きな曲のテープを自宅からもってくるメンバーが出てきたり、歌詞カードや椅子が人数分に足りているかと配慮する場面もみられた。自分の障害について否定的な考えを述べるメンバーや生活の中での失敗を話すメンバーに対しては、「あなただけではない。自分も同じだ」と励まし、口数の少ないメンバーには話題を提供し、司会進行の役割を取るメンバーもみられた。この段階では、援助者はメンバーの主体性にできる限り任せ側面的援助に努めた。

第4段階　終結期（グループを終える時期）
　親しく話のできるメンバーができたことで、積極的にサービスを利用するようになり、グループの目的を果たしたとしてグループワークを終了した。

　この事例においては軽度の認知症の利用者を対象に、グループワークの中で「話し合い」を中心に進めたが、疾患や認知症の状態、利用者の様子により、ゲームや絵画などの活動を取り入れるほうが適している場合もある。いずれの場合においても、援助者がグループワーカーとしての役割を認識しながら、メンバー相互の関係性を尊重することが重要である。

4 地域福祉援助技術の基本的視点とその方法

(1) 地域福祉援助技術の基本的視点

　地域援助技術（コミュニティワーク）とは，地域社会の福祉ニーズ，福祉問題に対応するため，住民組織や関係機関らの協働を支援し，社会資源の開発や連携を支援していく援助のことである。地域住民のニーズに対しての援助であり，行政機関と民間組織，関係機関らの連携のもとに行われることが重要である。

　高齢者への地域福祉援助技術の実践は，たとえば，地域の社会福祉協議会が高齢者への取り組みの中で「介護者の会」を組織し，家族からの働きかけとして地域の関係サービス機関との連携を促した例や，介護予防と外出の機会を増やすための「ふれあいサロン」づくりなどさまざまな形で行われている。

　また最近では地域包括支援センターの役割も大きい。市民からの総合相談，権利擁護，介護予防と包括的・継続的ケアマネジメント等の事業を通して地域で暮らす高齢者の健康と安定した生活を支え，地域福祉の実践に役立っている。

(2) 地域福祉援助技術の方法と今後の課題

　地域福祉援助技術は次のような過程を展開する。

① 地域ニーズの把握

　その地域の住民がどのような課題をもっており，どのようなニーズがあるのかを知ることに始まる。地域ニーズといっても問題に対する訴えや表れ方は，常に地域としてまとまった形で表現されるわけではない。初めは個別援助技術の展開の中で個々のケースとして把握することもある。また，地域包括支援センターなどの相談機関への市民からの相談において発見されることもあるが，ここでは個別の利用者の抱えているニーズから，地域全体が抱えるニーズとして把握し，地域社会として対応すべき問題という視点でとらえていく。

② 地域アセスメント

　アセスメントにあたっては，地域社会のどのような住民に対し，どのような方法での対応が適切なのかを正確に知ることが大切である。そのためには，社会福祉調査（ソーシャルワーク・リサーチ）を行うことは有効な手段の1つである。

③ 活動計画と実施

　アセスメントにおいて明確にした地域住民のニーズに対し，具体的に計画を立てる。また，活動の主体を住民，当事者，専門家などの連携において組織化していくことも必要である。援助実施においては，既存の福祉サービスや施策では対応できないことも多い。社会活動（ソーシャル・アクション）をも含む多様な手法を用い，新しい制度やサービスを求めて自治体や行政機関に働きか

けることが必要である。また，同時にインフォーマルなサービスの担い手である，ボランティアやNPO法人，民生委員等への積極的な働きかけ，組織化も計画実施において重要な手段となる。

④ 評価

一連の援助の展開を振り返り，住民ニーズに対し，適切な方法と技術で対応できたかを振り返る。1人ひとりのニーズの解決に当たり，どの機関や団体がどのくらいのサービスや社会資源の提供，開発を行うかという「タスク・ゴール」，課題解決の過程にどのくらい地域住民や当事者が参画するのかという「プロセス・ゴール」，機関や団体の協働の中で，地域の状態をどのくらい変えることができるか，構造改革についての「リレーションシップ・ゴール」の3つの視点から評価を行う。

高齢者への援助において，今日，地域福祉援助技術が果たす役割はますます大きくなっている。介護が必要な高齢者であっても住み慣れた地域の中で生活をすることはノーマライゼーションの思想の実現につながる。さらに，改正介護保険法においては介護予防ケアマネジメントが強く謳われており，介護を含む社会福祉ニーズの早期発見と早期対応のためには，地域としての取り組みが不可欠である。また，高齢者のQOLの向上においては公的な福祉サービスの組み合わせだけでは限界があり，民間を含めた多様なサービス，とりわけ地域に根ざした小回りのきく形でのサービス提供が必要とされている。行政や自治体から与えられたサービスではなく，地域の住民の側から起こった問題意識と権利意識，そして地域に根ざしたサービス提供主体によるサービスこそが必要となっているのである。

注
1) バイステック，F. P. 著／尾崎新・福田俊子・原田和幸訳『ケースワークの原則』誠信書房，1996年，p.55
2) 成清美治・加納光子編『現代社会福祉用語の基礎知識（第8版）』学文社，2001年，p.292

参考文献
太田義弘編『ソーシャルワーク実践と支援過程の展開』中央法規，1999年
杉本敏夫・斉藤千鶴『コミュニティワーク入門』中央法規，2000年
硯川眞旬編著『新高齢者ソーシャルワークのすすめ方』川島書店，1996年
根本博司編『援助困難な老人へのアプローチ』中央法規，1990年

> **プロムナード**
>
> 　高齢者への相談援助にあたる専門職の1つである介護支援専門員（ケアマネージャー）の方々から「相談援助」を実践することの難しさをよく耳にします。
> 　援助計画（ケアプラン）の中で具体的なサービスの利用につなげていくことは，目の前に見えている日々の生活問題への解決・軽減には欠かせないことです。一方で，「人の思いと人生に寄り添うこと」は，見える形での援助の成果（結果）にはなかなか直結しません。これらの板ばさみになりつつ，高齢者へのより良い支援のための着地点はどこかを日々模索しながら，社会福祉の現場を支えている専門職の人たちがいます。
> 　本当に高齢者にとって実りある豊かな生活を支援するために，折に触れ，社会福祉の原理原則に立ちもどり，援助実践の方向性をしっかりと見定めることが必要でしょう。

学びを深めるために

渡部律子『高齢者援助における相談面接の理論と実際』医歯薬出版，1999年
　「ソーシャルワークとは？」「相談援助は実際にどうやって進めたらよいのだろう？」という問いに対して非常にわかりやすく答えてくれる本。

　ケースワークとケアマネジメントの共通点，相違点は何か，考えましょう。

福祉の仕事に関する案内書

岩間文雄『とてもわかりやすい社会福祉の本—目指す人へのメッセージ』西日本法規出版，2005年

索　引

あ　行

IADL（手段的日常生活動作）　108
ICF（国際生活機能分類）　18, 71
アウトリーチ　220
医学モデル　218
医師　131
遺族ケア　132
インテーク　220
インフォームド・コンセント　133
エイジズム　18
エイジング・イン・プレス　59
ADL（日常生活動作）　103
エリクソン，E. H.　131
音楽療法　127
オンブズマン　63

か　行

介護過程　96
介護サービス情報の公表　62
介護支援専門員　153
介護認定審査会　152
介護の社会化　19
介護報酬　165
　　――の改定　157
　　――の審査・支払い　165
介護保険審査会　170
介護保険制度　5
　　――の改正　82
介護予防　82
介護予防ケアマネジメント　182
介護予防・地域支え合い事業　84
介護予防マネジメント　86
介護老人保健施設　157
回想法　126
価値　216
家庭養護婦派遣制度　49
看護師　131
関節の拘縮　97
感染予防　103
危機介入　186
救護法　47
キュブラー・ロス，E.　131
居宅サービス計画の管理　165
居宅療養管理指導　155
起立性低血圧　98
筋力トレーニング　86
クオリティ・オブ・ライフ（QOL）　74, 82, 129, 205
区分支給限度基準額　166
グループホーム　140
車いす移動　99
クロックポジション　109
ケア　68
ケアハウス　141
ケアマネジメント　219
ケアマネジャー　56
ケアワーカー　131
軽費老人ホーム　37
健康増進法　90
現物給付　164
後期高齢者医療制度　61
口腔ケア　86
合計特殊出生率　2
恍惚の人　50
公的住宅　140
高齢社会対策大綱　143
高齢者虐待防止ネットワーク　188
高齢者虐待防止法　15, 20, 60, 191
高齢者の医療の確保に関する法律　4, 61
高齢者の居住の安定確保に関する法律（高齢者居住法）　9, 140
高齢者の心身の特性　216
誤嚥　102
国際ソーシャルワーカー連盟　218
国保連　178
国民健康保険法　49
国民年金法　49
個別援助技術　219
ゴールドプラン 21　36, 56
コンプライアンス　75

さ　行

在宅介護支援センター　54
在宅療養支援診療所　131
サービス担当者会議　183
サービス提供事業者に対する立ち入り検査等　166
GHQ（連合国軍総司令部）　48
四箇院　46
視覚障害者の移動の介護　100
支給限度額　41
自己実現　218
姿勢をかえる・移動　97
市町村事務受託法人　164
市町村相互財政安定化事業　169
市町村特別給付の実施　166
市町村老人福祉計画　203
失認・失行　102
指定介護療養型医療施設　157
指定介護老人福祉施設　157
児童福祉法　48
社会活動法　219
社会資源　182
社会福祉運営管理　219
社会福祉基礎構造改革　204
社会福祉基礎構造改革について（中間まとめ）　14
社会福祉士及び介護福祉士法　53
社会福祉事業法　48
社会福祉調査法　219

231

索 引

社会福祉の増進のための社会福祉事業法等の一部を改正する法律　14
社会福祉法　57
重心　101
集団援助技術　219
周辺症状（BPSD）　125
主訴　221
恤救規則　46
種類支給限度基準額の設定　165
障害者自立支援法　60
償還払いの給付・管理　165
小規模多機能型居宅介護　156
少子化　3
消費生活センター　194
食事の介護　102
褥瘡　97
シルバーサービス　52
シルバー人材センター　24
シルバーハウジング　140
新ゴールドプラン　55
身体介護技法　97
新保守主義、新自由主義　51
心理士　131
スーパービジョン　196
生活援助技法　108
生活習慣病　8
生活保護法　48
生活モデル　218
成年後見制度　190
生活の質→クオリティ・オブ・ライフ
聖ヒルダ養老院　46
セルフネグレクト　19
全国養老事業協会　47
全国老人クラブ連絡協議会　49
前頭側型認知症（ピック病）　122
せん妄　124
相互扶助　10
ソーシャルワーカー　131
ソーシャルワーク　217
措置　148
尊厳死　133

た 行

第三者行為求償事務　166
退職者医療制度　4
短期入所生活介護　155
短期入所療養介護　155
地域支援事業　84, 150
　　──の実施　166
地域福祉援助技術　219
地域福祉計画　187
地域包括支援センター　64, 85, 150, 167, 182
地域密着型介護老人福祉施設入所者生活介護　156
地域密着型サービス　23
　　──事業者の指定　166
地域密着型特定施設入居者生活介護　156
チームアプローチ　189

通所介護　155
通所リハビリテーション　155
杖歩行　99
低栄養予防　86
転倒・骨折予防　86
ドイツ介護保険　55
特定施設入居者生活介護　156
特定福祉用具販売　156
特別養護老人ホーム　34
　　──への入所措置　206
都道府県知事への意見提出　166
都道府県老人福祉計画　203

な 行

21世紀福祉ビジョン　148
ニーズ　220
日常生活自立支援事業　128
入浴の介護　102
認知症　29
認知症高齢者の自立度　32
認知症対応型共同生活介護　156
認知症対応型通所介護　156
ノロウイルス　108

は 行

バイステックの原則　223
排泄の介護　103
廃用症候群　216
ハイリスク・アプローチ　85
長谷川式簡易知能評価スケール（HDS-R）　124
パーソンセンタードケア　126
バトラー，R.N.　126
バリアフリー　137
バリアフリー新法　13
バリデーション　34
バリデーションセラピー　127
ハンチントン舞踏病　122
PFI　209
BMI　102
非正規雇用　24
ビンスワンガー病　122
フォルサム，J.　126
福祉元年　50
福祉住環境コーディネーター　144
福祉ビジョン　52
福祉用具貸与　156
フットケア　86
訪問介護　154
訪問看護　154
訪問入浴介護　154
訪問リハビリテーション　155
保健師　131
保健福祉事業の実施　167
ホスピスケア　128
ポータブルトイレ　102
ボディメカニクス　101
ホテルコスト　139
ポピュレーション・アプローチ　85

ホームレス　142

ま 行

マズロー，A.H.　74
慢性硬膜下血腫　122
身だしなみを整える　105
看取り加算　129
見守り等ネットワーク　22
民生委員　184
メイヤロフ，M.　12, 68

や 行

夜間対応型訪問介護　156
薬剤師　131
薬物療法　125
有料老人ホーム　37
有料老人ホーム協会　212, 202
ユニットケア　138

要介護　82, 84
要介護認定　29
養護老人ホーム　37
　　──への入所措置　205
要支援　82, 84
養老院　47

ら 行

ライフモデル　218
リアリティオリエンテーション　126
リビング・ウィル　133
レビー小体認知症　122
老人クラブ　49
老人福祉指導主事　203
老人福祉法　49
老人保健施設　52
老人保健法　51
老老介護　19

[編著者紹介]

成清美治(なりきよしはる)

1985年　龍谷大学大学院文学研究科修士課程修了
現　職　神戸親和女子大学教授（社会福祉学博士）
主　著　『老人福祉概論』（編著）学文社　1998
　　　　『高齢者福祉概論』（編著）学文社　2002
　　　　『長寿社会を拓く』（共著）ミネルヴァ書房　2006
　　　　『新版・高齢者福祉』（編著）学文社　2006
　　　　『現代社会福祉用語の基礎知識（第9版）』（編集代表）学文社　2009 他

峯本佳世子(みねもとかよこ)

1988年　関西学院大学大学院社会学研究科博士前期課程修了
現　職　甲子園短期大学特任教授
主　著　『家族介護者のためのガイドブック』（共訳）中央法規　1994
　　　　『Who cares?』（共監訳）中央法規　2003
　　　　『地域福祉論』（共著）ミネルヴァ書房　2004
　　　　『被災高齢者の生活復興と地域見守りの展望』（単著）久美出版　2005
　　　　『新版　高齢者福祉』（編著）学文社　2006 他

イントロダクションシリーズ3　高齢者に対する支援と介護保険制度

2009年4月30日　第1版第1刷発行
2012年4月1日　第1版第2刷発行

編著者　成　清　美　治
　　　　峯　本　佳世子
発行者　田　中　千津子
発行所　㈱　学　文　社

郵便番号　153-0064　東京都目黒区下目黒3-6-1
電話（03）3715-1501（代表）振替　00130-9-98842
http://www.gakubunsha.com

乱丁・落丁本は，本社にてお取替致します。　印刷／新灯印刷株式会社
定価は，カバー，売上カードに表示してあります。〈検印省略〉
© 2009 NARIKIYO Yoshiharu, MINEMOTO Kayoko Printed in Japan

ISBN 978-4-7620-1932-6